| 개정판 |

Social Welfare Administration

사회복지 행정론

서보준
김우호
이정미
전영록
최병태
공저

Social Welfare Administration

양 성 원

머리말

현대사회는 다양한 사회복지환경으로 급속히 변화하고 있다. 이 급변하는 사회복지환경 속에서 여러 가지 사회문제에 직면하고 있으며, 사회적 약자들은 더욱더 심리적 고통과 경제적 어려움이 증가면서 이들의 욕구도 증가하고 있다. 이러한 사회적 약자의 욕구에 대응하기 위해 사회복지조직은 계획적이고 조직적인 관리운영이 되어야 한다.

최근 들어 사회복지분야는 점점 세분화되고 조직규모가 양적인 증가로 인해 사회복지조직의 적극적 역할이 요구하고 있는 시대적인 흐름에 비추어 볼 때 보다 사회복지행정의 체계적인 시스템 구축과 더불어 조직적이며 전문성이 요구되고 있다.

또한 1997년 IMF 외환위기 극복과 IT산업의 활성화로 인해 선진국 대열에 합류하면서 경제규모가 상당히 성장함과 동시에 국민들의 삶의 질 또한 향상됨으로써 국민의 인식수준이 높아지고 요구도 확대되었다. 뿐만 아니라 여성들의 취업 증가로 출산율이 지속적으로 감소하고 의료기술 발달로 노인의 평균수명이 연장되면서 우리나라의 고령화 속도는 세계 최고 수준에 이르게 되어 노인문제의 증가와 실업자와 노숙인 문제, 장애인 소외문제, 아동 청소년 문제 및 빈곤문제 등의 다차원적으로 복잡하고 다양한 문제들이 발생하여 이를 해결하기 위한 사회복지행정의 중요성이 더욱 부각되고 있다. 나아가 사회복지행정에 대한 지식과 기술의 전문성이 요구되고 있는 상황이다.

이처럼 우리나라에서의 사회복지행정은 사회복지학의 주요 교과목이 되었을 뿐만 아니라 사회복지행정은 2003년부터 시행되는 사회복지사 1급 국가시험 과목 중의 하나로 포함되어 사회복지의 전문성을 강화하고 사회복지사의 자질을 향상시키기 위해 있으며 대학의 사회복지전공 교과목들에 대한 규정에서도 사회복지행정은 10개의 필수과목들 가운데 하나로 지정되고 있다.

본서의 집필자들은 사회복지행정의 내용을 크게 4부로 나누어 총 13장으로 내용을 구성하였다. 즉, 제1부 사회복지행정에 대한 일반적인 이해에서는 사회복지행정의 이해와 역사, 제2부 사회복지행정의 이론적 기초에서는 사회복지행정의 이론, 리더십, 기획과 통제, 의사결정과 의사소통, 제3부 사회복지행정의 자원관리에서는 재정관리, 마케팅과 홍보, 인사관리, 조직관리, 사회복지서비스 전달체계, 제4부 사회복지행정의 프로그램 관리에서는 정보관리 및 프로그램 평가로 구성하였다.

지금까지 사회복지에 대한 많은 사람들은 복지시설과 설비가 잘 갖추어지고 복지대상자만 있으면 사회복지사업이 잘 운영될 것이라고 믿고 있는데, 사회복지 사업이 덩치만 커다란 시설과 설비 등의 외형이 사회복지의 전부가 결코 될 수 없다. 가장 중심적인 것은 어떤 조직 속에서 일하는 사람들에 대해서 과학적이고 합리적으로 이루어지는 인사관리, 재무관리, 사무관리 등의 행정관리분야의 이해와 적용이 될 것이다. 사회복지실천현장에서 사회복지사업은 체계적, 합리적, 효율적인 능률을 중시하는 행정과정을 통하여 효과적인 목적에 도달한다.

이 책 출간을 구상할 때 사회복지를 공부하는 학생, 사회복지전담공무원, 사회복지사 1급 국가시험 준비생들에게 좀 더 이해하기 쉽게 내용을 소개할 필요가 있다고 생각하고, 실질적으로 도울 수 있는 내용들을 중심으로 구성해 보려고 노력해 보았으나 집필을 마치고 나니 내용이 충분하지 못하여 아쉬운 마음을 금할 길이 없다.

앞으로 보다 알찬 책의 내용이 될 수 있도록 여러분의 기탄없는 충고와 가르침을 겸허하게 받아들여 계속 수정·보완하여 이 책을 접하는 학생 및 사회복지관계자들의 기대에 부응할 수 있도록 노력할 것을 다짐한다.

끝으로 본 교재가 출간되기까지 바쁜 일정에도 기꺼이 출간을 허락하신 양성원 강철원 대표님을 비롯한 편집부 직원들에게 깊은 감사를 드리며, 이 교재를 통해 독자 여러분들에게 사회복지행정에 대한 이해를 높이는데 조금이나마 도움이 되길 기도한다.

2021년 1월

대표저자 서 보 준

차 례

PART

1

사회복지행정에 대한 일반적인 이해

1 사회복지행정의 이해

제 1 절 일반 행정과 사회복지행정의 개념구분

1. 일반 행정의 정의

"행정이란 무엇인가?"라는 질문에 명확한 개념규정을 하기 어려운 이유로서 나이그로(Felix A. Nigro) 교수는 첫째, 행정의 한계가 명확하게 규정되어 있지 않고, 둘째, 최근에 행정의 범위와 내용이 계속해서 확대되고 있다는 것(Felix A. Nigro, 1965)을 이유로 제시하고 있다. 즉, 행정의 내용과 범위 그리고 기능이 동태적으로 변화고 있다는 것이다.

명확한 개념을 규정하기 어려운 근본적인 이유를 살펴보면 다음과 같다(박동서, 1997).

첫째, 개념규정의 대상이 되는 행정현상이 자연현상과 달리 인간의 행동이기 때문이다.

둘째, 개념규정이라고 하는 것이 현상의 인지(perception)를 통하여 어떤 관념이나 생각을 갖게 됨으로써 이루어지기 때문에 이를 규정하려는 사람의 주관이 개입하게 되어 보편성이 저하될 수밖에 없다는 것이다.

그러나 논리적 전개를 위하여 개념정의를 하여야 하기 때문에 현대에 있어서 우리에게 적합한 행정의 개념을 규정한다면 행정이란 정치권력을 배경으로 공공정책의 형성 및 구체화를 이룩하려는 행정조직의 집단행동이라고 할 수 있다(박동서, 2005).

이를 구체적으로 살펴보면 행정(administration)이란 대개 강제성을 지닌 정치권력을 내포한다는 것이다. 그리고 정책형성에 있어서 두 가지로 구분되는데, 소극적 측면에서 갈등의 조정이라는 정책결정과 적극적인 측면에서 발전정책의 결정이라는 측면이 있다. 공공정책이란 용어에서 규범적으로는 공익을 추구하고자 함을 알 수 있다(박차상 외, 2011). 또한 행정은 공공행정과 사행정으로 구분하는데, 공공행정(Public administration)은 국가목표를 달서하기 위한 행정이고, 사행정(private administration)은 사기업 목표(이윤추구)를 달성하기 위한 행정으로 '관리'라고 말한다(한동일 외, 2011). 따라서 현실에 있어서 정책형성과 구체화 과정에서 공익을 실천하는가? 라는 것은 그 나라의 책임정치와 행정의 발전 정도에 의존된다. 요컨대 행정은 권력성과 관리성을 동시에 내포하고 있는 행정조직을 중심으로 공익을 추구하는 일련의 집단행동이라고 할 수 있다(박차상 외, 2011).

2. 행정의 개념규정에 의한 사회복지정책의 유형

사회복지행정의 개념 요소들을 세 가지로 분류하여 살펴보면 다음과 같다(이상구 외, 2009; 황진수 외, 2010).

① 사회복지행정: 사회복지행정의 주체나 객체에 관계없이 사회복지기관에서 나타나는 행정현상에 초점을 두고 관리하는 일련의 기술적 과정 내지 협동적 집단활동으로 파악하는 견해이다(Walter A. Friedlander & Robert Z. Apte, 1974). 이러한 견해를 가지고 사회복지행정의 개념을 규정하면 공공 사회복지행정과 민간 사회복지행정을 포괄하는 광범위한 의미의 사회복지행정 개념규정이 될 것이다.

② 사회복지기관(시설)행정: 사회복지행정의 주체를 민간 복지기관으로 간주하고, 객체를 클라이언트로 한정시켜 클라이언트에 대한 복지기관의 서비스 제공에 필요한 전문적인 과정으로 이해하는 개념규정이다.

③ 공공 사회복지행정: 사회복지행정의 주체를 공공기관으로 보고 그 객체를 요구보호자를 포함한 전 국민으로 파악하며, 사회 전체적인 입장에서의 문제해결을 중요시하는 견해이다. 이러한 견해는 사회복지행정을 공공행정 기능과 연관시킴으로써 국가 공공 권력이나 정치권력을 사회복지에 동원할 수 있음을 전제로 한다.

따라서 사회복지행정, 사회사업기관(시설)행정, 공공 사회복지행정을 간단히 그림으로 나타내면 [그림 1-1]과 같다.

[그림 1-1] 사회복지행정 개념의 분류

3. 사회복지행정의 정의

키드네이(Kidneigh)는 사회복지행정(social welfare administration)을 사회복지(social welfare)와 행정(administration)의 합성어로 정의하고 있는데, 사회복지행정은 사회정책을 사회복지서비스로 전환시키는 과정으로서 사회정책을 구체적인 서비스로 전화시키고 그 경험을 다시 정책수행에 반영하는 양 방향의 과정 속에 있는 것이라고 정의하였다(Kidneigh, 1950).

스테인(Stein)은 사회복지행정을 사회복지조직이 조정과 협력의 활동체계를 통해서 조직목표를 설정하고 달성하는 과정이라고 정의하였다(Stein, 1970).

패티(Patti)는 사회복지행정을 사회복지실천의 한 방법으로서 조직목표를 달성하기 위해 관리자가 수행하는 상호의존적 업무과업, 업무기능, 업무활동 등의 체계적인 개입과정으로 정의하고 있다(Patti, 1983).

그런데 스테인(Stein)과 패티(Patti)의 두 정의가 서로 다른 것 같지만 사실은 그렇지 않다. 사회복지행정을 한쪽은 '정책을 서비스로 전환하는 과정'이라고 하고, 다른 한쪽은 '목표를 설정하여 달성해 나가는 과정'이라고 하지만, 정책을 서비스로 바꾸는 것이나 목표를 설정하여 달성해 나가는 과정이 표현만 다를 뿐 내용이 사실상 같다는 것이다. 왜냐하면 정책이 바로 목표를 설정하는 것이기 때문이다(Gillbert & Terrell, 2002).

티트머스(Titmuss)는 사회복지행정을 사회적 서비스가 클라이언트에게 전달되기 위한 인적조직과 기구로 정의하고 있다(Titmuss, 1974).

스키드모어(Skidmore)는 사회복지행정을 "사회복지행정의 사회적 정책을 사회적 서비스의 전달로 전환하기 위해 사회적 과정을 활용하는 직원들의 활동"이라고 정의하였다(Skidmore, 1990).

이상의 학자들의 견해를 종합적으로 정의해 보면, 사회복지행정은 사회복지정책을 사회적 서비스로 전환하는 공적·사적 사회복지조직의 총체적인 활동이라고 할 수 있다. 그리고 사회복지행정은 사회문제를 해결하기 위하여 국가나 지방단체, 사회복지기관 등이 수행하는 제반 활동을 의미하고 있다.

사회복지행정은 광의와 협의의 개념으로 크게 두 가지로 분류하면 다음과 같다(박용순 외, 2011).

① 광의적 의미의 사회복지행정은 공공기관 및 민간기관의 업무를 포함해서 사회복지조직의 활동과정에 기여하는 조직구성원들의 협동적이고 조직적인 총체적인 활동을 의미한다.

② 협의적 의미의 사회복지행정은 대부분 사회사업행정에 국한하여 사회사업의 지식, 가치, 기술 등을 적용하여 사회복지기관의 특정한 목적을 달성하기 위해 목표를 설정하고 프로그램을 기획하며 자원을 활용하고 평가하는 전반적인 활동을 의미한다.

이상을 통하여 일반 행정과 사회복지행정의 개념을 간단하게 비교하면 다음 〈표 1-1〉과 같다.

〈표 1-1〉 일반 행정과 사회복지행정의 비교

구분	일반 (공공)행정	사회복지행정
존재	국민의 공공복리를 위해 존재	지역사회 내의 인지된 욕구(클라이언트의 욕구충족)를 위해 존재
성격	투입과 산출의 명확함	무형의 즉시성과 소멸성, 비축불가능성 등의 성격
범위	한정적	지식을 초월하는 범위(환경문제가 매우 중요, 다양한 지식과 관리기술 요구)
형태	법령에 따라 조직되고 법적 제약이 많음	다양하고 광범위하며 법령에 위반되지 않는 범위 내에서 활동이 원칙적으로 자유로움
운영	행정가가 전체 국민 혹은 지역주민에 대한 책임 요구(선거를 통해 신임을 얻음)	지역사회에 대한 책임을 갖고 지역사회와 밀접한 관련을 가져야 함

출처: 김인혁 외(2011).

4. 일반 행정과 사회복지행정의 유사점 및 차이점

일반 행정과 사회복지행정의 기본적인 전제를 바탕으로 유사점과 차이점을 비교하면 다음과 같다(황성철 외, 2010; 박용순 외, 2011).

1) 유사점

① 기본적으로 동일한 문제해결과정을 수행한다.

일반적으로 행정은 문제해결과정(problem solving process)을 내포하고 있다. 따라서 사회복지행정도 사회복지조직이 당면한 인적자원, 재정관리, 프로그램 및 서비스의 전달 등의 문제를 규명하고 대안을 모색하여 선택한 후 평가하는 일반적인 문제해결과정의 절차를 거치고 있다.

② 조력의 과정을 공통적으로 수행한다.

행정은 조직 내 개인과 집단이 조직목표달성에 적절히 활동할 수 있도록 힘을 도와주는 조력(enabling)의 과정을 요구한다. 사회복지조직의 관리자가 수행해야 할 가장 중요한 역할 중의 하나가 조력자(enabler)이다. 따라서 사회복지조직의 관리자는 전문직 사회복지사들이 능력을 최대한 발휘하여 최선의 서비스를 클라이언트 집단에 제공할 수 있도록 동기부여와 직무만족을 위한 가능한 방법을 사용한다.

③ 사회자원을 동원하고 활용하는 업무를 수행한다.

행정은 최적의 서비스를 제공하기 위하여 인적, 물적 자원을 조직화(organizer)하는 것에 초점을 두고 있다. 사회복지조직도 바람직한 사회복지서비스를 산출하기 위해 효과적이고 효율적으로 자원을 동원하고 있다. 그리고 기관조직의 부서를 팀제로 형성하여 적절한 인력배치와 프로그램 수행에 필요한 예산을 관리하는 기능을 수행하고 있다.

④ 공공의 의지를 실현시키기 위한 목적을 수행한다.

사회복지조직과 기관은 사회적 필요성에 의해서 설립되고 유지되고 있다. 주로 민간조직 또는 비영리조직의 형태로 존재하는 사회복지조직도 정부나 공동모금회의 자원에 의존하는 경향이 농후한데, 정부가 공공자원을 사회복지기관의 운영이나 프로그램에 지원하는 것도 어느 의미에서 공공의 의지(public will)를 간접적으로 실현시키는 것이라 볼 수 있다. 한국의 사회복지기관은 주로 비영리민간법인에 의해 운영되고 있지만 정부의 사업을 대행하는 모습을 보이고 정부지원금에 크게 의존하기 때문에 준공공적(semi-public) 성격을 지니고 있다. 즉, 사회복지기관의 행정은 표면적으로 민간기관의 행정이면서도 내용적인 측면에서 공공성의 행정을 공유하고 있다.

2) 차이점

① 사회복지행정이 산출하는 서비스는 독특한 성격을 지니고 있다.

사회복지서비스는 본래 무형의 즉시성과 소멸성을 갖고 있으며 비축이 불가능하므로 일반 행정과 관리의 원칙이 적용되기 어렵다. 특히 상담서비스의 경우 클라이언트가 요청할 때 즉각적으로 제공되기 때문에 재고로 보관할 수도 없는 성질을 갖고 있다.

② 사회복지행정은 운영관리에 관한 지식을 초월하는 경우가 있다.

사회복지행정은 지역사회 내에서 발생하는 각종 사회문제의 해결과 지역주민의 욕구충족을 위해 존재하고 있다. 따라서 지역사회 내에 환경관리의 문제가 대두되면 범위가 환경영역으로 확대되어 정치적, 경제적, 사회적 변화에 관한 다양한 지식과 관리기술을 요구하는 것의 차이가 있다.

③ 사회복지행정은 행정가 또는 관리자에 의해서만 이루어지는 것만이 아니다.

사회복지행정의 주체는 관리자를 포함한 사회복지조직의 모든 구성원으로 이들이 복잡 다양한 행정 및 관리과정에 참여하고 전체 조직의 목표달성에 크게 영향을 주고 있다. 일반적으로 행정은 최고관리자인 행정가에 의해서 수행되는 과업과 기능이라는 의미를 초월하여 사회복지조직의 일반직원은 비록 그들이 조직의 하층부에 위치해 있더라도 상당한 재량권을 갖고 직접 프로그램 및 서비스 사례관리 등의 업무를 수행한다.

④ 사회복지행정의 과정은 사회복지사의 직무수행에 크게 의존하고 있다.

사회복지조직은 주로 사회복지사의 전문성과 자율성을 통해 다양한 클라이언트 집단에게 서비스를 제공하고 있다. 따라서 사회복지조직은 사회복지사의 업무수행능력과 자질 등에 의해 조직의 성패를 좌우하기 때문에 사회복지사의 전문성을 인정하는 업무에 차이가 있다.

이상에서 일반 행정과 사회복지행정의 유사점과 차이점을 분류하여 살펴보았다. 즉, 사회복지조직도 일반조직과 마찬가지로 조직의 목표를 설정하여 인력 및 재정을 관리하는 가장 기본적인 행정과정으로서 기획(planning), 조직(organizing), 인사(staffing), 지시(directing), 조정(coordinating), 보고(reporting), 재정(budgeting), 평가(evaluating) 등을 포함하는 유사성을 인정하고 있다. 그러나 사회복지행정은 사회복지조직의 고유의 특성으로서 클라이언트의 문제해결에 초점을 두고 사회복지 전문직의 역할수행과 밀접히 관련되어 있기에 일반 행정과의 차별성을 주장하고 있다. 본 장에서의 사회복지행정은 일반 행정과 근본적인 유사성을 인정하면서 사회복지의 학문적 특수성에 입각하여 차별성을 지니고 있다.

제2절 사회복지행정의 이념

사회복지행정의 이념은 사회복지행정이 추구하고자 하는 기본적인 방향, 가치, 철학, 사상 등이 총체적으로 내포된 표준적인 행동규범을 의미하고 있다. 이것은 사회복지행정이 나아가야 할 방향과 지침을 결정해 주는 중요한 역할이다. 따라서 사회복지행정의 이념을 효과성, 효율성, 공평성, 접근성, 책임성으로 나누어 살펴보고자 한다.

1. 효과성

효과성(effectiveness)은 사회복지조직에 있어서 클라이언트의 욕구와 문제를 충족시키기 위해 제공된 서비스나 프로그램 등이 그들에게 의도되거나 기대한 것과 같이 적절하게 성취되었는가를 판단하는 기준을 말한다. 즉, 효과성은 계획된 사회복지행정을 집행한 이후에 실질적으로 경제적 자립을 달성한 사람이 몇 명이나 되며 그 비율은 어느 정도인가의 결과를 도출하는 것이다.

2. 효율성

효율성(efficiency)은 최소의 자원으로서 최대의 효과를 어떻게 거둘 것인지의 개념이다. 이 이념은 자원의 유한성을 전제로 하는 경우 항상 문제가 되며, 자원의 제한성이 있는 사회복지서비스의 공급에 있어서는 중요시되는 이념이다. 그러나 사회복지의 특성상 이 효율성의 이념은 현장에서 추구되기가 어려운 것도 사실이다. 이는 보통 효율성을 경영의 개념과 함께 인식함으로써 비용, 시간, 인력 등의 자원을 극소화시키려는 것으로 파악하고 있기 때문이다. 따라서 사회복지행정에 있어서 효율성은 자원의 극소화라는 시각을 넘어서서 동일한 자원으로 보다 최적의 서비스와 최대한의 만족을 클라이언트에게 주어야 한다는 것으로 이해함이 좋을 것이다.

3. 공평성

공평성(equity)이란 동일한 욕구를 가진 대상자는 동일한 혜택을 받아야 한다는 것이다. 특히 사회복지서비스의 공급에 있어서는 공평성이 특별히 배려되지 않으면 안 된다. 공평성은 서비스를 받는 기회와 내용뿐 아니라 그 비용 등을 포함하여 수반할 필요가 있다. 간혹 사회복지서비스의 공급은 필요한 서비스 또는 시책

등이 충분히 준비되지 않기 때문에 서비스의 수익자와 비수익자 간에 공평성을 결하는 점이 있으며, 사회복지시설 발전의 불균형에서 생기는 불공평 등이 있다. 그러나 공평성은 반드시 형식적 평등만을 의미하는 것은 아니다. 가령 기회의 평등이 확보되어도, 그것은 반드시 결과의 평등을 가져오는 것은 아니다. 즉, 장애를 가진 대상자에게 특별한 서비스 제공을 하였지만 결과의 평등에 관계없는 경우도 있다. 이러한 의미에서 공평성의 판단은 실제 사례에 따라서 유동성 있게 행할 필요가 있다.

4. 접근성

접근성(accessibility)은 클라이언트가 활용 가능한 사회복지서비스가 어디에 있으며, 어떤 경로를 거쳐 그 서비스를 편리하게 이용할 수 있는가의 정도를 말한다. 즉, 접근성을 높이기 위해서는 기관위치, 교통수단 등의 물리적 요소뿐 아니라 서비스의 비용, 서비스의 홍보 등에 대해서도 충분히 고려해야 한다. 그리고 접근가능성을 높일 때 보다 많은 클라이언트가 다양한 서비스를 활용할 수 있고 기대한 효과를 이끌어 낼 가능성이 높다고 볼 수 있다.

5. 책임성

책임성(responsibility)은 사회복지행정의 목적에 충실히 임하고 집행과정에서 법을 준수하였는지의 여부에 대한 기준을 말한다. 즉, 사회복지행정에서 책임성이 제고되면 목적성과 합법성을 향상시킬 수 있으며, 클라이언트가 사회복지서비스를 받도록 함으로써 당면문제를 어느 정도 해결할 수 있다는 것이다.

제3절 사회복지행정의 필요성 및 특징

1. 사회복지행정의 필요성

오늘날 산업화, 도시화와 더불어 국민의 복지욕구가 증대되어 가고 있고 사회복지적 기능이 전체 사회로 확산됨에 따라 나타난 다양한 사회복지조직이 수행하는 사회복지서비스는 그 사회복지조직에서 행정이 어떻게 이루어지느냐에 따라 결정적인 영향을 받는다. 이와 같이 사회복지서비스와 행정 간의 불가분의 관계 때문에 사회복지행정조직에 있어서 서비스의 질은 사회복지행정의 질에 크게 좌우된다고 볼 수 있다.

현대 산업사회에서 각종 사회문제의 발생으로 인해 충족되지 않은 사회적 욕구가 증가하면서 사회복지조직으로부터의 서비스 기대가 그 어느 때보다도 높아져 가고 있는 만큼 효과적인 서비스를 위한 사회복지행정의 필요성에 대한 인식이 고조되어 가고 있는 실정이다(최성재 · 남기민, 2001).

이러한 견해에 따라 사회복지행정에 대한 구체적인 필요성과 중요성을 살펴보면 다음과 같다(강용규 외, 2008).

① 인간의 복지에 대한 관심은 모든 시대와 국가 또는 사회를 막론하고 공통적인 것이었으나 이러한 복지에 대한 관심과 중요성이 사회적으로 의미를 갖게 된 것은 산업화 이후의 일이다. 대량 생산과 대량 소비를 기본체제로 하는 산업화는 대규모 조직을 필요로 하고 대규모 조직은 체계적이고 제도적인 행정시스템을 요구한다.

② 행정의 의미를 조직 관리를 통한 합리적인 협동행위로 본다면 사회복지활동은 공 · 사 기관이나 어떤 조직체계의 단위로 이루어질 때 그 효과성을 기대할 수 있다. 따라서 능률적인 측면에서 효율적인 조직체계를 유지하는 제도가 필요하다.

③ 사회적 서비스활동, 즉 사회복지 욕구에 대한 서비스는 막대한 재정이 소요되어 국가예산의 많은 부분을 차지하고 있다. 따라서 위에서 언급한 부분들은 현대사회에서 필수적으로 필요하고 또한 해결하기 위해서는 조직적인 접근과 업무의 효율성 및 효과성이 요구된다.

이처럼 사회복지행정의 필요성과 중요성에 대해 살펴보았다. 하지만 사회복지 조직에서 행정이 없다면 조직의 목표를 효율적이고 효과적으로 책임성 있게 달성하지 못할 것이다. 행정이 없는 조직을 생각한다면 어떤 일이 일어날 것인가? 바인바흐(Weinbacah, 1990)에 의하면 행정이 없는 조직에서는 다음과 같은 결과가 나타날 것이라고 한다.

① 클라이언트와 직원은 기분 내키는 대로 나타나기도 하고 사라지기도 할 것이다.
② 직원은 매일 업무를 시작할 때 하고자 하는 것을 결정할 것이며 그들의 업무는 다른 직원의 활동과는 어떤 유기적 관련 없이 다루어질 것이다.
③ 아무도 자신의 업무 또는 다른 사람의 업무에 대해 책임을 지지 않을 것이다.
④ 아무도 다른 사람의 업무 또는 어떤 프로그램 및 서비스를 평가하지 않을 것이다.
⑤ 아무도 지역사회 내에서 조직의 현재의 역할에 대해 알지 못할 것이고 조직의 미래에 대해서도 관심을 갖지 않을 것이다.
⑥ 아무도 다른 직원과 어떤 정보를 함께 나누려 하지 않을 것이다.
⑦ 확실한 지도자도 없을 것이며 또한 직원에 대한 분명한 역할기대도 없을 것이다.

사회복지현장에서 이상과 같은 현상이 나타난다면 사실상 업무를 진행할 수 없을 것이며, 또한 그런 조직은 존재하지도 않을 것이다. 이와 같이 사회복지행정이 없다면 사회복지조직은 존재할 수 없는 것이다. 이처럼 사회복지행정은 현대사회에서 필요불가결한 것이고 필연적인 것이다. 따라서 사회복지행정은 다양한 사회복지조직의 활동을 통해서 클라이언트에게 사회복지서비스를 지속적으로 제공하도록 할 뿐만 아니라 업무의 내용 및 각 조직원이 효과적으로 배치되어 업무를 수행하게 하는 기능을 하므로 사회복지행정은 반드시 필요하며 중요하다고 할 수 있다.

2. 사회복지행정의 특징

사회복지조직의 주된 활동대상은 문제나 욕구충족을 필요로 하는 인간이라는 점이다. 즉, 사회복지행정에서의 조직은 일반 행정과 달리 사회복지조직의 고유의 특징이 있다. 구체적인 사회복지행정의 특징을 살펴보면 다음과 같다(김익균 외, 2011).

① 사회복지행정은 서비스 행정이기 때문에 서비스가 최종적으로 직접 개인에게 전달됨으로써 비로소 그 효과가 나타나는 것이다. 따라서 전문직을 포함하여 다수의 직접적 처우에 종사하는 사회복지 종사자를 필요로 하는 것이다.

② 사회복지행정 서비스는 궁극적으로 개별화되지 않으면 안 된다. 특히, 복지서비스 내지 개별 서비스라고 불리는 영역의 주요한 기능은 직접적인 케어이기 때문이다. 이것은 서비스행정이 본질적으로 스태프의 전개와 그들의 양과 질에 의존하고 있음을 의미한다.

③ 사회복지행정은 사회복지에 대한 국가의 책임(헌법 제34조의 규정)에 따라 국민의 사회복지 욕구의 충족을 목적으로 사회복지정책에서 설정된 목표를 이용 가능한 자원을 동원함으로써 충족하기 위한 수단과 방법인 것이다.

제4절 사회복지행정의 수행과정

사회복지행정의 활동은 조직을 통해 실천되는 과정 및 기술 등을 말하는 것으로 행정관리의 측면에서 기획, 조직, 인사, 지시, 조정, 보고, 재정, 평가 등으로 이루어지고 있으며, 알파벳 첫 자를 인용하여 'POSDCoRBE'로 표현되고 있다. 사회복지행정의 수행과정을 구체적으로 살펴보면 다음과 같다(남일재 외, 2011; 김인혁 외, 2011).

1. 기획

기획(planning)은 목표의 설정과 목표를 달성하기 위한 과업 및 수행방법을 결정하는 단계를 말한다. 과업을 달성하기 위한 방법은 변화하는 목표에 따라 달라질 수 있으며 사회복지행정가는 변화하는 목표에 맞춰 과업을 계획하고 방법과 기술을 결정해야 한다.

2. 조직

조직(organizing)은 작업의 할당이 규정되고 조정되는 공식적인 구조의 설정을 요한다. 사회복지기관의 구조는 일반적으로 정관의 규정이나 운영지침서에 기술되어 있다. 역할과 책임이 분명하지 않을 경우에는 구성원 간에 갈등이 초래되어 비효율적이고 비효과적인 기관이 된다. 따라서 효과적이고 생동력 있는 조직을 유지하기 위해서는 행정가가 그 구성원들에게 조직의 목표를 명백하게 이해시켜야 하며, 기관 목표의 변화와 능력, 그에 따라 요구되는 과업과 방법의 변화에 보조를 맞추어야 한다.

3. 인사

인사(staffing)는 직원을 채용하고 능력을 개발하여 근무의욕을 갖고 조직에 헌신할 수 있도록 동기를 부여하는 관리활동으로 사회복지행정 책임자는 직원의 임명뿐만 아니라 교육, 훈련, 직원의 적절한 활동환경의 유지에 대해서도 책임을 진다.

4. 지시

사회복지기관의 행정책임자는 기관을 효과적으로 지시(directing)하는 리더로서 다음과 같은 능력을 발휘해야 한다.

① 가능한 모든 관련된 사실들을 검토한 후에 합리적인 결정을 내리는 능력
② 기관의 목적에 대한 관심과 그것을 달성하려는 헌신적인 태도
③ 구성원의 공헌을 칭찬하고 그들의 지위 향상을 도와주는 능력
④ 자신의 책임과 권한을 효과적으로 위임하는 능력
⑤ 개인과 집단의 창의성을 고취하는 능력

5. 조정

조정(coordinating)은 기관 활동의 다양한 부분들을 상호 연결시켜 주는 중요한 기능이다. 행정책임자는 기관 내 조정기능을 위해 여러 부서와 구성원들 간의 효과적인 의사소통의 통로를 마련해야 한다. 효과적인 의사소통의 통로를 만들고 유지하기 위하여 가장 광범위하게 사용되는 방법은 위원회의 활용이다. 행정책임자는 특정한 문제를 해결하거나 다양한 전문가의 투입이 요구되는 활동을 위하여 위원회를 종종 활용한다.

위원회는 상설위원회와 특별위원회로 나눌 수 있는데, 상설위원회는 프로그램, 인사, 재정 등과 같은 지속적인 성격의 활동에 관한 문제를 다루며 특별위원회는 긴급한 과업이나 단기간에 수행될 수 있는 임시적인 활동을 다룬다.

6. 보고

행정책임자는 보고(reporting)의 기능을 수행하기 위해 기관의 직원, 이사회, 지역사회, 재원을 제공하는 기관에 대하여 기관에서 일어나는 상황을 알려 주어야 한다. 행정책임자는 이러한 기능 수행을 위하여 자신이 기관의 진행상황을 잘 알아야 한다. 이를 위한 세 가지 주요 활동은 첫째, 기록의 유지, 둘째, 정기적인 검사, 셋째, 조사연구이다.

기록유지는 클라이언트의 케이스 기록, 인사기록, 위원회의 활동 등의 전반적인 기관 활동의 보고이다. 이러한 기록은 클라이언트에 대한 서비스 전달에 있어 직원의 진전상황을 밝혀 준다. 행정책임자에 의한 정기적인 감사는 기관이 어떻게 기능하고 있는가에 대한 전반적인 이해를 얻게 하며, 개선이 필요한 부분을 밝혀 준다. 기관 내에서 수행되는 조사연구는 기관의 서비스 수행 여부, 현존 서비스의 필요성 여부, 새로 요구되는 서비스의 종류, 서비스 전달방법의 효과성 여부 등을 밝혀 준다.

7. 재정

재정(budgeting)자원을 합리적이고 계획적으로 동원, 배분하고 효율적으로 사용하고 관리하는 과정을 의미한다. 사회복지행정가는 재정을 투명하게 사용할 수 있어야 하며 조직의 행정가는 정기적인 재정계획을 수립해야 하고 회계 규정에 따라 재정 운영에 대한 책임을 진다.

8. 평가

평가(evaluating)는 기관의 목표에 따라 전반적인 활동결과를 사정하는 과정이다. 기관의 목표달성을 평가하기 위해서는 다음의 두 가지 척도를 적용할 수 있다.

① 효과성의 척도: 서비스에 대한 욕구와 관련하여 기관의 서비스가 수행된 정도를 평가한다.

② 효율성의 척도: 가용한 자원과 관련하여 기관의 서비스가 수행된 정도를 평가한다. 평가의 기능을 효과적으로 수행하기 위해서는 기관의 구성원들이 평가활동을 자유롭게 수행하도록 하며, 기관의 기능과 프로그램에 대한 제안을 할 수 있도록 분위기를 조성하는 노력이 이루어져야 할 것이다.

이상의 사회복지행정 수행과정을 활동 영역과 분야별로 표로 나타내면 〈표 1−2〉와 같다.

〈표 1−2〉 **사회복지행정 활동의 기능 및 범위**

POSDCoRBE	기능	적용 분야
기획(Planning)	변화하는 목표에 맞춰 과업을 계획	기획과 정책일반이론
조직(Organizing)	조직구조를 설정하는 과정으로 과업할당 및 조정	조직이론 및 조직구조
인사(Staffing)	직원의 채용/해고, 훈련, 교육, 승진	인사관리
지시(Directing)	합리적인 결정, 책임과 권한 위임 등 지시 및 지도	경영 및 관리일반
조정(Coordinating)	직원 간 효과적인 의사소통 유지	조직이론 및 커뮤니케이션
보고(Reporting)	직원, 이사회, 지역사회 등에게 보고	문서관리
예산(Budgeting)	재정계획, 재정운영 및 책임	재정 및 예산관리
평가(Evaluating)	서비스 효과성, 자원투입-산출의 효율성 평가	편익분석

토론해 보기

- 일반 행정과 사회복지행정의 차이점에 대해 여러분의 생각을 서로 토론해 봅시다.
- 사회복지행정의 필요성에 대해 여러분의 생각을 서로 토론해 봅시다.
- 사회복지행정의 수행과정 중 수정 보완해야 할 사항은 무엇인지 여러분의 생각을 서로 토론해 봅시다.

참고문헌

김익균 외(2011). 사회복지행정론. 정민사.
김인혁 외(2011). 사회복지행정론. 양서원.
남일재 외(2011). 현대 사회복지행정의 이해. 정민사.
박동서(1997). 한국행정론. 법문사.
박동서(2005). 한국행정론. 법문사.
박용순 외(2011). 사회복지행정론. 창지사.
박차상 외(2011). 사회복지행정론. 창지사.
이상구 외(2009). 사회복지행정론. 학현사.
최성재 · 남기민(2001). 사회복지행정론. 나남.
한동일 외(2011). 사회복지행정론. 양서원.
황성철 외(2010). 사회복지행정론. 학현사.
황진수 외(2010), 사회복지행정론. 양서원.
Kindeigh, J.(1950). Social Work Administration : An Area of Social Work Practice? *Social Work Journal*, 31.
Patti, R.(1983). *Social Work Administration : Managing Social Programs in a Developmental Context*. Englewood Cliffs. New Jersey: Prentice-Hall.
Titmuss(1974). *Social Policy-An Introduction*. London: Allen & Unwin.
Skidmore, R. A.(1990). *Social Work Administration : Dynamic Management and Human Relationships*(2nd ed.). Englewood Cliffs, N. J.: Prentice-Hall.
Gillbert, N. & Terrell, P.(2002). *Dimensions of Social Welfare Policy*(5th ed.). Boston: Allyn & Bacon.
Weinbach, R. W.(1990). *The social worker as Manager : Theory and Practice*. New York: Longman.

2 사회복지행정의 역사

제1절 미국 사회복지행정의 역사

1. 사회복지행정의 형성기(1870년대~1920년대)

미국 사회는 남북전쟁 이후 급격한 사회변동을 겪게 되었다. 특히 미국의 동북부와 중서부는 산업화와 도시화의 중심이 되었으며 유럽으로부터 대규모 이민자들이 집중적으로 정착하게 된 곳이었다. 이러한 도시지역의 급격한 사회변동은 빈곤, 실업 범죄, 공중위생, 아동유기 등 각종 사회문제를 야기했기 때문에 이에 대한 대책이 마련될 필요성이 있었다(Lubove, 1965). 그 결과 19세기 중기 영국에서 중복 구빈을 없애기 위해 여러 자선활동을 조정하고, 적절한 환경조사 및 원조 제공을 통해 빈민의 생활조건을 향상시키고자 탄생한 자선조직협회(Charity Organization Society: COS)가 미국으로 건너가 탄생하였다.

COS 기관의 설립과 운영이 사회복지행정에 던져 주는 의미가 있다면 그것은 COS 기관의 설립 그 자체가 민간복지기관의 효율성과 효과성을 향상시키는 노력의 일환이었기 때문이다. 즉, COS 기관은 지역사회에 분산되어 있는 각종 자선기관과 사업을 조정하여 서비스의 중복과 누락을 방지하고자 수혜자 명단을 교환하고 사례회의를 하면서 공동으로 지역의 빈민문제에 대처하고자 하였다. 이러한 기관의 운영을 근본적으로 통제하는 조직은 이사회였으며 이사회는 주로 지역실업인과 지방 유지들로 구성되었다. 그러나 이 기관을 실제로 운영하는 사람은 봉급을 받는 기관장과 자원봉사자들로 활용하는 우애방문원(friendly visitor)이었다.

20세기 들어와서 COS 기관을 중심으로 한 사회복지기관의 행정가 역할은 지역공동모금회(Community Chest)와 지역사회복지기관협의회(Council of Social Agencies)의 창설과 더불어 강화되었다. 왜냐하면 제1차 세계대전 전후로 지역사회복지기관의 공통적인 재정문제에 효과적으로 대응하고 지역 차원에서 사회복지협의체 구성의 필요성을 느낀 사회복지기관의 행정가들이 이러한 조직체를 만드는 데 앞장섰기 때문이다. 실제로 지역 내의 개별복지기관이 연중 내내 재정적인 원조를 요청하는 번거로움을 없애고 일시에 집중적으로 모금해서 배분하는 방법에 지역사회복지기관의 행정가와 실업가는 모두 동의했기 때문에 공동모금회가 창설될 수 있었다(Cutlip, 1965). 또한 교육적인 면에서도 1914년에 사회사업교과과정에 최초로 행정이 등장하였으며, 1923년에는 미국 사회사업대학협의회의 채택교과과정에 행정이 선택과목으로 포함되기도 하였다(최성재 외, 2001).

1929년 밀포드(Milford) 회의에서 사회복지행정이 개별사회사업, 집단사회사업, 지역사회복지론 등과 함께 기본적인 실천방법으로 인정받았다. 그러나 이 시기는 전체적으로 사회복지는 개별사회사업(social casework)을 중심으로 학문적 정체성과 전문성을 강화하려는 움직임을 보였다(한동일 외, 2011). 그러나 사회사업의 모든 이론, 지식, 기술은 물론 심지어는 사회사업교육까지도 전부 개별사회사업에 초점을 두고 있었으므로 개별사회사업은 전체 사회사업 전문직을 대표하는 것으로 생각되었으나 상대적으로 사회복지행정은 20세기 초반까지도 전문직의 실천 형태로서 사실상 인정을 받지 못하였다(신복기, 1984). 그러나 사회복지전문직은 빈민들의 사회적 조건을 개선하고, 사회사업시설들을 합리적으로 관리하고, 그리고 그들의 활동이 직·간접으로 행정과 관련되어 있었기 때문에 완전히 행정에 무관심하기가 어려웠다(Lubove, 1965). 따라서 사회사업 전문직 자체는 사회복지조직들의 실천을 합리적으로 관리하고 그것의 효율성을 높일 수 있는 전문적 방법의 필요성을 인식하게 되었던 것이다. 이와 같이 사회복지행정의 필요성을 인식한 대표적인 학자들은 애보트(Edith Abbott), 허거티(James Hagerty), 던햄(Arthur Dunham) 등이 있다(Patti, 1981).

애보트는 미국 사회사업전문교육이 케이스워크에 초점을 두고 있는 고도의 기술적 과정으로 구성되어 있는 것을 비판하면서 실천적 지식과 경험과 더불어 행정에 관한 지식과 경험도 갖추어야 사회복지기관협의회의 간부가 될 자격이 있다고 주장하여 사회사업행정에 대한 필요성을 인식하고 있었다.

허거티는 사회사업대학의 첫째 임무는 행정가들의 교육에 있으며 따라서 교과과정에 행정에 관한 내용을 필수적으로 포함하여야 한다고 주장하였다. 이러한 그의 주장은 그 이후 사회사업대학들의 교과과정에 많은 영향을 미쳤다.

던햄은 사회복지의 실천적 지식과 사회복지행정을 분리된 기능으로 생각해서는 안 된다고 보면서, 사회복지행정을 직접적 실천의 보조적 방법으로 인식하였다.

2. 사회복지행정의 발전기(1930년대~1960년대)

이 시기의 시대적 배경은 1930년대 미국의 대규모 사회적 변화에 따라 공공사회복지가 발전하는 시기였으며, 당시 경제대공황에 따른 빈곤 및 실업문제는 미국사회복지제도의 근본적인 변화를 초래하였다. 이를 해결하기 위해 연방정부는 1935년에 사회보장법(Social Security Act)을 마련하여 사회보험과 공공부조 프로그램을 비롯한 다양한 사회복지서비스 프로그램을 제도화하였다. 미국 최초의 공공부조 프로그램인 ADC(Aid To Dependent Children)와 노인 및 장애인 복지 프로그램들은 당시 사회개혁운동을 주도했던 시카고 헐하우스(Hull House), 사회복지관(settlements)의 행정가인 애보트(G. Abbott, E. Abbott), 라스롭(J. Lathrop)과 루즈벨트(Loosevelt) 대통령의 측근 자문가인 H. 홉킨스(Hopkins)의 주도적인 노력에 의해서 이루어졌다(Austin, 2000). 이로 인해 공공사회복지 프로그램들이 사회서비스 분야에 엄청난 인력을 요구하게 됨으로써, 사회복지전문가가 공공부문 활동에 참여하게 되는 계기가 되었다.

1940년대는 제2차 세계대전 이후에 많은 귀환자들이 전쟁후유증으로 정신질환을 갖게 되어 정신분석이론이 지배하였다. 이에 전통적 방법론인 개별사회사업(casework)과 기반이 다른 사회복지행정에 대해 미약하지만 어느 정도 관심을 나타내기 시작하였다. 그리고 사회복지행정을 사회사업의 가치와 규범에 맞추는 작업을 진행하였다. 그러나 사화환경의 변화에 따른 사회복지행정의 개입을 위한 많은 노력에도 불구하고 사회복지행정에 대한 전문교육과정이나 전문성 확보를 고취시키는 데는 한계가 있었다.

제2차 세계대전 이후 1950년대에 들어서서 행정학의 발전이 가속화됨에 따라 사회복지의 기본적인 가치, 지식, 기술의 토대에 일반 행정의 이론과 기법을 접목시켜 사회복지행정을 체계화하려는 노력이 이루어졌다(Patti, 1983). 그 결과 사회복지행정은 일반 행정과 분명히 구별되는 속성이 있다는 것이 인정되었고, 개별사회사업 지식인 대인관계기술들이 행정에도 적용되어 리더십과 직원의 동기부여에 활용되었다. 그리고 전국적으로 공동모금회(Community Chest)가 확산되어 민간 사회복지기관의 수가 늘어나고 활동규모도 점점 확대되면서 사회복지기관 관리자들의 역할과 책임성이 강조되었다. 이후 미국 사회복지공동모금협의회(United Way)로 발전되었다.

이후 1952년에는 미국사회복지교육협의회(Council on Social Work Education)의 대학원 교과과정 규정에 사회복지조직과 행정절차에 관한 교육이 포함되었다.

1960년대에는 연방정부의 공공부조 프로그램 개혁조치와 지역사회 중심의 다양한 사회복지기관이 출현함으로써 사회복지행정에 큰 변화와 발전을 이루게 되었다. 1962년부터 연방정부는 공공부조사업인 AFDC(Aid to Families with Dependent Children)의 수혜자 범위를 확대하여 대도시 중심에서 농촌지역에도 적용시켰으며 사회복지사의 상담에도 비용을 지불하게 되어 공공복지행정가와 사회복지사의 인력수요 및 활동을 더욱 촉진시켰다.

또한 1960년대 이후 미국 전역에서 일어난 흑인인권운동, 반전운동, 복지권운동 등 각종 민주화 운동의 결과로 생겨난 다양한 사회운동기관(social action agencies)의 출현과 정부지원으로 설립된 지역사회정신보건(community mental health centers)의 탄생과 확충으로 이런 기관을 관리하고 운영하는 사회복지행정가들의 필요성이 증대되었고, 행정 고유의 관리기능들이 더욱 강화되었다.

1963년에는 미국사회복지협회(National Association on Social Work)에서 사회복지행정에 대한 보고서를 출간하였으며, 이어 미국사회복지협회(NASW)는 1963년 사회복지행정에 관한 관심의 증대를 반영하여 협회 내에 사회복지행정위원회(Council on Social Work Administration)를 설립하기도 하였다(Patti, 1983).

그러나 1960년데 시작된 '빈곤과의 전쟁(war on poverty)'에서 사회복지기관들이 빈곤문제를 비롯한 다양한 사회문제를 적절히 개입하여 해결하지 못하는 역할에 대해 국민들에게 비판받기도 하였으며, 기관 활동의 효과성에 대해서도 비판이 제기되었던 시기이다.

3. 사회복지행정의 확립기(1970년대~1990년대)

이 기간은 1960년대의 사회 · 경제적 배경을 기반으로 하여 사회복지행정에 대한 관심과 필요성의 증대 및 전문 사회복지행정가에 대한 수요가 늘어나 사회복지행정의 발전이 가속화되는 시기라 볼 수 있다.

1960년대 후반에 이르러 미국사회는 베트남 전쟁, 사회복지비 지출 증가, 인플레이션과 경제성장의 둔화 등에 따라 효과를 고려하여 사회복지 프로그램을 평가하여 선별지원하게 되었다. 이러한 사회적 상황에 따라 1970년대의 사회복지행정가들은 프로그램의 유지와 확장으로부터 프로그램에 대한 설명, 통제, 평가에 관심을 갖지 않을 수 없게 되었다. 이러한 현실에서 사회복지조직들은 자신들이 기술과 지식의 공백상태에 있음을 깨닫게 되었다.

따라서 새로운 시대의 요구에 부응할 수 있는 관리 및 기술을 습득할 필요성을 인식하게 되었으며, 이제까지는 관심을 가지지 않았던 비용－효과 분석이나 프로그램 평가와 같은 재정적이고 기술적인 경영부문에 관심을 보이기 시작하였다. 사례관리(case management)를 통한 서비스의 통합과 효율화방식이 본격적으로 등장한 시기이다(박차상 외, 2011).

1970년대에는 사회복지행정 발전에 대한 사회적 요청에 부응하기 위해 사회대학들은 행정교육을 급속도로 확대하였다. 이러한 사회복지행정교육의 확산에 의해 CSWE(Council on Social Work Education), NASW(National Association on Social Work), NCSW(Network of Committed Social Worker) 등에서도 행정실천에 관한 논문이 게재되고, 사회복지 저널(Journal)에도 행정과 관리에 관한 논문들이 급증되었다. 그 결과 1970년대에는 사회복지행정에 관한 전문적 문헌과 잡지가 출간되었는데, 일종의 자료집인 사회사업행정(Social Work Administration : A Resource Book), 사회사업행정사례집(A Casebook in Social Work Administration)이다(Skidmore, 1983). 그리고 1976년 사회사업행정 영역 발전에 지대한 공헌을 한 최초의 Journal 『사회사업행정(Administration in Social Work)』이 출간되었다.

1980년대에는 레이건 행정부가 강력한 국가를 지향하면서 기존의 사회복지 프로그램을 대폭 축소하는 신보수주의 정책을 추진하게 되었다. 그 대표적인 전략은 민영화(privatization)였다. 민영화는 국가재정의 안정적 확보라는 측면과 보다 이데올로기적인 측면에서 민간 부문의 효율을 촉진하고 국가에 대한 의존성을 감소시킨다는 목적으로 추진되었는데 구체적으로 살펴보면 다음과 같다(박관중, 2002).

첫째, 경제에 대한 국가개입을 축소함으로써 보조금 지출을 삭감한다.

둘째, 적자로 운영되는 공영기업을 사적 부문으로 이행함으로써 적자 부문을 정리한다.

셋째, 국유자산을 매각함으로써 막대한 정부수입을 확보하여 국가재정을 호전시키고자 하는 것이었다.

1990년대 이후 미국의 사회복지행정에서 강조되는 것은 재정관리와 마케팅

(Marketing)이다. 사회복지서비스의 민영화와 상업화가 급속도로 진행되고 빈곤계층의 다양하고 증대된 복지욕구를 충족시키기 위해서는 안정적인 재원 확보가 무엇보다 중요한 과제로 제기되었다. 그래서 조직 내부적으로 비용절감의 경영이 강조되고 외부적으로는 전략적 계획(strategic planning)을 수립하여 보다 공격적인 마케팅과 홍보를 강화시켰다(Growbjerg, 1993). 이러한 재정관리의 중요성과 마케팅 강조 현상은 사회복지사와 같은 전문직 종사자의 클라이언트 선정과 예산관리에서의 자율성과 재량권을 제한하는 기제로 작용하기도 한다.

한편 1990년대 미국 사회복지조직의 관리 및 사회복지행정의 변화양상으로 크게 눈에 띄는 것은 사회복지조직의 합병과 연합이다. 공공복지체계는 본래의 기능을 민간에 이양하는 민영화가 진행되고 있기 때문에 지역 차원에서 계약과 서비스 구매가 활발히 이루어지는 상황 속에서 위기감을 느낀 영세 민간 사회복지조직은 보다 경쟁력 있는 대규모 조직으로 합병(consolidation)과 협력을 통해 공동사업과 클라이언트 확보전략을 세우고 있다(Kettner & Martin, 1993). 이러한 합병과 연합에 의해서 새로운 형태의 사회복지조직이 출현하는 것은 특히 지역사회의 희소한 자원 확보에 경쟁적 우위를 확보할 수 있기 때문에 가시적인 현상으로 나타나고 있다.

결론적으로 최근 30여 년 동안 미국의 사회복지행정가는 공공복지행정과 민간복지행정을 막론하고 급격한 사회변화로 인해 전통적 조직관리와 행정가의 역할에 큰 변화가 일어나고 있다(황성철 외, 2010).

4. 사회복지행정의 현재(1990년대~현재)

1996년 클린턴 정부의 집권과 함께 단행된 복지개혁은 복지의존을 감소시키고 개인의 책임과 근로를 통한 자립을 주요 내용으로 하는 '개인책임 및 노동기회 조정법 PRWORA(Personal Responsibility and Work Opportunity Reconciliation)' 제정을 통해 공공부조제도를 근본적으로 바꾸었다. 이는 단순한 제도의 변경을 넘어서 공공부조제도의 기본이념에 있어 큰 변화를 가져왔다. 이 법 제정 이전에는 수혜자격을 가진 자녀부양가구에 대한 복지혜택을 보장하던 부양아동가정부조 AFDC(Aid to Families with Dependent Children)와 교육 · 직업훈련 프로그램인 직업기회 · 기본기술 프로그램(JOBS)은 없어지게 되었다.

이를 대신해 빈곤가정일시부조 TANF(Temporary Assistance for Needy Families) 프로그램이 만들어지게 되었다. 이때부터 미국의 공공부조제도는 'workfare' 경향에 들어서게 된 것이다. 그리고 2006년 2월 부시대통령이 '2005 적자감축법 DRA (Deficit Reduction Act of 2005)'에 서명함으로써 제2차 복지개혁이 단행되었다. 1996년 복지개혁법에 대한 재승인과 더불어, 의료부조(medicaid)에서의 예산삭감 및 TANF에서의 예산 동결 및 정부지출을 억제하기 위한 여러 가지 방안이 제시되었는데, 근로활동 관련 기준 및 관리를 강화하고, 주정부 책임성을 강조하였다(한국보건사회연구원, 2008).

이와 같이 공공의 복지서비스를 민영화, 지방화, 시장화(영리화)하려는 신자유주의적 기조를 유지해 오고 있다. 이론 인해 미국의 사회복지 전달체계는 더욱 다원화되고 다선화되는 추세를 보이고 있다. 다원화는 사회복지서비스 공급의 주체가 지방정부, 민간비영리조직, 영리조직 등으로 다양해지는 현상이고, 다선화는 이들 간의 연결망 회로가 증가하는 것이다. 다원화와 다선화는 함께 사회복지서비스 공급의 전달체계를 복잡하게 만들고 있다(김인혁 외, 2011). 또한 새로운 복지조직 형태의 등장으로 중앙집권적 공공관료조직들이 점차로 기능적 혹은 지리적으로 탈 집중화되어 느슨하게 연결된 공공서비스 조직들에 의해 대처되기 시작하였다. 이들 조직들의 특징은 개인서비스 제공자, 비영리서비스 조직, 영리기업 등과 계약을 통해 서비스를 구입하여 제공한다는 것이다. 즉, 실질적인 서비스 제공은 자신들이 직접 담당하지 않고 다양한 차원의 서비스 제공조직들을 조성(enabling)하는 역할만을 담당하는 것이다(김영종, 2010).

이와 같이 미국 사회복지행정은 급변하는 사회복지환경과 더불어 많은 문제와 도전에 직면하고 있기는 하지만 21세기에는 이러한 환경변화를 정확히 예측하고 효율적으로 대응하기 위해서 새로운 경영철학과 기법이 대거 사회복지행정에도 도입·적용될 것으로 전망되며, 최근 커다란 발전이 이루어지고 있고 미래의 전망도 밝아 보인다(이상구 외, 2009).

제2절 한국 사회복지행정의 역사

1. 사회복지행정의 미 인식기(1950년대 이전)

우리나라의 근대적 사회복지행정은 19세기 말 외국인 선교사에 의한 아동양육 활동 등이 선교활동의 일환으로 시작되었다. 그리하여 우리나라 최초의 고아원이 1905년에 경성고아원으로 설립되었다. 또한 이를 바탕으로 우리나라 최초의 민간 사회복지관이 1906년 미국 감리교선교단체가 원산에 설립한 '반열방'[1]이라는 주장이 있으나 워낙 기록이 빈약해 그 구체적인 내용을 알 수가 없다. 그런 점에서 우리나라 최초의 사회복지관은 일제시대인 1921년 미국 감리교선교사가 서울 인사동에 설립한 '태화여자관'[2]이라고 보는 것이 타당할 것 같다(원석조, 2011).

1930년대에는 서울의 종로, 왕십리, 마포, 영등포 등에 사회복지관을 설치했으나 이러한 사회복지관은 공공구제기관의 성격을 갖고 있었으므로 시혜적인 활동

1) 우리나라에 처음으로 사회복지관을 사업을 소개한 것은 외국의 종교단체였다. 한국에서 사회복지관 운동은 미국의 감리교 선교사인 놀스(Knowles) 여사가 원산에 반열방(班列房)이라 칭하는 인보관을 설립하여 여성을 위한 계몽사업을 시작한 것에 그 기원을 두고 있다. 미국감리교 선교부는 그 후 이러한 인보관운동을 확산하여 1921년 서울에 태화여자관의 설립을 시작으로 개성, 춘천, 공주 등의 지방에도 여자관을 설립하였다.

2) 태화여자관의 주요사업은 여성들을 대상으로 한글교육, 가정방문상담, 가정위생 및 생활개선사업을 전개하고 아울러 아동건강 및 영양사업을 실시한 것이었다. 미국 감리교 선교사들에 의해 설립된 초기의 사회복지기관들은 그 이름을 여자관이라고 하고 여성을 위한 사업을 중점적으로 실시했는데, 그것은 당시 사업을 전개한 운영 및 실무 주체가 여성들이었으며, 한국 여성들에 대한 차별대우를 중요한 사회적 문제로 인식했기 때문이다. 그래서 이러한 사회관들은 야학, 재봉, 요리 등 계몽 및 사회교육을 통해서 여성의 사회적 지위를 향상시키는 사업에 중점을 두었으며 부수적으로 어린이 보건 및 교육사업을 실시하였다.

에 국한되어 있어 민간의 자발적인 복지관운동으로 보기는 어렵다(이상구 외, 2009).

1944년대에는 3월 전문 33조로 된 조선구호령이 공포 · 실시되었다. 조선구호령에는 조선총독부, 즉 국가가 국민의 빈곤, 불구, 폐질 등에 대하여 생활을 구호할 의무를 가지는 것으로 규정하고 있어 이들에 대한 공공구호행정을 전개할 수 있었다. 그렇지만 이 법령은 조선총독부가 국민들을 회유하고 종속시키기 위한 정치적 맥락에서 시행한 법령상의 명문규정이고, 이 법령에 근거한 구호행정도 형식적이며 명목적인 것에 불과하였다. 하지만 법령은 생활보호법이 제정되기 전까지 우리나라 공공구호행정의 법적 근거가 되었다는 데 의의가 있다.

광복은 우리 국민에게 새로운 국가 건설과 국민적 합의를 위한 기회를 제공하였다. 그러나 남한에는 미군의 진두에 의해 독자적인 정부를 수립하지 못하고 약 3년간의 미군정이 실시되었다. 미군정은 1945년 10월 27일 군정법령 제18호에 의해 보건후생국을 설립하였고 이는 1946년 3월 2일 보건후생부로 승격하게 되었다. 보건후생국은 1946년 후생국보 제3호를 발표하여 조선구호령과 함께 시행하였지만 이들 법령에 의한 구호행정은 근대적 사회복지행정과는 거리가 있었다. 즉, 미군정의 구호정책은 요구호자에 대한 구호의 필요성에 대응한 것이 아니라 그들에 의해 야기되는 정치적 불안에 대응하여 전개되었고 구호의 범위와 수준이 열악하고 구호행정이 배제적 · 일방적인 성격을 가지고 있었기 때문이었다(최항순, 1994).

1947년은 한국에서 사회복지학문이 최초로 도입된 시기로 이화여자대학교에 기독교사회사업학과가 설치되었다. 그 후 1953년 현재 강남대학교 전신인 중앙신학교에 사회사업학과가 설치되었고, 1958년에 이화여자대학교의 기독교사회사업학과에서 사회사업학과가 분리되어 독립학과로 되었다.

1959년에는 서울대학교에서도 학부과정의 사회사업학과가 설치되었으며, 당시 이들 대학교의 교과과정에 사회복지행정 과목이 있었는지 확인되지 않고 있다. 1954년 미국 미네소타대학의 사회사업대학원장인 키드네이그(Kidneigh) 박사가 내한하여 미국식 사회사업 전문교육이 필요하다고 역설하였다. 그 당시 제안된 내용에서 사회복지행정이 교과과정으로 포함되었고, 1961년부터 서울대학교 3학년 교과과목으로 사회사업행정을 가르치기 시작했다는 기록이 있다(최성재 외, 2006). 따라서 우리나라에서 학생들에게 학문으로서 사회복지행정을 가르친 시기는 이 때부터 출발하였다고 볼 수 있다.

2. 사회복지행정의 인정 시기(1960년대~1970년대)

1960년대 초 5·16 군사정변으로 탄생한 제3공화국은 시급한 민생고를 해결하기 위해 경제개발을 최우선 목표로 설정하고 절대빈곤의 탈피에 주력하였다. 그 당시 생활무능력자에 대한 생계보호를 체계적으로 시행하기 위해 1961년 12월 30일에 법률 제913호로 「생활보호법」에 따라 정부의 사회복지행정은 65세 이상 노인과 18세 미만 아동, 불구폐질자 등 근로능력이 없는 저소득층에 대한 공공부조 위주로 하는 생활보호행정중심이었지만, 정부재정의 부족으로 인해 민간 외원단체가 시급한 사회복지문제나 욕구를 해결하는 실정이었다. 그리고 동법 역시도 일제강점기의 조선구호령을 크게 벗어나지 못했고, 그 법에 의한 사회복지행정마저도 질적으로 개선되지 못했다. 이와 같은 경제사회적 상황이 전개되는 가운데 정부는 공공부조의 일환으로 법적 정비를 이루어서 「생활보호법」을 시작으로 「군사원호보상법」(1961), 「국가유공자와 월남귀순용사특별법」(1963), 「재해구호법」(1962), 「자활지도사업에 관한 임시조치법」(1965) 등의 제도를 확립하는 한편, 사회복지 부분에 있어서도 「아동복리법」(1961), 「윤락행위방지법」(1961)을 입법화하였으며, 사회보장으로 「공무원연금법」(1960), 「선원보험법」(1962), 「군인연금법」(1963), 「산업재해보상법」(1963), 「의료보험법」(1963) 등의 관련 법률이 제정되었다(한동일 외, 2011). 이를 바탕으로 1960년대에 우리나라는 사회보험을 중심으로 사회보장제도를 확립해 나가는 사회복지정책의 기초를 정립하게 되었다.

1970년대에 사회복지행정이 대학 교과목으로 채택되면서 행정의 필요성이 어느 정도 인정되었지만, 민간사회복지기관에서는 체계적인 조직 운영이나 관리가 충분히 이루어지지는 않았다(김익균 외, 2011).

1972년 10월 유신에 성공하여 제4공화국을 출범시킨 박정희 정부는 유신체제의 정통성 확립과 국민 지지를 위하여 제4차 경제개발계획부터 사회개발정책을 병행하기 시작하였다. 이에 따라 「사립학교교원연금법」(1973), 「국민복지연금법」(1973), 「공무원 및 사립학교 교직원 의료보험법」(1977)을 제정하여 사회보험이 제자리를 잡아가기 시작하였고, 「의료보호법」(1977)이 제정 · 시행됨으로써 생활보호법과 함께 공공부조의 양대 지주를 이루는 공공부조의 기본 골격이 이루어지기도 하였다.

이와 함께 한국 사회가 경제적으로 성장함에 따라 외국 원조기관들이 철수하거나 지원액을 대폭 감소하여 정부의 재정 부담이 증가하게 되었고, 이를 계기로 사회복지의 토착화가 시작되는 기반이 마련되기 시작하였다. 그러나 이 시기의 전반적인 정책방향이나 사회적 경향은 여전히 성장 위주의 경제정책이 우선이었기 때문에 소득재분배를 지향하는 사회복지정책이 더 이상 발전되지는 못하였다(남일재 외, 2011).

3. 사회복지행정의 발달기(1980년대~1990년대)

한국에서 사회복지행정의 실천이 본격적으로 전개된 것은 1980년대와 그 후반부터로 각종 사회복지기관이 탄생하고 공공복지행정체계가 마련됨으로써 시작되었다. 특히 이 시기는 급속한 산업화와 도시화의 부산물로 각종 사회문제가 분출하였고 군사정부가 퇴진하고 사회의 민주화가 진행되어 사회 각 계층에서 나타난 사회복지욕구의 분출도 폭발적이었다. 이러한 각종 사회문제의 대두와 국민의 복지수요의 팽창으로 정부는 아동, 노인, 장애인 등에 대한 각종 사회복지서비스 관련법을 제정 또는 개정하여 민간사회복지 기관으로 하여금 이러한 서비스를 제공하도록 복지정책을 시행하였다.

그 결과 1980년대 후반 전문적인 사회복지조직이 나타나기 시작했는데, 특히 종합사회복지관을 비롯한 상담 및 치료전문 사회복지기관도 이 시기에 급격히 증가하기 시작했다(김영종, 2010).

1984년에는 여성정책심의위원회가 구성되어 그동안 등한시되어 온 특수계층에 대한 서비스를 강화하였다. 특히 1988년에는 장애자올림픽의 서울 개최를 계기로 장애인복지법의 제정과 장애인 관련제도가 개선되었고, 1988년의 국민연금법의 실시로 사회복지행정의 범위가 확대되고 내용이 보다 충실하게 되었다. 1990년대에는 사회복지 분야의 체계화가 이루어지는 계기가 형성되었다. 1991년 영유아보육법 제정, 1993년 고용보험법 제정과 1995년 7월 1일부터 실시, 1995년 정신보건법의 제정, 사회보장기본법이 제정되어 사회복지행정의 영역은 사회보험, 공공부조, 사회복지서비스, 사회복지관련 복지제도의 네 가지 영역으로 구분하여 체계화되었고, 적용대상의 범위도 확대하였다(박차상 외, 2011).

1997년에는 사회복지행정의 전문성을 확보하기 위한 사회복지사업법 및 1998년 동법 시행령 개정으로 사회복지시설을 3년에 1회 이상 평가하도록 하여 효율성, 효과성, 책임성 등을 높이는 사회복지행정에 대한 수요가 높아졌다(김익균 외, 2011).

1998년 사회복지공동모금법에 의한 공동모금제도의 도입이 이루어져 민간사회복지조직과 재정의 자율성이 강화되는 방향으로 발전하였다. 그리고 1999년 국민기초생활제도의 도입에 따라 빈곤한 모든 국민들의 기본적 생활을 제도적으로 보장하게 되었고, 공공사회복지행정의 범위도 크게 확대되었다. 동시에 수급권자의 공정한 관리와 자활지원계획과 연계한 적절한 서비스의 제공 등은 체계적인 사회복지행정의 발전이라는 과제를 제시하고 있다고 하겠다. 특히 1999년 사회복지행정학회가 창립되고 한국사회복지행정학 학술지가 발간되는 등 사회복지학계에서 사회복지행정의 위상이 제고되는 시기이기도 하였다(남일재 외, 2011).

4. 사회복지행정 재편기(2000년대~현재)

2000년 우리나라의 대표적인 공공부조정책인 국민기초생활보호법의 시행으로 사회복지행정 환경의 변화를 맞이하게 되었다. 즉, 수급권의 인정과 사례관리 등의 도입으로 인하여 한 차원 높은 사회복지행정을 실시하게 되었다. 2003년에는 사회복지사업법이 개정되어 지역사회복지협의체를 시・군・구 단위에 설치하도록 하여 지역사회 내 다양한 민간과 공공기관이 네트워크를 형성하여 지역사회복지문제에 관한 실질적인 의견수립의 장과 통합적인 사회복지 전달체계가 이루어지도록 하였다(김인혁 외, 2011). 그러나 이 사업의 진행 중 새롭게 제기된 전달체계의 문제점과 발전방향이 주목받게 되면서, 이 사업의 성과 중 일부를 주민생활서비스 전달체계 구축과정에 수용하게 되었다(대통령자문 정책기획위원회, 2008). 또한 2003년도부터 시행된 사회복지사 국가시험의 필수과목 중 하나로 사회복지행정이 포함되어 있다. 그리고 각 대학의 사회복지전공 10개의 필수과목 중에서 사회복지행정이 지정되어 사회복지 분야의 중요한 영역으로 자리매김을 하고 있다(사회복지사업법시행령/사회복지사업법시행규칙; 박용순 외, 2011 재인용). 그리고 2003년 참여정부의 12대 국정과제의 하나였던 '참여복지와 삶의 질 향상'의 세부과제로 사회복지사무소 설치 등 사회복지 전달체계 개편이 포함되어 있었는데, 이에 따라 2004년 7월 사회복지사무소 시범사업이 추진되었다. 시범 사회복지사무소는 사회복지사업법 제15조의 규정에 의한 복지사무전담기구이며, 지방자치법 제104조의 규정에 의해 시・군・구의 직속기관으로 설치되었다(김인혁 외, 2011). 또한 2004년 사회복지 사각지대의 문제로 부각된 대구 5세 아동 아사사건(2004년 12월 조선・동아・중앙 등 국내 주요 일간지 보도) 이후 국회 진상조사단이 설치되고 보건복지부에서 사회복지전달체계 개선을 위해 각고의 노력을 거듭한 끝에 마련한 것이 「긴급복지지원사업」으로서 2005년 12월 24에 관련법이 통과되고 2006년 3월 24일부터 시행되었다(이희숙, 2007).

2005년 9월에는 저출산에 대한 대책과 노후소득은 물론 노후의 건강대책, 고령화로 인한 산업경제대책, 고령친화산업 등 저출산 · 고령화로 인한 사회경제적 변화에 대한 대책마련을 위해 저출산고령사회위원회를 대통령 직속 기관으로 설치하였다. 2005년 10월에 정부는 참여복지 비전 21(participatory welfare vision 21)을 발표하여 첫째, 사회복지의 보편성을, 둘째, 국가의 책임성을, 셋째, 국민의 참여를 참여복지 구현의 목표로 제시하였다(한동일 외, 2011).

2007년 1월부터 주민생활지원서비스 전달체계 2단계가 실시되어 자치구 및 일반 시 중심으로 총 129개 시 · 군 · 구가 실시하게 되었다. 2007년 7월부터는 주민생활지원서비스 전달체계가 3단계 실시로 도 · 농 복합 시 · 군 · 구 중심 동사무소를 동주민센터로 명칭이 변경되었다(김익균 외, 2011). 2007년 4월 「노인장기요양보험법」을 제정하여 2008년 7월부터 전면시행에 들어갔다. 또한 2009년 보건복지가족부(현, 보건복지부)는 '희망복지 전달체계 개편방안'을 발표하고 「공공전달체계」, 「민간전달체계」, 「사회복지 통합관리망」 등 크게 3개 분야로 시범사업을 시작하였다.

「공공전달체계」에서는 시 · 군 · 구 본청에 민관합동으로 희망복지지원단을 설치하여 통합사례관리 · 긴급지원 · 현장방문 · 콜센터 업무를 원스톱으로 처리하고자 하였다. 한편 「민간전달체계」에서는 사회복지시설의 통합과 다기능화를 추진하여 소규모시설의 주요 기능을 대상별 종합시설 및 유사기능 시설유형의 팀 단위 기능이나 사업으로 흡수하게 하였고, 건강가정지원센터 · 결혼이민자가족지원센터 · 한부모 가족복지상담소 등 동일 대상에게 동일한 서비스를 제공하거나 유사기능을 수행하는 시설유형을 '가족복지센터' 등으로 명칭을 통일하고자 하였다.

이와 함께 사회복지 통합 관리망을 구축하여 지방자치단체에서 집행하는 120여 개의 복지급여와 서비스 인력을 개인별, 가구별로 통합 관리하고, 사회적 문제가 되고 있던 복지급여 부정 및 중복 수급은 물론 서비스 누락을 차단함으로써 수요자 중심의 전달체계를 통해 국민의 복지체감도를 높이고자 하였다(남일재 외, 2011).

2010년 1월부터 사회복지시설 신고 · 변동관리, 온라인 보고, 보조금 및 각종

복지급여지급의 전자적 처리 등을 사회복지통합관리망을 통해 수행하고 있다.

2013년 2월 18일부터 16개 부처 복지사업 정보를 연계하여 개인별·가구별 복지서비스 이력관리, 중복·부정적 수급방지, 중앙부처 복지사업 정조 제공, 복지사업 업무처리 등을 위한 사회보장시스템을 개통하였다.

2015년 7월 1일부터 맞춤형 기초생활보장제도를 실시하고 있다. 즉 이 제도는 기초생활 수급자의 가구여건에 맞는 지원을 위하여 생계급여, 의료급여, 주거급여, 교육급여 등 급여별 선정기준을 다르게 지원하게 됨에 따라 이전 제도보다 지원대상자가 확대되었다고 볼 수 있다. 또한 2015년부터 복지사각지대 해소와 지역사회복지 역량을 강화할 목적으로 동단위 민관 네트워크 구축과 사례관리 등 지역사회복지 중심의 복지행정이 전개되었다. 특히 2015년 7월에 출범한 사회보장정보원과 함께 정보시스템 확충을 통한 복지사각지대 대상자 발굴이 한층 강화됨으로써 더욱 세밀한 사회복지정보망이 구축되었다고 볼 수 있다. 이후 2016년부터는 동주민센터를 행정복지센터로 명칭을 변경하고 동 단위 전달체계의 복지기능을 강화하는 '동 복지허브화'도 추진하고 있다.

2017년 5월 문재인 정부는 포용적 복지국가를 목표로 경제 및 사회의 변화에 따른 새로운 사회안전망 구축을 통한 복지 패러다임의 전환을 추진하고 있다. 구체적인 주요 변화는 다음과 같다.

첫째, 사람 중심의 보건복지정책을 위한 지역사회 중심 서비스 지원이다. 즉 시설 밖의 지역사회에서 어울려 생활이 가능하도록 주거지원, 일상생활 활동 지원, 가사 지원, 건강의료, 소득, 일자리 지원 등의 서비스 연계 통합을 강화하는 것이 주요 변화라고 볼 수 있다.

둘째, 커뮤니티케어서비스의 도입니다. 즉 장애인 탈시설 및 지역사회 정착, 정신질환자 사회복귀 지원과 공공후견인 도입 등 사회통합과 아동의 지역사회 및 가정보호 중심의 자립 지원, 노인의료, 요양, 치매 등을 통합한 재가급여서비스 제공 등 지역사회와 함께하는 보건복지서비스 확대가 주요 변화라고 볼 수 있다.

셋째, 국민이 체감하는 지역사회 복지체계 구축이다. 즉 통합사례관리 및 방문

건강관리 강화와 전담공무원 확충, 정신건강복지센터 등 서비스 지원인력을 확충과 더불어 big data를 활용한 복지사각지대 발굴시스템과 찾아가는 보건복지서비스의 전국 읍·면·동 확대를 추진하는 것이 주요 변화라고 볼 수 있다.

또한 2018년 7월 1일부터 재난적 의료비 지원 사업에 관한 법률 시행으로 건강보험제도의 제한적 의료보장체계에 따른 문제점을 해소하기 위하여 건강보험이 보장되지 않는 부분에 대한 의료비 50%를 지원해 주는데 입원 및 외래(통원) 진료를 합해서 180일간의 의료비를 지원해주며, 연간 최대 2천만 원까지 지원받을 수 있다. 즉 이와 같은 제도는 모든 국민의 의료접근성을 보장하도록 하는데 큰 의미를 두고 있다고 볼 수 있다. 그리고 2018년 9월부터 아동수당법 시행으로 6세 미만 아동에게 보호자와 그 가구원의 경제적 수준을 고려하여 아동수당을 지급하도록 함으로써 아동 양육에 따른 경제적 부담을 경감시켜 아동의 건강한 성장 환경을 조성하고자 하였다. 또한 2019년 9월부터는 아동수당법을 7세 미만 아동까지 확대하고 보편주의로 시행하여 아동 양육에 대한 국가의 책임성을 강화시키고자 하였다.

토론해 보기

- 현재 시행 되고 있는 사회복지행정제도 중 수정 보완되어야 할 사항은 무엇인지 여러분의 생각을 서로 토론해 봅시다.
- 현재 시급해 추가되어야 할 사회복지행정제도가 있다면 무엇인지 여러분의 생각을 서로 토론해 봅시다.

참고문헌

김영종(2010). 사회복지행정론. 학지사.

김익균 외(2011). 사회복지행정론. 정민사.

김인혁 외(2011). 사회복지행정론. 양서원.

남일재 외(2011). 현대 사회복지행정의 이해. 정민사.

박광준(2002). 사회복지의 사상과 역사. 양서원.

박차상 외(2011). 사회복지행정론. 창지사.

박용순 외(2011). 사회복지행정론. 창지사.

신복기(1984). "사회사업행정의 발달과정에 관한 연구". 사회과학논총, 3(1), 222. 부산대학교 사회과학대학.

원석조(2011). 사회복지행정론. 양서원.

이상구 외(2009). 사회복지행정론. 학현사.

이희숙(2007). "한국 사회복지전달체계 개선방안". 강남대학교 대학원 사회사업학과 박사학위논문.

최성재 외(2001). 사회복지행정론. 나남.

최성재 외(2006). 사회복지행정론. 나남.

최항순(1994). 복지행정론. 신원문화사.

한국보건사회연구원(2008). "사회복지서비스 공공전달체계 개선방안". 보건복지가족부.

한동일 외(2011). 사회복지행정론. 양서원.

황성철 외(2010). 사회복지행정론. 학현사.

Austin, D. M.(2000). Social work and social welfare administration : a historical perspective. In Rino J. Patti(Ed.), *The handbook of social welfare management*. Thousand Oaks, CA: Sage Publication.

Cutlip, S. M.(1965). *Fund raising in the United States : Its role in American philanthropy*. New Brunswick, NJ: Rutgers University Press.

Growbjerg, K. A.(1993). *Understanding Nonprofit Funding*. New York: Russell Sage Foundation.

Kettner, P. & Martin, L.(1993). Performance, Accountability and Purchase of Service Contracting. *Administration in Social Work*, 17(1), 61-79.

Lubove, R.(1965). *The Professional Altruist*. Cambridge: Harvard University Press.

Patti, R. J.(1983). *Social Welfare Administration : Managing Social Programs in a*

Developmental Context. Englewood Cliffs, NJ: Prentice-Hall.

Skidmore, R. A.(1983). *Social work administration : dynamic management and human relationship*. Englewood Cliffs, NJ: Prentice-Hall Inc.

PART

2

사회복지행정의 이론적 기초

3 사회복지행정의 이론

제1절 사회복지행정의 전통적 이론

전통적 이론은 관료제 이론, 과학적 관리론, 인간관계론, 의사결정 이론, 체계 이론 등이 있으며 각 이론에 대한 내용을 구체적으로 살펴보면 다음과 같다.

1. 관료제 이론

베버(Weber)는 관료제가 가장 효과적인 조직형태이며 현대사회의 요구에서 발생하는 복잡한 조직에 가장 효과적으로 적용될 수 있다고 주장하였다. 베버의 법적·합리적 권한에 기초를 둔 관료주의에 대한 구체적인 내용을 살펴보면 다음과 같다(Gerth & Mills, 1958).

1) 관료주의의 내용

(1) 권한과 관할범위의 규정

모든 직위(office)의 권한과 관할범위는 법규(공식적 규범)에 의하여 규정(fixed)된다. 권한은 사람이 아니라 직위에 부여되는 것이다. 사람은 직위를 점함으로써 권한을 행사할 수 있게 된다. 관료제 구조의 목표추구에 필요한 활동은 미리 정한 방법에 따라 분배된다. 분배된 활동이 공식적 임무이다.

(2) 뚜렷한 위계구조

권한의 계층이 뚜렷하게 구분되는 위계구조 속에 모든 직위들이 배치된다. 이것은 상명하복(上命下服)의 질서정연한 체제이다. 하급자는 상급자의 엄격한 감독과 통제 하에 임무를 수행한다.

(3) 문서화 원리

관료화된 조직의 임무수행은 문서에 의한다. 따라서 관료제는 문서작성과 보관을 담당하는 보조 관료를 필요로 한다.

(4) 임무수행의 비개인화

관료들은 임무수행에 관한 법규의 적용에 있어서 개인적 이익이나 특별한 사정 또는 고객의 지위 등에 구애되는 일이 없이 공평무사한 비개인성(impersonality)을 유지하도록 요구된다.

(5) 관료의 전문화와 전임화

임무수행에 필요한 전문적 훈련을 받은 사람들이 관료로 채용된다. 채용의 기준은 전문적 능력이다. 그들이 구비해야 할 지식의 주축을 이루는 것은 임무수행을 규정하는 제반 법규에 관한 지식이다. 그리고 관료로서의 직업은 항구적인 '생애의 직업'(vocation)이다. 즉, 잠정적인 직업이 아니라 일생 동안 종사하는 직업이다. 그것은 또한 전임직업(full-time job)이다.

(6) 관료제의 항구성(permanency)

관료제가 성숙하면 그것은 파괴하기 어려운 실체가 된다. 권력관계의 사회화를 통해 권력의 망을 형성하며 사회의 적절한 기능수행을 위해 적절한 서비스를 제공함으로써 관료제는 스스로를 항구화한다. 일반대중은 관료제가 제공하는 서비스에 의존하게 되며 그러한 서비스가 중단되면 혼란을 겪게 된다. 관료제의 전문적 능력이나 비개인적 특징도 관료제의 항구화에 기여하는 요인이다.

2) 관료제의 순기능

사회복지조직에서 관료제는 합리적인 서비스의 제공과 효율성 증가, 그리고 개선된 서비스 기술을 가져다주었다. 관료제의 순기능을 살펴보면 다음과 같다.

① 조직의 관리자와 실무자 간의 위계질서와 권위가 있다.
② 일관성 있는 규칙에 의해 직무의 배분과 인력의 배치가 이루어지므로 조직활동에 통일성과 안정성을 보장해 준다.
③ 조직구성원의 개인적인 감정이 배제되고 합리성에 기초한 의사결정에 따라 집행되었을 때 조직의 생산성이 확보된다.
④ 특정한 과정을 분업함으로써 전문화를 추구할 수 있다.
⑤ 합리적인 의사결정과 행정의 능률을 극대화하고자 한다.

3) 관료제의 역기능

관료제의 역기능을 살펴보면 다음과 같다.

① 사회복지조직에 종사하는 실천가들은 규칙과 규제에 지나치게 의존한다.
② 서비스의 전달과정에서 직원과 클라이언트를 비인간화한다.
③ 클라이언트에게 효과적인 서비스를 전달하는 데 융통성이 결여되어 있다.
④ 직원들의 자질을 평가하는 데 비인격적이고 무감각한 성과측정 방법에 의존하게 된다.

따라서 호이와 미스켈(Hoy & Miskel)의 관료제에 대한 순기능과 역기능에 대해 간략하게 정리하면 다음 〈표 3-1〉과 같다.

〈표 3-1〉 관료제의 순기능과 역기능

관료제의 특성	순기능	역기능
권위의 위계구조	엄격한 지시이행과 조정	의사소통의 저해
규칙과 규정	지속성과 통일성	경직성과 목표전치
사적 감정배제	합리성 확보	직원의 사기저하
분업	전문성의 강화	직무에 대한 권태
경력지향성	유인체계	연공과 업적 간의 갈등

출처: Hoy & Miskel(1987); 한국복지행정학회(2010).

2. 과학적 이론

과학적 관리론(scientific management)의 관점은 조직의 최상목표로서 합리성과 효율성을 강조한다. 과학적 관리론의 창시자인 테일러(Taylor, 1911)는 작업의 효과성과 효율성을 향상시키기 위하여 여러 가지 제안을 하였다. 그는 저서 『Shop Management』에서 작업의 효율이 노동의 분업, 작업유인 및 시간의 효율적인 사용에 의해서 얻어질 수 있다고 주장하였다. 이러한 효율성과 생산성을 증진하기 위하여 과학적 관리론의 구체적인 내용을 살펴보면 다음과 같다.

1) 목표설정

조직이 달성하고자 하는 목표를 설정하는 단계이다. 산업조직의 경우 생산성은 조직의 산출물을 극대화하는 것이다. 예를 들면, 자동차를 10만 대 생산하려는 자동차 공장의 목표가 수량적인 지표에 의해서 설정될 수 있다. 목표달성에 대한 권한과 책임은 관리자에게 부여되어 있다.

2) 직무의 과학적 분석

테일러(Taylor)는 조직의 직원들이 수행하는 업무를 시간과 동작(time and motion) 연구를 통해서 개개인이 특정 양의 직무를 완성하는데 걸리는 시간과 동작을 체계적으로 분석했다. 이때 최고의 업무생산량을 달성한 직원을 모델로 시간과 동작을 분석하여 전체 직원이 평균적으로 달성할 수 있는 생산량을 상향조정하여 일정한 기준으로 설정하여 직무성과를 평가한다.

3) 관리원칙 수립

과학적 직무분석에 기초하여 모든 직무는 분업의 원칙이 적용되고 또한 엄격한 기획과 통제의 관리원칙이 수립되어 시행된다. 이때 관리자(supervisor)와 직원(worker)의 관계는 지시와 지도 · 감독의 주체와 대상이 된다. 직원의 선발과 배치도 과학적으로 이루어진다.

4) 경제적 보상

개별적으로 달성된 직무를 성실히 수행한 사람과 그렇지 못한 사람을 구별하여 임금과 다른 경제적 보상을 달리한다. 즉, 주어진 과업을 성실히 수행한 사람에 대해서는 경제적 인센티브를 부여하고 과업을 달성하지 못한 사람에게는 낮은 임금을 주어 전체적으로 조직의 생산성을 극대화하려는 경제적 보상체제를 시행한다(Taylor, 1911).

이러한 과학적 관리론은 대규모 조직관리에 있어서 관료제와 더불어 매우 유용하게 적용되고 있다. 오늘날 비교적 대규모화되어 가는 사회복지조직 관리의 효율성과 효과성을 제고하기 위하여 과학적 관리론에 기반을 둔 행정이 요구되는 것은 불가피한 현상이다. 그렇지만 과학적 관리론은 생산성과 관리의 향상에 지대한 기여를 한 반면, 사회복지조직과 같은 인간서비스 조직에 대한 과학적 관리론의 적절성을 평가하는데 한계를 가지고 있는데, 구체적인 내용을 살펴보면 다음과 같다(Hasenfeld, 1983).

① 과학적 관리론은 조직의 폐쇄체계를 다룬다. 즉, 과학적 관리론은 조직의 많은 외적 영향, 그리고 조직이 다른 조직 및 사람들과의 관계의 필요성을 무시한다.
② 과학적 관리론은 시간이 흘러도 변하지 않고 중요성에 따라 우선순위를 정할 수 있는 일련의 뚜렷한 목적을 조직이 갖고 있다고 가정한다. 따라서 이 이론은 상충되고 모호한 목표를 받아들이거나 다룰 수 없다.
③ 이 이론은 행정 간부에만 조직목표 설정의 책임을 부여하기 때문에 엘리트주의적이라고 할 수 있다.
④ 과학적 관리론은 조직구성원들 사이의 권력배분에 영향을 미치는 내적 · 외적 · 정치적 과정을 무시한다.
⑤ 이 이론은 구성원들이 금전 이외에는 아무런 동기나 관심을 갖지 않는 존재라고 가정함으로써 인간에 대한 기계적인 견해를 갖게 한다.

3. 인간관계론

1) 인간관계 이론

인간관계 이론은 관료제 이론이나 과학적 관리론에서 나타난 여러 가지 결함을 보충하기 위해 개발된 이론으로서 메이오(Mayo)를 중심으로 행해진 호손(Hawthorne) 공장의 실험을 통해 개발된 조직이론이다(Mayo, 1933). 즉, 연구자들의 주된 관심사는 공장의 작업조건에서 불의 밝기 등이 작업생산성에 어떤 영향을 미치는지에 대한 실험이었다. 연구결과에서 공장의 불이 밝은 작업반의 생산성이 그렇지 않은 작업반의 생산성보다 높을 것이라고 예상했는데, 그러나 작업반에서 불의 밝기를 낮추어도 생산성이 꾸준히 향상되고 있다는 놀라운 사실을 발견하였다. 따라서 호손 실험의 과정을 단계별로 살펴보면 다음과 같다(박용순 외, 2011).

① 제1차 조명실험(1924.11~1927.4)

여공 6명씩을 대상으로 조명도와 작업능률의 관계성을 살펴보는 조명실험을 실시하였다.

② 제2차 조립실험(1927.4~1929.6)

여공 6명씩을 대상으로 물리적 작업조건 변화를 살펴보는 계전기(Relay) 조립실험을 실시하였다.

③ 제3차 면접실험(1928.9~1930.9)

2만 명을 대상으로 작업능률과 감독방법 간의 관계성을 살펴보는 면접실험을 실시하였다.

④ 제4차 면접실험(1931.11~1932.5)

14명의 남자를 대상으로 계전기 뱅크배선의 작업장을 통한 관찰실험을 실시하였다.

이상의 호손 실험의 과정을 바탕으로 밝혀진 연구결과는 다음과 같다(최성재 외, 2006).

① 노동자의 작업능률은 물리적 환경조건에 의해 좌우되는 것이 아니라 집단 내의 동료 또는 윗사람과의 인간관계에 의해 크게 좌우된다.
② 조직에는 비공식집단이 별도로 존재하는데, 이 비공식집단은 개인의 태도와 생산성에 강력한 영향을 미친다.
③ 노동자는 개인으로서가 아니라 집단의 일원으로서 행동하며, 집단 내의 인

간관계는 일련의 비합리적·정서적 요소에 따라 이루어진다.

④ 노동자는 경제적인 욕구나 동기에 입각한 합리적 행동보다도 비경제적 요인인 사회적·심리적 욕구나 동기에 입각한 행동을 중시한다는 것이다.

이상의 내용을 바탕으로 인간관계 이론의 조직관리에 대한 인식을 간략하게 정리하면 다음 〈표 3-2〉와 같다.

〈표 3-2〉 인간관계 이론의 조직관리에 대한 인식

관 점	• 조직은 사회적 관심으로 보아야 한다. 개인과 집단들 간의 관계로 인식한다.
조직구조	• 비공식적인 조직구조는 공식적인 구조만큼이나 중요하다.
업 무 자	• 업무자들의 사회 심리적 욕구가 고려되어야 한다. 업무에 대한 업무자의 동기부여는 경제적 인센티브만으로는 명백한 한계가 있다. • 업무자의 업무만족도는 조직의 생산성을 위해 결정적으로 중요하다.
관 리 자	• 관리자는 전문 기술뿐만 아니라 사회적 기술도 중요하다. • 민주적, 참여적 리더십 스타일이 조직의 효과성에 기여한다.

출처: 김영종(2010).

2) X·Y 및 Z 이론

(1) X·Y 이론

인간관계 이론은 실험연구의 타당성을 문제로 비판의 대상이 되었다가 1960년대 조직인간주의(organizational humanism) 학자들에 의해서 새롭게 조명되어 각광받기 시작했다. 대표적인 조직인간주의 학자인 맥그리거(McGregor)는 X·Y 이론을 제시하여 인간관계 이론의 맥을 이어갔다.

① X이론

X이론은 지시와 통제가 행해지는 전통적인 관리이론으로서 인간의 본성과 행위에 관하여 다음과 같이 가정한다(Skidmore, 1983).

- 평범한 인간은 본성적으로 일을 싫어하며 가능하면 일을 하지 않으려고 한다.
- 일에 대한 이러한 인간의 속성 때문에 조직의 목표를 성취하려면 대부분의 사람들은 강제와 통제 및 지시를 받아야 한다.
- 평범한 인간은 지시받기를 좋아하며 책임을 회피하고자 하며 야망이 적고 무엇보다도 안정을 원한다.

② Y이론

X와는 대조적으로 인간관계론의 관점을 갖고 있는 Y이론은 인간의 권리와 제안이 고무되고 지지되며 민주적인 참여가 이루어지는 작업상황과 분위기를 강조하며, Y이론과 관련되는 기본적인 가정은 다음과 같다(Skidmore, 1983).

- 작업에서 육체적 · 정신적 노력의 지출은 놀이나 휴식과 같이 자연스러운 것이다.
- 외적인 통제와 처벌의 위험은 조직의 목표를 달성하는 유일한 수단이 아니다. 인간은 자신이 헌신하고 있는 목표에 기여하기 위하여 자기통제와 자기지시를 행한다.
- 목표에 대한 헌신은 그 목표와 관련된 보상의 기능을 한다. 그러한 보상의 가장 중요한 것으로서 자기실현 욕구와 자아의 만족은 조직의 목표를 지향하는 노력의 직접적인 산물이 될 수 있다.
- 평범한 인간은 적절한 조건하에서 책임을 받아들일 뿐 아니라 스스로 추구한다.
- 대부분의 사람들은 조직의 문제해결에 있어 비교적 높은 수준의 창의성과 상상력을 발휘할 능력을 갖고 있다.
- 현대 산업생활의 상황 하에서 인간의 지적 가능성은 단지 부분적으로만 활용되고 있다.

인간관계 이론은 관료제 이론이나 과학적 관리론이 X이론에 입각하여 인간을 엄격한 통제와 지시로써 관리하는데 대한 비판과 함께 대안으로 나타난 것이다.

즉, 인간관계론은 인간을 Y이론으로 해석하여 공식적이며 엄격한 규칙보다는 조직 내의 비공식적인 소집단활동과 스스로 작업동기를 설정하는 자율성 등을 중요하게 여기는 이론이다. 사회복지조직이 휴먼서비스 조직이라는 점을 감안할 때, 인간관계 이론이 관료제 이론이나 과학적 관리론보다 사회복지행정의 수행에 더 적합한 측면이 있다(남일재 외, 2011).

(2) Z이론

X·Y 이론과 다른 측면에서 일본인 경영학자 오우치(Ouchi, 1981)는 일본 기업조직과 미국 기업조직의 근본적인 차이를 발견하고 미국 시장에서 상대적으로 경쟁력을 보이는 일본 기업조직의 특성을 반영하는 집단의사결정, 집단책임, 업무경험 다각화, 세부적 분석보다 전체 조직의 관점 중시 등을 강조하는 Z이론을 제시했다. 일본과 미국 기업조직의 특성을 비교 설명하면 다음 〈표 3-3〉과 같다.

〈표 3-3〉 일본과 미국 기업조직의 특성

일본 기업조직의 특성	미국 기업조직의 특성
종신고용	단기(업적에 따른) 고용
장기평가와 긴 승진소요기간	단기평가와 고속승진
비전문적 또는 전인적 경력개발	구체적 전문화된 경력개발
암묵적 통제기제	명시적 통제기제
집단의사결정	개인의사결정
집단책임	개인책임
전체 조직의 관점 중시	부분적·개별적 과제 중심

출처: 황성철 외(2010).

또한 키(Key, 1995)는 Z이론이 어떻게 일본의 사회복지기관에 적용되고 있는지에 관한 연구에서 사회복지사의 담당직무가 전인적 경력개발에 적합하도록 융통성이 있었으며, 비공식적 집단 의사결정과 합의의 중요성 강조, 협력과 팀워크를 중시하는 노력, 순환보직제도의 운용, 서비스 질의 강조 등 Z이론의 원칙이 보편적으로 활용되고 있다고 보고했다. 일본과 유사한 동양권 조직문화의 특성을 어느 정도 보유하고 있는 한국의 사회복지조직에도 Z이론이 적용될 수 있을 것으로 보인다(황성철 외, 2010).

4. 의사결정 이론

의사결정 이론은 사회복지행정 이론 개발에 또 다른 이론의 하나이다. 관료제 이론이 조직에 있어 합리성 원칙을 지나치게 강조한 반면, 인간관계 이론에서는 이 원칙을 과소평가했다. 제임스 마치와 하버트 사이먼(James March & Herbert A. Simon)은 이 두 가지 극단적 이론을 조직행동의 의사결정 모델과 연결시키려고 하였다(성규탁 역, 1985).

마치와 사이먼(March & Simon) 이론의 초점은 조직 속에서 상이한 지위를 점하고 있는 개인들의 의사결정이다. 하센펠드(Hasenfeld)에 의하면 "인간의 합리성은 제한되고 한계가 있는데, 그 이유는 인간에게 모든 가능한 대안적 선택, 선택에 따르는 결과, 그리고 각 예상된 결과의 미래가치에 대한 완전한 지식이 결여되어 있기 때문이다. 결과적으로 의사결정자들은 과거의 경험, 현존하는 자극의 선택적 인식, 관습적 대안들을 토대로 하여 단순한 현실 모델을 구성함으로써 만족할 만한 해결책을 모색한다. 의사결정이 조직의 맥락 하에서 이루어질 경우, 그 의사결정을 결정하는 변수를 규정하는 주체는 조직이 된다."고 했다. 즉, 그들은 '제한된 합리성'을 개념화함에 있어 인간의 합리적 행동의 한계를 지적하고, 문제해결과 목표달성을 극대화하기보다는 만족시키는 데 그쳐야 한다고 주장한다(성규탁 역, 1985).

마치와 사이먼(March & Simon)의 조직행동 모델은 개인의 의사결정을 결정하는 조직적 요인에 초점을 둠으로써 휴먼서비스 조직의 종사자들이 클라이언트에 관하여 내리는 결정을 이해하고 설명할 수 있는 분석적 도구를 제공하여 준다는 것이다(남일재 외, 2011).

5. 체계 이론

체계 이론(system theory)은 조직을 다양한 역동성과 메커니즘에 기초를 둔 구체적 기능을 수행하는 많은 하위체계로 구성된 복합체로 보고 있다. 체계이론은 조직의 문제를 분석하고 진단하기 위한 방법을 제공해 줌으로써 조직의 어느 부분이 잘못 기능하고 있는 가를 찾아내어 개선하도록 한다. 체계 이론의 핵심적 내용은 조직 내 개체 간의 상호의존성, 조직의 욕구, 환경으로 그 구체적인 내용을 살펴보면 다음과 같다(한국복지행정학회, 2011).

① 조직을 형성하고 있는 다양한 구성체와 단위 간의 상호의존성은 조직성원들이 결코 독립적·독자적인 성원일 수 없다는 점이다. 따라서 조직의 성원들은 공생적 관계이며 성원들이 상호 연대함으로써 조직이 보다 잘 기능한다는 것이다.

② 조직은 유기체와 마찬가지로 생존해야 하고 환경에 적응해야 하며, 성장에 대한 욕구를 가지고 있다는 것이다. 이러한 조직의 욕구에는 조직의 기능을 수행하는 조직 내 욕구와 지역사회의 기대에 부응하기 위한 조직 외적 욕구가 있다는 것을 제시하고 있다.

③ 조직환경의 중요성이다. 조직은 그들이 속한 환경 속에서 다양한 형태의 자원을 확보하고 표면적 또는 내면적 절차에 따라 자원을 여러 형태의 서비스로 전환시키는 등 조직과 교환관계를 형성하고 있다는 것을 제시하고 있다.

■ 체계 이론의 하위체계

체계 이론에 근거하여 사회복지조직을 다섯 가지 하위체계로 구분하여 살펴보면 다음과 같다(Neugeboren, 1985).

① 생산체계: 클라이언트에게 서비스를 제공하는 것
② 유지체계: 조직의 계속성을 확보하고 안정상태로 유지하는 것
③ 경계체계: 외부 환경의 변화에 대한 적절한 대응을 하는 것
④ 적응체계: 외부 환경의 욕구에 반응하여 조직을 변화시키는 것
⑤ 관리체계: 위 네 가지 체계를 전체적으로 조정하고 통합시키는 것

체계이론은 조직의 내·외부를 총체적으로 이해할 수 있는 관점을 제시하는 점에서 상당이 유용한 이론이다. 하지만 이론에 사용되는 용어들이 난해하거나 모호한 경향이 있고, 실제적으로 어떤 관리기술이 필요한가에 대해서는 명쾌한 답을 내지 못한다. 각 하위체계에서 수행하는 활동들은 다른 이론들에서 생산된 것을 응용하는 수준이다. 따라서 체계이론은 사회복지조직을 포괄적으로 설명하는 데는 강점을 지니지만, 구체적 관리기술의 부재로 인해 한계가 있다(남일재 외, 2011).

제2절 사회복지행정의 현대적 이론

1. 상황 이론

생태·체계 이론의 도입으로 조직을 보다 개방적인 관점에서 외부환경과의 관계를 강조하면서 연구의 시각을 넓혀주었지만 조직운영과 직접 관련한 해결책을

찾기에는 지나치게 추상적이었기 때문에 이들 이론은 구체적이고 실천적인 의미에서 변형을 하게 된다. 이렇게 해서 등장한 것이 상황 이론(contingency theory)이다. 상황 이론의 특징에 대해 살펴보면 다음과 같다(김규정, 2001).

① 최선의 조직화 방법은 없으며, 어떠한 조직화 방법도 동일하게 효과적일 수 없으며, 최선의 조직화 방법은 조직이 관련되는 환경의 성격에 달려 있다는 세 가지 기본전제에 입각해 있다는 것이다.
② 환경의 불확실성과 정보처리의 밀접한 관계와 구조적 장치의 중요성을 강조한다.
③ 조직과 조직구성원을 합리적 존재로 강조한다.

따라서 상황 이론은 기존 이론들이 조직을 폐쇄체계로 보고 조직 내부의 문제에 주안하여 이론적인 전제와 주요개념을 제시하는데 반해 조직을 개방체계(open system)로 보고 상황에 적합한 조직구조와 형태를 유지하는 것이 보다 바람직하다는 입장을 보이고 있다.

상황 이론이 지니는 핵심적인 이론적 전제는 환경에 적합한 조직구조의 선택이 조직의 생존을 높인다는 것이다(Lawrence & Lorsch, 1967; Thompson, 1967). 즉, 환경으로부터의 요구에 적합한 조직 내 구조변화가 조직의 생존가능성을 높인다는 것이다. 로렌스와 로쉬(Lawrence & Lorsch)는 조직은 변화무쌍한 환경과 부단히 상호작용을 하는 개방체계로 보고 환경적인 변화에 의한 요구를 수용하는 방향으로 조직구조를 형성하는 것이 조직의 목표 달성에 더욱 유리하다는 견해를 제시했다(한국행정학회, 2011). 또한 톰슨(Thompson)은 조직의 환경이 변화할 때 조직 내 의사결정은 분권화되고 조직구조는 고도로 분화하는 것이 더욱 유리하다는 연구결과를 제시했다. 이러한 상황 이론을 그림으로 나타내면 다음 [그림 3-1]과 같다.

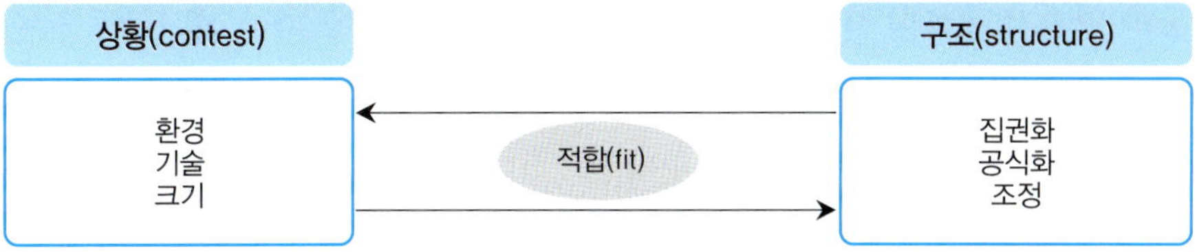

[그림 3-1] 상황 이론

[그림 3-1]에서는 상황(context)을 구성하는 요소를 보다 다각적으로 환경, 기술, 크기 등을 포함한다. 환경은 안정적인 형태와 변화하는 형태로 나눌 수 있고, 기술은 고도로 복잡하고 전문적인 기술이 있는 반면 단순하고 반복적 사용이 가능한 기술로 나뉠 수 있고, 조직의 크기도 대규모 조직과 소규모 조직으로 나누어 생각할 수 있다. 여기에서 환경이 안정적이면 구조(structure)에서 집권화와 공식화의 정도를 높일 수 있으나, 환경이 불안하고 변화의 정도가 클 경우 효과적인 대응을 위해서는 분권화의 정도를 높이고 공식화의 정도를 낮추어 신속한 업무처리가 유리하다는 것이다. 기술의 상황에서도 만약 기술이 복잡하고 전문적인 기술을 사용하는 경우 분권화하는 것이 더욱 적합하고 조정의 필요성이 크게 강조될 수 있다는 것이다. 조직의 규모에서도, 대규모 조직으로 규모가 큰 경우 공식화의 정도는 높여도 되나 소규모 조직일 경우 공식화의 정도를 높여서 계층별 승인과 결재가 과중하게 요구된다면 비효율적이라는 것이다.

이상에서와 같이 상황 이론에서 조직의 구조는 환경의 변화와 안정성 정도, 기술의 복잡다양성 정도, 조직의 규모에 따라 달리 적절히 결정되어야 한다는 것이다. 결국 상황 이론은 조직이 환경에 적합(fit)해야 효과적이기 때문에 상황적합 이론이라고 부르기도 한다(황성철 외, 2010).

2. 목표관리 이론

드러커(Drucker)에 의해 제창된 목표관리(Management By Objectives: MBO)란 '생산

활동의 단기적 목표를 명확하고 체계 있게 설정하여 그에 따라 생산활동을 수행하도록 하며 활동의 결과를 평가, 환류시키는 관리체계'를 의미한다.

목표관리의 구성요소는 다음과 같다.

① 목표(objective)의 정확한 설정으로 1년 이내의 비교적 단기적이며 측정가능한 목표를 설정한다.
② 구성원들의 참여를 중요하게 인식하여 목표 설정 및 제반 의사결정의 과정에 참여과정을 통하게 하여 직무만족도를 상승시키고자 한다.
③ 환류(feedback)를 통해 활동의 전 과정과 결과를 평가하여 조직의 문제해결능력 및 개개인의 직무수행능력을 향상시키고자 한다.

이러한 목표관리의 장점은 조직의 목표를 명확히 하고 그러한 목표에 조직활동을 집중시킴으로써 조직을 효율적으로 관리하며, 조직구성원들의 의사결정 참여확대로 사기를 높여 주는 효과를 나타내어 관료제의 단점을 보완시킬 수 있다는 점이다. 그러나 상황 자체가 불확실할 경우에는 의도된 목표를 달성하기가 쉽지 않으며 실현가능성에 맞춘 단기적 목표를 사용함으로써 장기적이며 이상적인 목표를 소홀히 하게 된다는 단점이 나타나기도 한다. 또한 사회복지조직에서 MBO 이론 적용의 한계점을 살펴보면 다음과 같다(신복기 외, 2008).

① 목표와 성과의 측정이 어렵다.
② 단기적 목표와 계량적 측정이 쉬운 업무에만 주력하는 경향을 보인다.
③ 목표관리를 도입하는데 시간이 많이 걸리고 번거롭다.
④ 관리상황이 유동적이기 때문에 MBO가 성과를 거두기 어렵다.

3. TQM 이론

총체적 품질관리(Total Quality Management: TQM)란 품질을 통해 경쟁우위를 확보하기 위하여 고객만족, 인간성 존중, 사회에의 공헌을 중시하며 최고경영자와 전 임직원이 끊임없이 혁신에 참여하여 기업문화의 창달과 기술개발을 통해 기업의 경쟁력을 가짐으로써 장기적인 성장을 추구하는 경영체계라 할 수 있다.

스위스(Swiss, 1992)는 TQM의 7가지 주요 원리를 다음과 같이 제시한다.

① 서비스의 질은 궁극적으로 고객이 결정한다.
② 서비스의 질은 제공과정보다는 서비스의 계획단계부터 고려된다.
③ 서비스의 변이(variation)가능성을 사전에 방지하는 것이 고품질의 서비스 산출에 중요하다.
④ 고품질의 서비스는 개인의 노력보다는 조직 내 다양한 직원의 협력적 활동의 결과로 나타난다.
⑤ 투입과 과정에 대한 지속적인 개선 노력이 질적 우월성을 가져다준다.
⑥ 질적 개선은 직원들의 적극적인 참여를 통해서 이루어진다.
⑦ 전체 조직의 사명감이 투철해야 질적 개선은 이루어질 수 있다.

기업조직에서 사용된 TQM이 1980년대 후반부터 공공행정 분야와 사회복지서비스조직에도 적용되기 시작했다. 사회복지조직도 최근 클라이언트의 삶의 질이 강조되면서 서비스의 질적 향상을 위한 관리 이론과 기법을 적극적으로 활용할 필요가 있다는 인식이 확산되면서 미국과 캐나다의 아동을 위한 재가복지 및 지역사회서비스, 보건 및 의료시설, 재활서비스기관, 공공복지서비스관 등에서 적용되기 시작했다(Hawkin, 1999). 그러나 우리나라의 경우는 현재까지 TQM을 사회복지기관에 적용한 사례는 거의 없다. 이에 많은 학자들(최재성, 1997; 김영란, 1999; 박경일, 2001)이 우리나라 사회복지조직에도 TQM 도입의 필요성을 주장하고 있다. TQM의 적용가능성과 관련한 주장의 내용을 살펴보면 다음과 같다(최재성, 1997; 박차상 외, 2011 재인용).

① 우리나라의 사회복지조직은 실천 위주의 관리운영을 해왔고, 나아가 목표 위주의 사업이 지나치게 강조되어 조직 내의 사기는 물론 외부 기관과의 협력, 클라이언트의 만족도 등은 간과되어 왔다는 것이다. 따라서 이러한 문제를 극복하기 위하여 TQM의 도입이 필요하다는 것이다.

② 국내 사회복지조직들이 준거틀로 정립해야 하는 전문적인 관리운영모델에 대한 논의조차 정리되지 않았다는 것이다. 즉, 우리나라 사회복지조직에게 시급한 것은 관리운영체계를 표준화하는 작업과 관리운영모델을 개발하는 것인데, 아직 이에 대한 연구가 활발하게 이루어지고 있지 않으며, 사회복지의 가치를 반영한 사회복지조직의 관리모델을 제시하지 못하고 있다는 것이다. 이러한 시점에서 TQM은 사회복지의 가치와 양립할 수 있는 기법이므로 적용의 가치가 있다는 것이다.

③ 급격히 변화하는 외부환경의 변화에 사회복조직도 대응하지 않으면 경쟁에서 살아남기 어려운 시대상황에 직면해 있다는 것이다. 결국 과거의 시장독점적 자만에서 벗어나 양질의 사회복지서비스를 제공하지 못하면 경쟁 속에서 도태될 수밖에 없는 상황 속으로 가고 있다는 것이다.

④ 국민의 복지의식이 향상되고 복지욕구가 점차로 증대하고 있으며 과거와 같은 구호성 사회복지가 아니고 실제적인 사회복지서비스를 요구하고 있다는 것이다.

그러나 사회복지조직이 산출하는 사회복지서비스의 효과성과 질을 객관성 있고 타당하게 측정할 수 있는 척도가 부족하기 때문에 TQM 도입 이후 질적 향상을 가능하기 어려운 문제가 발생할 수 있으므로 좀 더 신중한 접근이 필요하다.

4. 학습조직 이론

벤치마킹을 체질화하고 미래사회의 환경변화에 유연하게 대응하기 위한 이론으로 1990년대 미국에서 각광을 받았던 21세기 신경영 기법이다. 창시자인 센지(Senge, 1990)는 학습조직이란 "조직원들이 진실로 원하는 성과를 달성하도록 지속적으로 역량을 확대시키고 새롭고 포용력 있는 사고능력을 함양하며 집중된 열의가 자유롭게 설정되고 학습방법을 서로 공유하면서 지속적으로 배우는 조직"이라고 정의했다.

학습조직의 장점으로는 조직구성원의 개인, 팀, 조직이 지속적으로 학습을 권장하여 조직을 변화시켜 주어, 조직학습을 통하여 조직의 주요 영역이 강화될 수 있다. 학습조직의 조직구성원들은 자신의 권력을 강화하려고 한다. 그리고 체제 중심적 사고방식, 타인 지향적 인간관에 기초한다. 따라서 사회복지조직의 인력을 활성화시켜 클라이언트에 대한 효과적인 서비스를 제공할 수 있는 조직을 구성하는 것이다(김익균 외, 2011).

5. 리엔지니어링

리엔지니어링(reengineering)은 재(re)설계(engineering)한다는 의미로 마이클 해머(Michael Hammer)에 의해 처음 생성된 용어로 비용, 품질, 서비스, 속도와 같은 핵심적 성과에서 극적인 향상을 이루기 위해 기업업무 프로세스를 기본적으로 다시 생각하고 근본적으로 재설계하는 것이라고 리엔지니어링을 정의하고 있다.

리엔지니어링은 코닥, IBM 크레디트, 포드사의 사례에서 다음과 같은 기본적 특성을 보여준다(Hammer, 1990).

① 프로세스(process) 중심으로 이루어진다. 각 기업이 달성한 향상은 좁게 정의된 과업들에 주의를 기울이거나 이미 정해진 조직적 경계 내에서 일하여 얻어진 것이 아니다. 각각의 성과는 조직의 경계를 가로지르는 전체 프로세스에 주목함으로써 이루어진다.

② 야망이다. 어떠한 경우에도 사소한 개선으로는 원하는 성과를 이루지 못한

다. 조직은 획기적인 개선을 목표로 삼아야 한다.

③ 규칙의 파기이다. 기업 각각은 업무 프로세스를 리엔지니어링하면서 낡은 전통들을 깨뜨렸다. 전문성, 순차성, 시간조절이란 가정을 의도적으로 파괴한다.

④ 정보기술의 창의적 사용이다. 낡은 규칙을 깨뜨리고 새로운 프로세스의 모델을 만들 수 있게 해준 것은 현대의 정보기술이었다. 정보기술은 조직이 근본적으로 창조적인 업무를 할 수 있게 해주는 기반기술(enabler)의 역할을 한다.

리엔지니어링의 장점은 현재의 프로세스와 환경을 새 아이디어로 전환하고, 조직을 수평적(횡적)으로 전환하는데 있다. 또한 업무 프로세스를 개혁하려는 경영자의 개혁적인 강력한 리더십이 있다. 그러나 단점으로는 조직에 새로운 인재를 영입하는 것으로 만족되지 않고 기존에 운영되고 있던 프로세스를 개혁하는 것과 경영자의 개혁적인 마인드와 리더십이 필요하다.

6. 애드호크러시 이론

애드호크러시(Adhocracy)는 토플러의 저서인 『미래의 충격(future shock)』에서 등장하는 말로서 유기적 · 기능적 · 임시적 조직이라는 뜻을 가지고 있다. 이는 제2차 세계대전 당시 특수임무를 수행하던 기동 타격대(task force)에서 유래한 것으로 애드호크러시 팀은 임무를 완수하면 일단 해산하였다가 다시 새로운 임무가 주어질 때 재구성되는 특징이 있다.

따라서 애드호크러시는 '특별임시위원회'의 성격을 가지며, 문제해결을 위해 다양한 전문적 지식이나 기술을 가진 이질적인 구성원들로 이루어진 집단으로서 변화와 적응력이 강한 임시적인 조직이다.

구조적 차원에서 볼 때 애드호크러시는 크게 세 가지 특성을 지니는데 구체적으로 살펴보면 다음과 같다.

① 구조가 복잡하지 않다.
② 형식주의나 공식성에 얽매이지 않다.
③ 의사결정권이 분권화된 특징을 보인다.

이상의 특징으로 애드호크러시는 대체로 고도의 전문지식을 가진 사람들로 충원되기 때문에 수직적 분화는 거의 없고 고도의 수평적 분화가 이루어진 구조를 갖고 있다.

토론해 보기

- 사회복지행정의 전통적 이론과 현대적 이론의 차이점은 무엇인지 여러분의 생각을 서로 토론해 봅시다.
- 현 시대적인 상황에서 현대적 사회복지행정 이론이 수정 보완되어야 할 사항은 무엇인지 여러분의 생각을 서로 토론해 봅시다.

참고문헌

김영종(2010). 사회복지행정론. 학지사.
김영란(1999). "한국지역사회복지관에서의 총제적품질경영(TQM)의 적용가능성에 관한 시론". 사회복지리뷰, 3.
김익균 외(2011). 사회복지행정론. 정민사.
남일재 외(2011). 현대 사회복지행정의 이해. 정민사.
박경일(2001). "지역사회복지관 사회복지사의 갈등수준과 갈등원인에 대한 요인분석". 한국사회복지학회 추계학술대회.
박차상 외(2011). 사회복지행정론. 창지사.

성규탁 역(1985). 사회복지행정조직론. 박영사.

신복기 외(2008). 사회복지행정론. 공동체.

최성재 외(2006). 사회복지행정론. 나남.

최재성(1997). "총체적 품질경영기법(TQM)의 적용가능성에 관한 고찰: 사회복지조직 관리 및 평가를 위한 새로운 패러다임". 연세사회복지연구, 4호.

한국복지행정학회(2010). 사회복지행정론. 양서원.

한국복지행정학회(2011). 사회복지행정론. 양서원.

황성철 외(2010). 사회복지행정론. 학현사.

Gerth, H. H., & Mills, C. W.(1958). *Form Max Webber*. New York: Oxford University Press.

Hammer, M.(1990). *Harvard Business Review*, 68(4).

Hasenfeld, Y.(1983). *Human Service Organization*. Englewood Cliffs. New Jersey: Prentice-Hall, Inc.

Hawkins, F.(1999). *Making TQM Work in Human Service Organizations*. New York: Springer Press.

Hoy, W. & Miskel, C.(1987). *Educational administration : Theory Research, and Practice*. New York: Random House.

Key, P.(1995). Japanese Quality Management Techniques. In L. Ginsbers & P. Keys(Ed.), *New Management in Human Service*(2nd ed.). Washington, DC: NASW Press. pp.162-170.

Lawrence, P. R. & Lorsch, J. W.(1967). *Organization and Environment : Managing Differentiation and Integration*. Boston: Harvard University Press.

Mayo, E.(1933). *The Human Problems of An Industrial Civilization*. New York: Macmillan.

Neugeboren, B.(1985). *Organization, Policy and Practice in the Human Service*. New York: Longman.

Ouchi, W. G.(1981). *Theory Z : How American Business Can Meat the Japanese Challenge*. reading, Mass.: Addison-Wesley.

Senge, P.(1990). *The fifth Discipline: the Art and Practice of Learning Organization*. New York: Double day Currency.

Skidmore, R. A.(1983). *Social work administration : dynamic management and human relationship*. Englewood Cliffs, NJ: Prentice-Hall Inc.

Swiss, J. E.(1992). *Public Administration Review*, 52(4).

Taylor, F. W.(1911). *Principles of scientific management*. New York: Harper & Row.

Thompson, J. D.(1967). *Organizations in Action*. New York: McGrew-Hill.

4 리 더 십

제1절 리더십의 정의 및 필요성

1. 리더십의 정의

'리더십'이라는 용어는 사회심리학에서 비롯하여 제1차 세계대전 초기 미국 심리학에서 행한 연구로부터 도입, 전개되기 시작하였다. 산업과 정치제도의 발달, 기업 경영조직의 대규모화, 복잡화로 인한 사회적 안정감의 상실 등으로 말미암아 이를 극복하기 위하여 리더를 요구하게 되었고 이에 따라 리더십연구가 발전하게 되었다(이선미, 2003).

리더십이란 리더가 갖는 성향, 행동, 상황과 관련된 제반 특성들을 가리키는 일반적인 개념이다. 하지만 모든 사람들이 활용하는 관점과 이를 적용하는 환경에 따라 다르기 때문에 리더십을 한마디로 규정한다는 것은 쉽지 않으며 오늘에 이르기까지 여러 학자들에 의한 무수히 많은 정의들이 내려졌다.

스토그딜(Stogdill, 1974)은 리더십을 '목표설정과 목표달성을 지향하도록 개인 및 집단행위에 영향력을 행사하는 과정'으로 규정하였다.

쿤츠와 도넬(Koontz & Donnel, 1976)은 리더십을 '집단의 목표달성을 위하여 자진하여 노력하도록 사람들에게 영향력을 주는 기법 또는 과정'이라고 정의하였으며, 플레쉬맨(Fleishman, 1973)은 '어떤 목표를 달성하기 위하여 의사소통 과정을 통해 개인 간에 영향력을 행사하려는 시도'라고 정의하였다. 또한 로빈스(Robbins, 1984)는 리더십을 '목표달성을 지향하도록 집단에 대하여 영향을 미칠 수 있는 능력'으로 정의하였으며, 최성재와 남기민(2008) 공식적 조직에 초점을 맞추어 '리더십이란 조직의 목표달성에 있어서 조직의 구성원들이 조직과 관련된 행동에 자발적으로 종사할 수 있게끔, 어떤 주어진 상황에서 공식적 직위에 있는 사람이 영향력을 행사하는 과정'이라고 정의하였다.

이상과 같이 리더십에 관한 여러 정의를 분석해 보면, 그 공통된 용어로 집단목표, 영향력, 과정 등이 사용되고 있음을 알 수 있다. 따라서 리더십 개념에 대한 완전한 합의는 없지만 리더십에 관한 일반적인 정의를 내린다면, 일정한 상황 하에서 조직이나 집단의 공동목표를 가장 효과적으로 달성하기 위하여 리더가 그 조직구성원들에게 영향력을 행사하는 과정으로 정의할 수 있을 것이다.

리더십의 정의를 학자별로 정리하면 다음〈표 4-1〉과 같다.

〈표 4-1〉 **리더십의 정의**

저자	리더십의 정의
Webster 사전	• 어떤 과정에 있어 안내하고 방향을 제시함 • 하나의 통로(channel)로서의 역할을 수행함
Bass(1990)	• 상황이나 집단구성원들의 인식과 기대를 구조화 또는 재구조화하기 위해서 구성원들 간에 교류하는 과정
Hersey & Blanchard(1982)	• 주어진 상황에서 개인이나 집단의 목표달성을 위한 활동에 영향을 미치는 과정
Yukl(1998)	• 집단이나 조직의 한 구성원이 사건의 해석, 목표나 전략의 선택, 작업활동의 조직화, 목표 성취를 위한 구성원들의 동기 부여, 협력적 관계의 유지, 구성원들의 기술과 자신감의 개발, 외부인의 지지와 협력의 확보 등에 영향을 미치는 과정
Nanus(1992)	• 꿈(비전)의 제시를 통하여 추종자들의 자발적 몰입을 유인하고 그들에게 활력을 줌으로써 조직을 혁신하여 보다 큰 잠재력을 갖는 새로운 조직형태로 변형시키는 과정
Katz & Kahn(1978)	• 기계적으로 조직의 일상적 명령을 수행하는 것 이상의 결과를 가져올 수 있게 하는 영향력

Jago(1982)	• 강제성을 띠지 않는 영향력 행사과정으로 구성원들에게 방향을 제시하고 활동을 조정하는 것 • 성공적으로 영향을 행사하는 사람들이 갖는 특성들
Lord & Maher(1993)	• 특정 개인이 다른 사람들에 의해서 리더라고 인정받는 과정, 일정한 지위를 가지고 있기 때문에 리더가 되는 것이 아니라 다른 사람들로부터 리더라고 인정받는 것이 중요함
Bryman(1986)	• 어떤 사람이 공식적으로 리더의 지위에 임명되었을 때 발생함

출처: 백기복(2005).

2. 리더십의 필요성

사회복지조직에서 지도력이 필요한 이유를 구체적으로 살펴보면 다음과 같다 (Neugeboren, 1985).

첫째, 많은 전문가가 고용되어 있는 사회복지조직에는 전문가의 자율성을 요구하는 욕구와 조직이 목표달성을 하기 위한 통제욕구 사이에 지속적 긴장이 존재하며, 이와 같은 긴장으로 인해서 구성원이 조직의 규칙과 규정을 준수하도록 동기부여를 할 수 있는 지도력이 요구된다.

둘째, 사회복지서비스 분야에서는 끊임없이 변화하는 환경적 압력이 증가하고 있기 때문에 이러한 변화에 능동적으로 조직을 변화시키는 것은 한계가 있다. 따라서 변화에 적절하게 대응할 수 있는 지도력이 필요하다.

셋째, 사회복지서비스 분야에 있어서 새로운 기술 혹은 새로운 구조의 도입과 같은 중요한 내부적 변화를 수용할 수 있도록 하기 위해서 지도력이 필요하다.

넷째, 사회복지조직에서 구성원이 추구하는 전문성을 띤 목표는 조직의 목표와 일치하지 않을 수 있다. 즉, 조직의 목표와 구성원의 목표 간에 가능한 한 많은 일치점을 가지도록 하는 데 지도력이 필요하다.

이처럼 리더십은 개인과 개인 사이로부터 시작하여 거대한 사회조직의 리더가 조직구성원들에게 영향력을 행사하는 과정까지 매우 폭넓게 적용되는 것으로서,

사회복지조직의 성과 및 사회복지서비스의 효과성과 효율성에도 영향을 미치는 핵심적 활동이다(남일재 외, 2011).

제2절 리더십의 기능 및 유형

1. 리더십의 기능

효과적인 지도력을 지닌 지도자가 자신이 속한 조직에서 활동할 기능과 역할이 무엇인지를 살펴보면 다음과 같다(Stogdill & Shartle, 1955; Tarcher, 1966).

1) 협동적 기능

리더가 자신이 속해서 영향을 미칠 수 있는 집단이나 조직의 목표를 설정하는 역할을 한다. 이러한 목표설정에서 첫째, 권위주의적이거나 단독적으로 하지 않고, 최소한 구성원, 환경, 조직의 문화, 구조 등을 고려하여 목표를 설정해야 하고, 둘째, 목표는 가능한 개혁적이고 참신한 것을 설정하는 것이 바람직하다.

2) 효율적 기능

설정된 목표의 달성을 위한 수단을 효율적으로 동원하고 조작하는 기능을 해야 한다. 여기서 말하는 수단은 인적인 것과 물적인 것 그리고 정보 등이 포함되며, 이러한 수단을 최대한 동원하여 적절하게 배분함으로써 구성원들이 자신이 소속한 조직에 대한 충성심이 우러 나와서 능력을 최대한 발휘할 수 있도록 한다.

3) 조정과 통제의 기능

조직의 구성원이 목표를 성공적으로 달성할 수 있는 방향으로 행동하도록 조정하고 통합하면서 경우에 따라서는 통제하는 것이 필요하다.

2. 리더십의 유형

리더십의 유형은 다양하게 접근해 볼 수 있다. 그리고 리더십의 유형은 단편적인 것이 아니고 서로 연속상에 있다고 볼 수 있다(김익균 외, 2011). 따라서 리더십의 유형을 권위에 따른 유형과 조직계층상 수준에 따른 유형 등의 두 가지로 나누어 살펴보면 다음과 같다.

1) 권위에 따른 유형

(1) 지시적 리더(directive leader)

추진하는 일의 목표가 무엇인지, 목표달성의 스케줄은 어떻게 되는지, 특정 업무를 어떤 방식으로 시행해야 하는지를 명확히 해주는 리더십이다. 즉, 명령과 복종을 강조하고 독선적이고, 조직구성원의 보상-차별 차원에서 통제되므로 일관성 있고 신속한 결정에 유리하다.

(2) 참여적 리더(participative leader)

의사결정 과정에 조직구성원들의 의견을 적극적으로 반영하는 리더십을 의미한다. 즉 구성원들에게 적극적인 동기부여와 사명감을 부여하여 조직의 발전 자체를 구성원 자신의 발전과 동일시시켜 근무의욕과 업무수행능력을 높일 수 있으며 사기가 높아진다.

(3) 자율적 리더(voluntary leader)

조직원에게 대부분의 의사결정을 위임하고 있으므로 방임적 리더십으로 일의 처리에 정보제공이 부족하고 적절한 개입이 어렵다는 단점이 있다.

(4) 지원적 리더(supportive leader)

조직구성원 개개인에 관심을 쏟으며 이들의 욕구를 충족시키는 데 집중하는 리더십이다. 즉, 조직구성원들의 개개인의 능력을 인정해 주고 지원해 주는 리더십의 유형이다.

(5) 성취 지향적 리더(achievement-oriented leader)

도전적인 목표를 설정하고 직원들이 최대값을 발휘할 수 있도록 독려하는 스타일의 리더이다.

2) 조직계층상 수준에 따른 유형

(1) 최고관리층의 리더십

최고관리층이란 조직을 이끌어 갈 전반적인 책임을 지고 있는 사람들로서 조직 외부의 다양한 이익집단과 지역사회와의 상호연관을 가져야 하며, 조직 내·외부 환경의 변화에도 적절히 적응하여 조직을 이끌어 나가야 한다. 이러한 과업수행을 할 때 최고관리층은 조직의 기본적인 임무를 설정하고 외부의 이해관계집단과 교섭하고 중재하여 조직의 정체성을 확립한다. 서비스 기술을 선정하고 내부구조를 발전시키고 유지하며 변화를 주도하고 수행하는 등 중요한 의사결정을 하여야 한다.

(2) 중간관리층의 리더십

중간관리층이란 조직의 한 부서를 책임지고 있는 계층으로서 이들은 하위관리자와 최고관리층 사이의 수직적 연결과 같은 수준의 타 부서와의 수평적 연결 역할을 하며, 조직원들의 욕구를 조직의 목표에 통합시키는 인간관계기술이 있어야 한다.

(3) 하위관리층의 리더십

하위관리층이란 일선 사회복지사들을 관리하고 접촉하는 슈퍼바이저, 조정자, 팀 리더의 역할을 수행하는 계층으로서 조직원들의 프로그램 수행을 감독 및 위임하고 부족한 지식과 기술을 제공해 주며 개인적인 성과를 평가한다. 또한 직원과 자원을 효율적으로 활용할 수 있는 전문지식과 보상과 제재와 분배가 공평하도록 해야 하는 형평에 관한 기술이 일선 조직원들의 동기부여 및 조직의 일체감을 발전시키는데 리더십이 필요하다(홍봉수 외, 2019).

제3절 리더십 이론

리더십은 인류의 보편적인 관심사였으며, 리더십 이론은 시대정신을 반영함과 동시에 경영학 및 다른 학문 분야의 발전에 민감하게 반응하면서 발전되어 왔다. 리더십 연구는 1900년대 초부터 활발하게 진행되어 온 만큼 다양한 학자들에 의해 많은 이론들이 제기되었다. 또한 리더십 연구는 그 개념의 중요성, 복잡성, 다차원성, 사회·정서적 현상 등으로 연구자마다 나름대로 연구방향을 달리해 왔다. 이에 따라 리더십에 관한 연구와 이론들은 크게 세 가지 단계로 나누어 이해할 수 있는데 시대적인 발전을 중심으로 하여 특성이론(trait theory), 행동이론(behavioral theory), 상황이론(situational theory)으로 분류할 수 있으며, 1980년대 이후 새로운 리더십 패러다임을 제시하기 위한 많은 연구들이 등장하고 있다. 이처럼 전개되어 온 리더십 이론의 발전과정은 다음 [그림 4-1]과 같다.

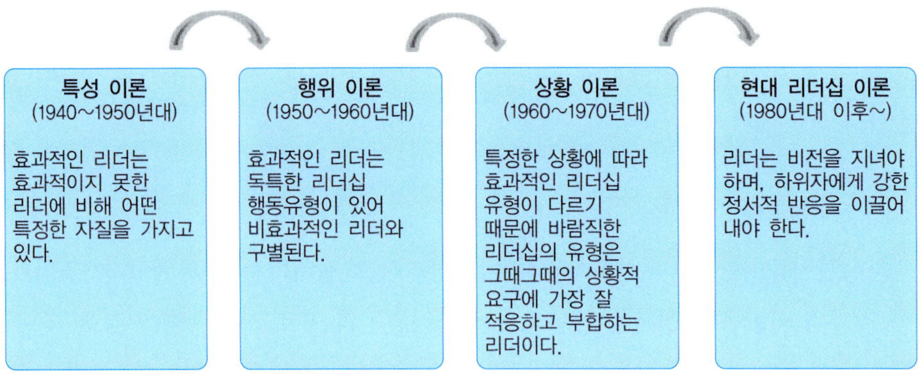

출처: 이상구 외(2009). 사회복지행정론. 참고로 재구성.

[그림 4-1] 리더십 이론의 발전과정

1. 특성 이론

특성 이론(trait theory)은 리더십에 대해서 가장 처음으로 접근한 방식인데 여기서는 기본적으로 일반인들과는 구별되는 리더들의 특성이 무엇인가를 구분해 내고자 하였다. 초창기의 특성 이론에서는 위인의 특성과 자질 등을 파악하려 노력하였다. 리더십 연구 가운데서 특성 이론의 연구는 특히 성공적 리더의 특성을 초점을 두며, 효과적인 리더는 남보다 나은 개인적인 특성을 지닌다는 전제하에 그러한 특성이 리더십을 결정하는 요인으로 규정하고 있다. 또한 유능한 리더의 공통된 특성을 지니고 있는 사람을 리더로 선택하면 효과적인 리더십이 발휘되어 그 리더가 있는 조직은 성공할 것이라는 생각이 이 이론의 바탕을 이루고 있다(곽현식, 2008).

특성 이론의 대표적인 학자인 스토그딜(Stogdill, 1974)은 리더는 어떤 일정한 개인적 특성만 가지고 있으면 상황이나 환경을 넘어서 언제든지 리더가 될 수 있다고 하였다. 그는 1949년부터 1970년대 초까지 수행된 287개의 리더십 연구를 통해 성공적 리더의 특성을 ① 신체적 특성, ② 사회적 배경, ③ 지능, ④ 성격, ⑤

과업과 관련된 특성, ⑥ 사회적 특성 등 여섯 가지 범주로 구분하여 제시하고 있다. 성공적인 리더의 특성과 자질은 성공적이지 못한 리더와 또는 추종자의 그것들과는 이미 다르다는 것을 주장하면서, 성공적 리더는 ① 지능수준이 높고, ② 주도적이며, ③ 자신감이 있고, ④ 활력이 강하고, ⑤ 과업과 관련된 지식을 충분히 소유하는 특징을 보인다고 하였다.

만(Mann, 1959)은 ① 지능, ② 남성적 기질, ③ 적응성, ④ 지배성, ⑤ 외향성, ⑥ 보수적 기질 등의 특징을 보인다고 하였다.

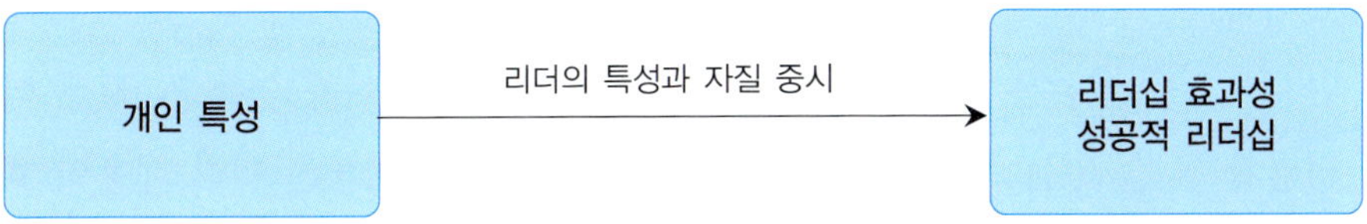

출처: 김형식 외(2009).

[그림 4-2] **특성 이론 모형**

결과적으로 특성 이론은 리더가 갖고 있는 특성을 정확히 평가함으로써 이러한 특성에 따라 리더십의 효과성을 예측하려고 노력하였으며, 실제로 리더 개인의 능력을 측정하고 조직에 적합한 최고관리자의 선발과 인적자원 개발에 있어서 많은 기여를 하였다. 그럼에도 불구하고 특성 이론은 여러 가지 면에서 그 한계를 보여주고 있다.

특성 이론의 구체적인 문제점은 다음과 같다(최성재 외, 2002).

첫째, 특성이 모든 효과적인 리더에게 있다는 보편성이 결여되어 있다. 즉, 특성이 항상 존재하지 않는다는 것이다.

둘째, 추종자나 하위자들도 좋은 특성을 가지고 있다는 것을 간과하고 있다.

셋째, 여러 가지 특성들의 상대적 중요성을 밝히지 못한다는 점이다.

넷째, 상황 요인을 고려하지 않고 있다. 즉, 상황이 달라지면 그에 따라 리더에게 요구되는 특성도 달라진다는 점을 간과하고 있다.

2. 행동 이론

특성 이론의 한계점이 드러나면서 1950년대부터는 리더는 어떻게 행동하는가 하는 관점에서 리더의 행동과 리더의 유효성에 초점을 둔 행동 이론(behavioral theory)이 대두되었다. 이 이론은 심리학에 기초를 둔 이론으로서 리더십의 효과에 영향을 미치는 것은 리더 개인의 특성이 아니라 부하에 대한 리더의 행동이라는 관점을 견지한다. 즉, 리더의 실제적인 행동에 초점을 두면서 상황에 따라서 리더의 여러 가지 행동이 개인 혹은 집단의 성과에 어떠한 영향을 미치는지를 규명하는 것이다.

리더십 행동 이론은 여러 가지 면에서 특성 이론과 차이가 있는데, 특성 이론이 리더가 될 수 있는 특성에 초점을 두고 있다면, 행동 이론은 리더 행동의 효과성과 개인 및 집단의 성과에 영향을 미치는 리더의 행동스타일을 어떻게 측정할 수 있는가에 초점을 두고 있다. 또한 리더의 행동과 상황, 그리고 리더십 유효성 간에 연관성을 파악하는데 초점을 두고 리더의 행동뿐 아니라 리더의 부하 양자의 상호작용에 관해서도 고찰한다(홍이순, 2011).

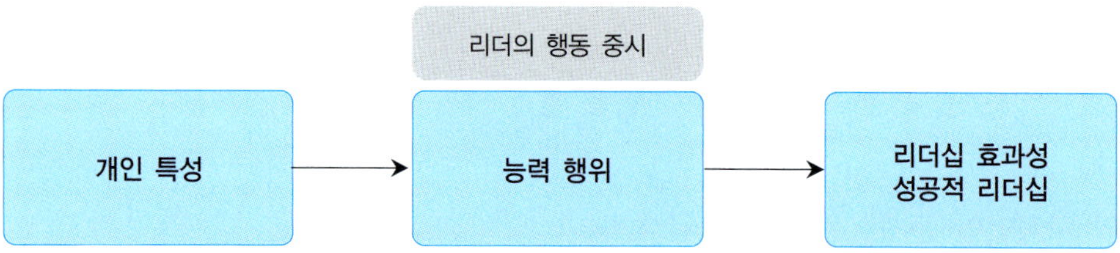

출처: 김형식 외(2009).

[그림 4-3] 행동 이론 모형

이러한 행동 이론은 [그림 4-3]과 같이 결국 훌륭한 리더는 특별히 어떤 행동양식이 있고 그것을 바탕으로 배우고 학습함으로써 누구든지 훌륭한 리더가 될 수 있다는 것이다.

대표적 행동 이론으로 오하이오(Ohio) 연구, 미시간(Michigan) 연구, 관리격자(managerial grid) 이론 등이 있다.

1) 오하이오 연구

오하이오대학(Ohio University)의 연구는 지도자의 행동서술질문지(leader behavior description questionnaire)를 작성하였는데, 이 정보를 수집하고 분석하여 지도자의 행동을 두 가지 차원으로 요약하였다. 즉, 구조주도행동(initiating structure behavior)과 배려행동(consideration behavior)으로 구분하였다(Gutknecht & Miller, 1986).

〈표 4-2〉 **배려와 구조주도형의 리더십**

구조주도	배려(고려)
• 리더는 일을 각각 집단의 구성원에게 할당한다. • 리더는 집단구성원들로 하여금 정해진 규칙을 따르도록 한다. • 리더는 집단구성원에게 그들에게서 무엇이 기대되고 있는가를 알게 한다.	• 리더는 집단구성원의 말을 듣기 위해 시간을 마련한다. • 리더는 기꺼이 변화를 이루려고 하는 사람이다. • 리더는 친절하고 접근하기 쉬운 사람이다.

출처: 김형식 외(2009); 배정훈(2009); 이상구 외(2009).

오하이오대학 연구는 이 두 가지 차원을 사용하여 [그림 4-4]과 같이 지도자 행동유형을 다섯 가지로 구분하고 있다. 연구결과 다섯 가지 유형 가운데 구조주도와 배려의 행동을 조합한 것에서 높은 지도자가, 구조주도 혹은 배려의 행동 가운데 어느 한쪽에서 낮거나 또는 둘 다 낮은 지도자보다 부하들의 만족과 업무의 성과 면에서 훨씬 긍정적 결과가 있음을 발견하였다(Robbins, 1984).

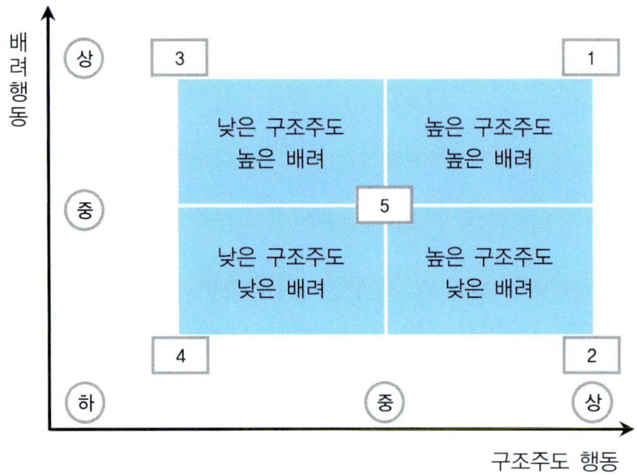

출처: 박차상 외(2011).

[그림 4-4] 지도자 행동유형

2) 미시간 연구

미시간대학의 연구 목적은 오하이오대학의 연구에서와 마찬가지로 어떤 유형의 지도자 행동이 업무집단의 성과와 구성원의 만족을 가져올 수 있는지를 발견하는데 있었다. 연구결과 〈표 4-3〉과 같이 직무 중심적 지도자 유형과 구성원

〈표 4-3〉 미시건대학교 연구의 리더십 유형과 특징

리더십의 유형	특징
구성원 중심의 리더십 (employee-centered leadership)	• 리더는 부하직원들과의 건전한 인간관계를 발전시키기 위해 노력한다. • 리더는 책임의 위임과 구성원의 복지, 욕구, 승진, 개인적인 성장에 대한 관심을 강조한다.
직무 중심의 리더십 (job-centered leadership style)	• 리더는 세밀한 감독과 합법적이고 강제적인 권력을 활용하여 업무계획표에 따라 이를 실천하고 업무성과를 평가하는 데 초점을 둔다. • 리더는 생산과 직무의 기술적인 측면을 강조한다.

출처: Gutknecht & Miller(1986).

중심적 유형으로 두 가지 행동유형이 발견되었다.

3) 관리격자 이론

블레이크와 머튼(R. R. Blake & J. S. Mouton)은 오하이오 연구와 미시간대학의 이론에 기초하여 리더가 지향할 수 있는 두 차원으로 구분하여 관리격자 이론(Managerial Grid Theory)을 정립하였다. 즉, 오하이오 주립대학 연구의 배려 및 구조주의와 미시간대학 연구의 종업원지향과 생산지향적 리더십에 해당되는 리더십의 차원에 따라 횡축은 생산에 대한 관심(과업)의 정도를 파악할 수 있도록 9등급으로 나누고, 종축은 인간에 대한 관심(관계)의 정도를 파악할 수 있도록 역시 9등급으로 나누었다. 결과적으로 [그림 4-5]와 같이 81종류의 리더 유형이 있는 것으로 가정할 수 있는데, 이 중에서 대표적인 기본적 리더십 유형으로(1.1)형, (9.1)형, (1.9)형, (5.5)형, (9.9)형을 들 수 있으며, 자세한 내용은 다음과 같다(배정훈, 2009).

① (1.1) 무책임(무관심: impoverished) 방임형: 생산과 인간에 대한 관심이 모두 무관심한 유형으로 리더 자신의 직분을 유지하는데 필요한 최소한의 노력만을 투입하는 유형이다.

② (9.1) 생산(과업)지향형: 인간관계의 유지에는 적은 관심을 보이지만 생산에 대해서는 지대한 관심을 보이는 유형이다.

③ (1.9) 인간중심지향형(컨트리 클럽: country club): 생산에 대한 관심은 낮으나 인간관계에 대한 관심이 매우 높은 유형으로 리더는 구성원의 만족과 친밀한 분위기 조성을 위해 노력한다.

④ (5.5) 중도형(middle of road): 중간형으로서, 생산과 인간관계의 유지에 모두 적당한 정도의 관심을 보이는 유형이다.

⑤ (9.9) 이상형(team 형): 생산과 인간관계의 유지 모두에 지대한 관심을 보이는 유형으로서 종업원의 자아실현의 욕구를 만족시켜 주고 신뢰와 지원의 분위

기를 이루며 한편으로는 과업달성을 이룩하기를 강조하는 유형이다.

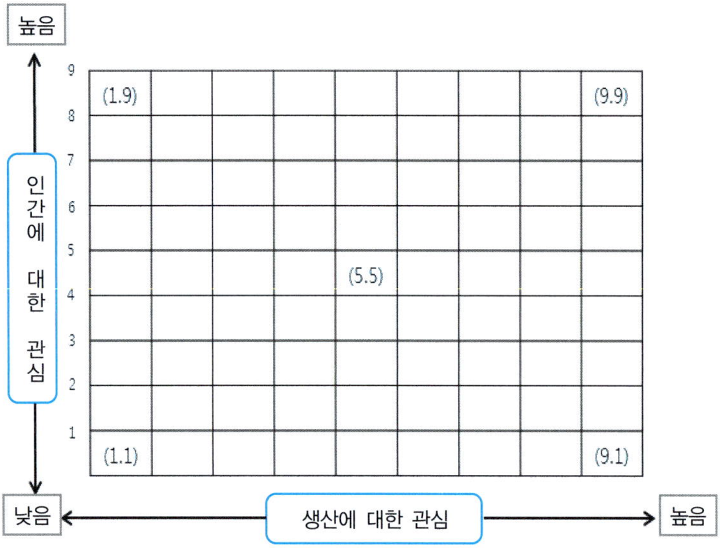

출처: 최성재 외(2002).

[그림 4-5] **관리격자 이론**

3. 상황 이론

상황 이론은 1970년대 이후 오늘날까지 리더십 연구의 주류를 이루고 있는 이론으로 특성 이론이나 행동 이론보다 더 광범위하게 인정을 받고 있는 이론이다. 상황 이론은 리더십의 여러 상황적 조건을 구체화하고 상황적 조건에 따른 리더십 행동과 그 효과적인 집단성과와 집단구성원의 만족감을 중심으로 리더는 조직환경, 새로운 기술, 다양한 퍼스넬리티와 같은 여러 가지 요인으로 생기는 상황에 대처해야 한다는 것이다. 상황 이론은 조직 내 리더의 효과는 특별한 상황에 동적이고 유연하게 대응하고자 노력함으로써 조직목표를 달성할 수 있다고 하였다. 즉, 자신의 행동유형을 그 상황의 특수성과 부하의 욕구에 적응시켜 나간다면 개인이나 조직의 목표를 달성하는 데 있어서 그만큼 효과가 클 것이라고 보았다. 또한 리더는 부하를 포함한 상황요인을 정확하게 판단하여 거기에 적합한 대처를 해야 한다는 것을 기본적으로 가정하고 있다. 이 이론에서 공통적으로 언급할 수 있는 것은 리더십의 효과성은 상황요인에 의해서 규정되므로 효과를 높이기 위해서 리더는 상황의 요청을 정확하게 판단하여 그러한 요청에 적합한 행동을 취해야 한다는 것이다.

상황 이론의 대표적 이론은 피들러(Fiedler) 이론, 하우스(House)의 경로–목표 이론, 허시와 블랜차드(Hersey & Blanchard)의 상황 이론 등이 있다.

1) 피들러의 상황 이론

피들러(Fiedler)의 상황 이론(contingency theory)은 리더는 상황변수인 리더와 성원 관계, 과업구조, 리더의 직위권력의 중요성에 따라 효과성이 판가름 나므로 상황에 따라 리더십 행동이 요구된다는 것이다. 여기서 상황의 호의성(favorableness of the situation)이란 그 상황이 리더로 하여금 자기 집단에 대하여 그의 영향력을 행사할 수 있게 하는 정도를 의미한다.

피들러(Fiedler)는 조직에 대한 리더의 영향력은 세 가지 상황적 변수에 의해 결정된다고 하였다. 첫째, 지도자가 구성원들로부터 받는 존경과 신뢰의 정도를 의미하는 리더와 구성원의 관계(leader–member relations), 둘째, 과업의 할당 및 평가 방식의 구조화 정도를 가리키는 과업구조(task structure), 셋째, 리더에게 부여된 공식적·합법적인 권력으로서 구성원들을 평가하고 각종 인사문제에 영향을 미치는 정도를 나타내는 직위권력(position power) 등이 있다. 리더십 유형을 LPC(Least Preferred Co–Worker Score) 점수에 따라 과업지향적 리더십과 관계지향적 리더십으로 분류한 뒤, 위의 세 가지 변수와 두 가지 리더십 유형의 결합방식이 얼마만큼 상황에 적합한가에 따라 리더십의 효과성이 달라질 것이라는 가정을 가지고 연구를 하였다.

피들러(Fiedler)는 16쌍의 대조적인 형용사들로 구성되어 있는 설문지에 8점 척도를 사용하여 LPC를 나타내도록 하였다. 그는 LPC 설문지에 대한 응답자의 대답에 기초해서 기본적인 리더십의 스타일을 알 수 있다고 생각했다.

그리고 개인의 기본적 리더십이 LPC 설문지를 통해서 평가되면, 다음으로 환경을 평가하고 리더와 상황 간의 적합성 정도를 파악하는 것이 필수적이다. 위에서 말한 상황변수는 리더-구성원 관계가 좋은가 나쁜가, 과업구조가 높은가 낮은가, 직위권력이 강한가 약한가로 평가된다. 모든 것을 종합해 보았을 때, 리더들은 여덟 가지의 상황 혹은 범주 중 한 곳에 위치한다(박차상 외, 2011).

연구결과 지도자와 구성원 사이에 호의적인 관계가 유지되고, 작업구조가 명확하게 제시되어 있으며, 또한 지도자에게 충분한 권한이 부여되어 있는 상황이거나 그와 정반대의 경우에는 과업지향적 리더십이 효과적이다. 그러나 중간적 상황에서는 관계지향적 리더십이 효과적이라는 것이다. 즉, 이 이론의 핵심은 상황에 적합하게 기능할 수 있는 리더십을 발휘할 때 조직구성원들의 업무성과가 보다 효과적인 결과를 가져온다는 것이다(김인혁 외, 2011).

2) 하우스의 경로-목표 이론

하우스(House)는 오하이오 연구와 동기부여에 관한 기대 이론(the expectancy theory of motivation)을 결합하여 경로-목표 이론(path-goal theory)을 제시하였다(House, 1971). 이 이론은 리더는 부하로 하여금 조직목표를 달성할 수 있다고 기대하는 행동경로를 명확하게 밝혀 주고, 원하는 보상은 더 쉽게 많이 받을 수 있다고 믿게 해야만 동기부여가 이루어져 성과를 높일 수 있다는 것이다. 여기서 상황이란, 부하의 능력, 성격 및 동기와 작업집단의 특성, 작업의 구조화 정도, 조직 내의 규칙과 절차 등을 포함하고 있다.

하우스(House)는 이 이론에서 상황적 특성에 따라 추종자의 동기를 높이기 위해 필요한 리더십 유형을 다음과 같이 제시하고 있다(House & Mitchell, 1974).

첫째, 지시적 리더십은 과업의 구조화 정도가 낮아 업무수행의 절차나 방법이 공식화 되어 있지 않거나 추종자들의 경험과 지식이 부족할 때 효과적이며, 추종자들이 활동을 계획, 조작화, 통제, 조정하는 행동을 나타내는 구조주도 행동과 비슷하다.

둘째, 지지적 리더십은 업무가 너무 단조롭거나 너무 어려워 자신감을 상실하고 있는 경우에 효과적인 것으로서 추종자들의 욕구를 지지하고 배려하며 추종자들이 복지와 안녕에 관심을 표명하여 불안감을 감소시키고 우애로운 분위기를 조성하는 행동을 말한다.

셋째, 참여적 리더십은 과업이 구조화되어 있지 아니할 경우에 과업의 목표, 절차, 방법 등의 결정과정에 추종자들을 참여시켜 논의하고 정보를 교환하여 추종자들의 생각과 제안을 적극 활용하는 행동을 말한다.

넷째, 성취지향적 리더십은 과업이 구조화되어 있지 않을 때 추종자들에게 도전적인 목표를 설정하여 주고, 최고 수준의 성과를 기대하고 달성할 수 있다는 자신감을 갖게 하는데 효과적이다.

3) 허시와 블랜차드의 상황 이론

허시와 블랜차드(Hersey & Blanchard)의 상황 이론은 리더가 어떤 리더십을 발휘할 때 다양한 상황 중에서도 부하의 특성 및 성숙도를 가장 중요하게 고려해야 한다는 이론이다. 이 이론은 부하의 성숙도(maturity)를 지식, 기술, 경험 등을 포괄하는 능력의 차원과 믿음, 헌신, 동기 등을 포괄하는 의지의 차원으로 나누고, 이 두 차원에 따라 상황을 크게 다음과 같은 네 가지로 구분하여 리더십을 설명하고 있다.

첫째, 부하가 능력도 없고 의지도 없는 상황의 경우 성숙도가 낮은 신입직원과 같은 상태를 전제로 하여 모든 것을 지시·점검하는 지시형 리더십이 적합하며, 둘째, 부하가 능력은 없지만 의지는 있는 경우로서 아이디어와 방향을 제시해 주는 제시형 리더십이 효과적이라는 것이다. 셋째, 능력은 있는데 의지가 없는 경우로서 반복적 업무로 인한 매너리즘 또는 소진현상이 나타나기 시작하는 단계로서 지원은 많이 해주고 지시는 가급적 자제하여 참여를 유도하는 참여형 리더십이 효과적이며, 넷째, 능력과 의지가 모두 있다고 여겨지는 경우 부하에게 업무의 책임과 결정을 위임하는 위임형 리더십을 발휘하는 것이 보다 효과적이라는 것이다(황성철 외, 2010).

따라서 성공적인 리더는 개인이나 집단의 욕구나 상황의 특수성에 적합한 리더십 유형을 사용해야 한다. 즉, 리더십의 유효성은 리더, 부하, 환경을 이루고 있는 상황변수에 의해 좌우된다는 것이다. 다시 말해 리더십의 유효성을 증대시키기 위해서는 리더십에 영향을 미치는 상황변수를 정확하게 진단하고 분석하는 리더십 기술을 익혀야 한다.

제4절 현대 리더십 이론

최근에 리더십 이론은 기존 리더십 이론을 바탕으로 더욱 다양한 관점에서 연구되고 있는데 특히 실용적인 측면을 강조하고 있다. 대표적인 리더십 이론으로는 경쟁적 가치 리더십 이론, 리더십 귀인이론, 카리스마적 리더십 이론, 거래적 리더십 이론, 변혁적 리더십 이론, 섬김의 리더십 이론으로 나누어 본 장에서 살펴보고자 한다.

1. 경쟁적 가치 리더십 이론

경쟁적 가치 리더십(Competing Values Leadership)은 기존의 이론들이 크게 과업중심–관계중심의 두 가지 형태로 리더의 역할을 규정하고 있는데 반해 통합적이고 다차원적인 모형으로 급변하는 사회복지환경 및 상황에 맞게 적절히 구사할 수 있고, 사회복지조직 관리자의 리더십 유형과 기술 및 역할을 이해하도록 도움을 주는 이론으로 로버트 퀸(Robert E. Quinn, 1988)이 제기하였다. 퀸(Quinn)은 파슨스(Parsons, 1954)의 AGIL 모델을 기반으로 조직 최고관리자의 역할을 외부 환경에의 적응, 목적달성, 통합, 형태유지의 네 가지 형태로 구분하였다. 따라서 각각의 목표를 달성하기 위한 최고관리자의 리더십 유형을 비전제시가, 목표달성가, 분석가, 동기부여가로 명명하였다.

예를 들어, 비전제시형의 리더십은 외부지향적이고 개방적이며 조직활동의 유연성을 추구하는 반면, 분석형 리더십은 내부지향적이며 구조화된 통제 위주의 상반된 가치를 요구하는 것이다. 동기부여형 리더십 역시 조직구성원 간의 인간관계 향상에 가치를 둠으로써 유연성과 비집권적인 특성을 보이나, 목표달성가형 리더십은 조직 생산성을 최대화하기 위한 규율 위주의 공식적 리더십을 지향한다는 것이다. Quinn의 이론은 최근 사회복지문헌에서 사회복지조직 리더의 효과성을 탐구하기 위해 활용하는 이론으로써 주목을 받고 있는데(Austin, 1989), 리더의 역할을 구체적으로 다음 〈표 4-4〉과 같이 살펴보면 [그림 4-6]을 이해하는데 도움이 된다.

〈표 4-4〉 Quinn의 리더십 이론을 기초한 사회복지조직 리더의 역할

유형	리더십 목표	구체적 역할
비전제시가	기관의 변화/적응	• 기관 운영과 관련된 외부환경 변화 주시 • 클라이언트/지역사회의 욕구변화 주시 • 기관 운영의 새로운 방향 모색/혁신적 변화 주도 • 재원, 인력 확보/기관 합법성 유지 • 클라이언트 옹호/정책개발 참여
목표달성가	기관 생산력 극대화	• 기관활동의 목표달성 및 결과 중시 • 목표달성을 위한 우선순위 제시 • 클라이언트/지역사회의 욕구변화에 대처하기 위한 기관활동 제시 • 중앙집권적 관리를 통한 생산력 극대화
분석가	기관활동 지속적 향상	• 기관서비스/프로그램 실행에 대한 이론적·기술적 지식 확보 • 기관서비스/프로그램 진행상황에 대한 면밀한 분석

유형	리더십 목표	구체적 역할
		• 기관활동의 내부 규정 강조 • 기관활동을 위한 효율적 전문인력의 배치
동기부여가	기관구성원 관계강화	• 구성원 협동심 및 팀워크 강조/고양 • 구성원, 일선 워커의 자율권 극대화 • 구성원, 일선 워커의 동기 고양 • 전문직 간의 의견 조정/팀워크 고양 • 기관 인력(자원봉사자 포함)의 효율적 관리

출처: 김형식 외(2007).

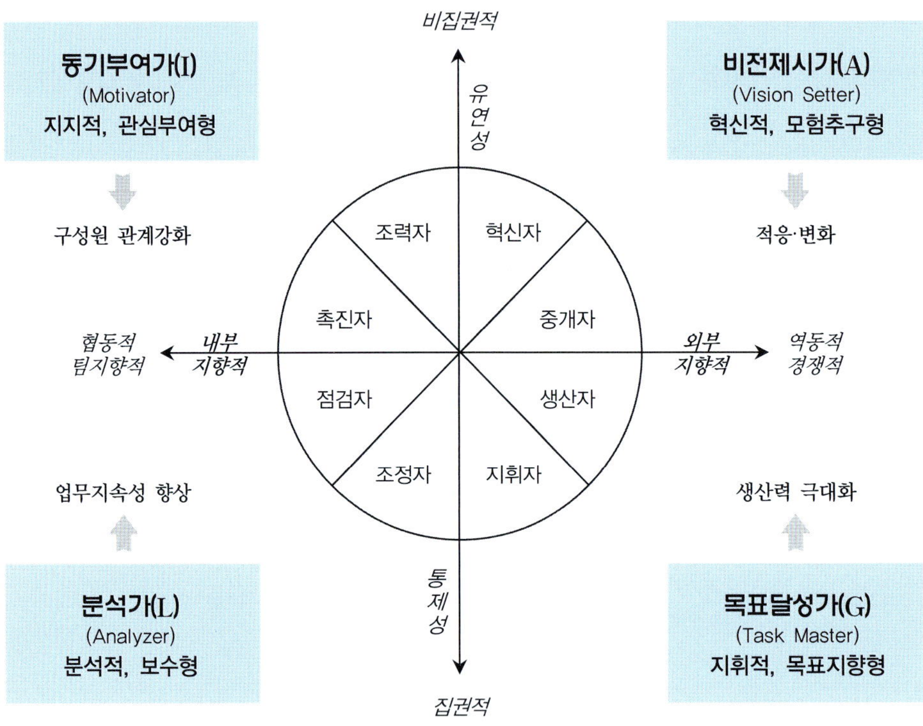

출처: Quinn, R. E.(1988). *Beyond rational management Mastering the paradoxes and competing demands of high performance*. San Francisco, CA: Jossey-Bass Publishers; 신준섭(2000) 참고로 재구조화 함.

[그림 4-6] Quinn의 경쟁적 가치 리더십

2. 리더십 귀인 이론

이 이론은 귀인 이론(attribution theory)을 리더십의 영역으로 확장한 것이다. 리더십이란 단지 다른 사람에 대한 탓에 불과하다고 주장한다. 조직이 큰 성공을 하거나 큰 어려움을 겪으면 사람들은 그 원인을 리더십에서 찾는데, 조직의 성과나 직업만족도의 원인(탓)을 리더십으로 돌리게 되는 것이다. 상황에 대한 고려는 거의 하지 않고 리더의 어떤 특성(traits)이 그런 결과를 만들었다고 믿는 것이다.

일반적으로 '좋은 리더'는 머리가 좋고, 쾌활하며, 외향적이고, 말도 잘하고, 사려 깊고, 근면할 것이라는 생각을 갖고 있다. 그것이 실제 작업성과나 직업만족도와 관련이 있는지 없는지는 정확히 알 수 없는데도 일반적으로 그런 특성을 바람직한 리더의 특성이라고 생각하고 있는데, 특히 일이 잘 되거나 잘 안 되는 경우 리더가 그런 특성을 갖고 있어서 그렇다고 생각하는 것이다.

3. 카리스마적 리더십 이론

최근 하우스(House, 1977)에 의해 제시된 카리스마 리더십 이론(charismatic leadership)은 막스 베버(Max Weber)가 정리한 지배의 정당성 유형 중 하나인 카리스마적 지배를 리더십 이론에 반영한 이론이다. 리더는 추종자들과는 확실히 구별되는 초월적 능력인 카리스마를 보여줄 때 추종자들로부터 영웅적이고 탁월한 리더십을 인정받게 된다는 이론으로 특성 이론의 한 유형으로 볼 수 있다. 즉, 리더는 개인적 매력, 자신감(self-confidence), 바람직한 행동, 비전을 제시하는 능력, 비전에 대한 확고한 신념, 변화추진자(change agent), 환경에 대해 민감한 등을 보여주어야 하고, 추종자는 이에 대응하여 리더에 대한 존경, 권위에 순종, 변화에 대한 기대감 등으로 리더에 정신적으로 몰입할 때 카리스마 리더십이 형성되어진다.

이 카리스마 리더십은 안정된 상황보다는 위기나 어려움에 처한 상황에서 구성원들은 자신들보다 탁월한 능력을 가진 우월한 존재를 찾게 될 때 형성될 가능성이 높다.

4. 거래적·변혁적 리더십 이론

1) 거래적 리더십 이론

번즈(Burns, 1978)는 리더십을 서로의 동기수준을 높이기 위한 리더와 구성원 간의 상호작용 또는 교환 리더가 조직의 안정 또는 변화에 초점을 두는지에 근거하여 과정을 정의하였다. 즉, 안정지향의 리더십을 거래적 리더십(transactional leadership)이라고 하고, 변화지향의 리더십을 변혁적 리더십(transformational leadership)이라고 한다.

거래적 리더십 이론의 핵심은 리더와 부하 사이에 교환(exchange)이나 거래(transaction)가 일어나는 것이다. 이러한 과정에서 리더가 행하는 거래적 역할을 거래적 리더십이라고 한다. 거래적 리더십 과정에서 리더의 역할은 두 가지로 표현될 수 있다. 첫째, 원하는 결과를 무엇인가를 부하에게 주지시키는 일이며, 둘째, 달성(혹은 미달성)에 따라 부하가 어떤 보상(또는 벌)을 받게 되는지를 명백히 하는 일이다. 따라서 거래적 리더들은 부하들로 하여금 조직에서 요구되는 필수적인 노력을 경주하도록 자신감을 만들어 주기 위해 부하들의 역할과 과업의 요구조건을 명확하게 만들어 준다(엄자영, 2002). 거래적 리더들은 또한 부하들의 욕구나 그들이 원하는 바를 인식하고 있으며, 부하들의 노력에 대한 대가로 어떻게 만족을 시켜주어야 하는가를 명백하게 알고 있다. 이러한 리더－부하의 관계는 상호적이며 계획된 것 이상의 높은 수준의 성과를 기대하기에는 한계점을 지닌다(Cherrington, 1994). 따라서 거래적 리더들은 안정감, 임금인상, 그리고 승진과 같은 상황적 보상을 제시함으로써 종업원들을 관리하는 것이다.

2) 변혁적 리더십 이론

변혁적 리더십은 그 대상이 조직구성원이든, 집단이든, 또는 조직 전체이든 간에 변화를 주도하고 이끌어 가는 리더십에 초점을 맞추고 있다. 즉, 리더십이 조직구성원에게 미치는 실재적이고 실질적이며 강력한 영향을 강조하는 성격을 지니고 있다. 또한 리더십의 유효성을 가름하는 상황적 결정요인에 대해 논하고 있으며 이 이론이 제시하는 리더십의 내용이 변화나 위기에 직면한 조직상황에 효과적이라고 주장하고 있다(Bass, 1985).

변혁적 리더십 이론은 환경의 급변을 전제로 하고 있으며 효과적으로 주도하기 위해서는 조직이 궁극적으로 지향해야 할 바람직한 비전을 창출하고 그것을 구성원에게 전달하여 비전의 성취를 가능하게 하는 것이 중요하다 하겠다. 변혁적 리더십 이론은 변화주도 측면을 중점적으로 다룸으로써 전통의 리더십 이론이 상대적으로 미약했던 부분을 보완시켜 주고 있다(엄자영, 2002).

〈표 4-5〉 거래적 리더십과 변혁적 리더십의 비교

구 분	거래적 리더십	변혁적 리더십
목 적	현상 유지	변화
활 동	규정 또는 규칙에 의거	규정 또는 규칙의 변화
보 상	개인적	비개인적
리더-추종자의 관계	상호 의존적	상호 독립적
과 업	일상적	비일상적

출처: Shortell & Kaluzny(1994).

5. 섬김의 리더십 이론

섬김의 리더십(servant leadership)은 최고관리자가 조직에서 군림하지 않고 구성원들을 섬기며, 그들이 일을 잘 수행할 수 있도록 적극적으로 동기부여를 하면서 리더십을 발휘하는 것이라 할 수 있다. 인간존중을 바탕으로 리더가 구성원들에게 봉사함으로써 구성원들이 잠재력을 발휘할 수 있도록 도와주고 이끌어 주는 것이 요체이다.

스피어스(Spears, 1998)는 21세기에는 권위적이고 위계적인 리더십은 점차 약화될 것이고, 개인적 관심과 배려, 공동체의식의 강조, 협동, 윤리성을 토대로 조직의 질을 향상시키고 근로자의 개인적 성장을 촉진시키는 리더십의 필요성이 부상할 것으로 예상하면서 섬김의 리더십이 갖는 의미를 강조한다. 따라서 리더십은 주로 비영리조직 등의 서비스 조직의 리더십 연구에서 많이 고려되고 있다.

비영리조직의 리더들에게 요구되는 관심사안과 담당해야 할 과업을 살펴보면 다음과 같다(고명석 외, 2016).

첫째, 정치, 경제, 사회적 환경변화를 인식하면서 조직의 비전을 확인하고 사명과 목표를 보다 구체화하고, 이러한 바탕 위에 올바른 서비스 수혜대상 선택 및 장기적 효과성 확보를 위한 조직의 포지셔닝을 위한 전략개발을 한다.

둘째, 제한된 물적, 인적 자원 문제와 외부 환경변화에 대해 유연성과 혁신적 전략을 통한 신속한 적응과 조직 안정성 확보, 또한 장기적 측면에서 효과성 평가와 효율적 관리를 위한 지표개발을 한다.

셋째, 조직 사명의 효과적 수행을 위한 이사회 member의 구성, 효과적인 리더, 관리자와 전문적 스텝의 고용과 개발, 동기부여, 그리고 이를 통한 프로그램 질 향상 및 관리를 한다.

넷째, 조직의 건전한 재정 확보, 활동의 윤리성 확보, 활동에 대한 책임성을 확보한다.

다섯째, 공공, 사적, 매스컴, 비영리 영역의 관계자들과 우호적 관계유지, 협력 및 연대구축을 위한 노력과 홍보를 한다.

여섯째, 서비스 수혜자, 공공 및 사적 영역의 파트너, 기부자, 자원봉사자들의 상충되는 이해와 요구를 조정하고, 서비스의 효율적 제공을 위한 적절한 자원배분을 한다.

토론해 보기

- 여러분이 생각하는 리더십이란 무엇인지 서로 토론해 봅시다.
- 리더십은 왜 필요한지 여러분의 생각을 서로 토론해 봅시다.
- 리더십 이론에 대해 여러분의 생각을 서로 토론해 봅시다.

참고문헌

고명석 외(2016). 사회복지행정론. 동문사.

곽현식(2008). "사회복지기관 최고관리자의 리더십 유형이 조직효과성에 미치는 영향에 관한 연구". 신라대학교 대학원 석사학위논문.

김익균 외(2011). 사회복지행정론. 정민사.

김인혁 외(2011). 사회복지행정론. 양서원.

김형식 외(2009). 사회복지행정론. 양서원.

남일재 외(2011). 현대 사회복지행정의 이해. 정민사.

박차상 외(2011). 사회복지행정론. 창지사.

백기복(2005). 리더십리뷰. 창민사.

배정훈(2009). 조직관리와 리더십. 형설.

신준섭(2000). "사회복지환경변화와 리더십". 한국정책과학학회보, 제4권 제1호. 47-74.

엄자영(2002). "사회복지관 관장의 변혁적 리더십이 직무만족, 조직몰입에 미치는 영향: 팔로어십의 조절효과를 중심으로". 이화여자대학교 대학원 석사학위논문.

이상구 외(2009). 사회복지행정론. 학현사.

이선미(2003). "사회복지관장의 리더십과 조직효과성에 대한 관계연구". 가톨릭대학교 사회복지대학원 석사학위논문.

최성재 · 남기민(2002). 사회복지행정론. 나남.

최성재 · 남기민(2008). 사회복지행정론. 나남.

홍봉수 외(2019). 사회복지행정론. 공동체.

홍이순(2011). "사회복지생활시설 사무국장의 리더십이 종사자의 조직몰입에 미치는 영향". 목포대학교 대학원 석사학위논문.

황성철 외(2010). 사회복지행정론. 학현사.

Austin, D. M.(1989). Self efficacy : Toward a unifying theory of behavioral change. *Psychological Review*, 84. 191-215.

Bass, B. M.(1985). *Leadership and performance beyond expectations*. New York: Free Press.

Burns, J. M.(1978). *Leadership*. New York: Happer & Row.

Fleishman, E. A.(1973). Twenty Years of Consideration and Structure. in E. A. Fleishman & J. G. Hunts(Eds.), *Current Development in the Study of Leadership*. Carbondale: Southern Illinois University.

Gutknecht, D. B. & Miller, J. R.(1986). *The Organizational and Human Resources source book*. Lanham : University Press of America. Inc.

House, R. J.(1971). A Path goal Theory of Leader Effectiveness. *Administrative Science Quarterly*, 16.

Koontz, H. & Donnell, C.(1976). *Management: A System and Contingency Analysis of Managerial Function*(6th ed.). New York: McGraw-Hill Book, Co.

Mann, R. D.(1959). A Review of The Relationship between Personality and Performance in Small Groups. *Psychological Bulletin*, 56. 241-270.

Quinn, R. E.(1988). *Beyond Rational Management : Mastering the Paradoxes and Competing Demands of High Performance*. San Francisco: Jossey-Bass.

Robbins, S. P.(1984). *Essentials of Organizational Behavior*. Englewood Cliffs, NJ: Prentice-Hall.

Shortell, S. M. & Kaluznym A. D.(1994). *Health care management Dynamic Management and behavior*(3rd ed.). Albany, NY: Delmar publishers Inc.

Stogdill, R. M. & Shartle, C. L.(1955). *Methods in the Study of Administrative Leadership*. Columbus: Ohio State University Press.

Stogdill, R. M.,(1974). "A survey of the theory an research". *Handbook of leadership*(1st ed.). New York, McGraw-Hill Book. Inc.

Tarcher, M.(1966). *Leadership and Power of Ideals*. N.Y.: Harper and Row.

5 기획과 통제

제1절 기획

1. 기획의 의의와 특성

1) 기획의 개념 및 원리

기획(planning)은 사회복지행정에서 필수적인 과정이다. 기획의 정의된 개념을 여러 학자들의 개념을 통해 알아보고자 한다.

드로르(Dror, 1968)는 최적의 수단을 통하여 목표를 달성하기 위한 미래의 행동에 대한 일단의 의사결정을 준비하는 과정이라 정의하고 있고, 길버트와 스펙트(Gilbert & Specht, 1986)는 기획을 통찰력, 체계적 사고, 조사, 행동 노선, 대안의 선택에서 가치선호의 행사를 통해 문제를 해결하고 장래 일의 방향을 통제하려는 의도적 시도라고 정의하고 있다.

최성재와 남기민(2006)은 목표를 달성하기 위한 장래의 행동에 관하여 일련의 결정을 하는 과정이라 정의하고 있다.

이들의 정의에서 기획이란 '목표의 설정과 그 목표를 달성하기 위한 가장 좋은 수단들을 결정하는 계속적인 준비과정'이라고 할 수 있다. 따라서 기획이란 여러 가지 정보를 종합하여 목표달성을 위한 여러 가지 대안을 모색하고, 그 중에서 최적의 대안을 선택하는 미래지향적이고 지속적이며 능동적인 의사결정 과정이라고 할 수 있다(최신용 외, 2001).

사회복지행정에 있어서 기획은 다음과 같은 원리로 운용되고 있다(김치영 외, 2006).

① 최적화의 원리: 제어수단과 사회적 자원 등의 제약조건 아래 제어목표를 최대화 내지 최소화하는 것을 의미한다.
② 규범의 원리: 어떠한 특정의 이념, 가치기준에 입각하여 계획화를 행하는 원리이며, 그와 같은 가치기준은 어떤 방법으로 계량화되어 있는 경우와 계량화되어 있지 않은 경우가 있다.
③ 허용의 원리: 어떠한 제약조건 아래에서 제어목표가 일정한 범위에 떨어지도록 계획화를 행하는 원리이며, 이 원리는 최적화 원리를 일반화한 것이다.

기획에 관한 여러 학자들의 정의를 살펴보면 다음 〈표 5-1〉과 같다.

〈표 5-1〉 **기획에 관한 여러 학자들의 정의**

학 자	정 의
Chadwick	인간이 장래에 관해서 미리 사고하는 과정
Newman	무엇을 할 것인가를 사전에 결정하는 대단히 광범위한 인간형태
Stone	장래의 경영을 가능한 한 정확하게 예측하고 통제하려는 신중히 준비된 노력
Dror	최적의 수단을 통하여 목표를 달성하기 위해서 미래의 행동에 대한 의사결정을 준비하는 과정
Waterston	국가발전 목표를 효율적으로 달성하기 위한 수단
Waldo	인간생활에 과학을 활용함으로써 목적을 구현하는 수단
Friedmann	인간이 공동의 장래를 설계하려고 노력하는 활동이며 사회적 선을 증진
Gulick	사업을 위해 설정된 목적을 달성하기 위하여 수행되어야 할 방법을 짜내는 것
Pfiffner & Presthus	보다 나은 결정을 하기 위한 수단

학 자	정 의
최성재 · 남기민	목표를 달성하기 위한 장래의 행동에 관하여 일련의 결정(의사결정)을 하는 과정
국가자원위원회	인간이 갖고 있는 최선의 지식을 공공 분야 내에서 공통점을 띠고 있는 사업을 추진하는 데 체계적이고 계속적이며 선견성 있게 적용하는 것

출처: 배은영 외(2010).

2) 기획의 특성

기획을 본질과 효율적 측면에서 좀 더 살펴보면 다음과 같다(Perry & Rosenthal, 1993).

(1) 미래지향성

기획활동은 '미래'의 기관목표를 설정하고 이를 달성하기 위한 '미래'의 행동을 규정한다.

(2) 계속성

기획활동은 미래활동에 대한 '연속적'인 준비과정이다. 따라서 단일과업이 아닌 계속적으로 진행되는 의사결정 활동이다.

(3) 적응성

기획활동은 조직의 외부환경 변화에 '적응'하기 위한 노력이다.

2. 기획의 필요성

기획의 필요성은 경영과 관리에서 오랫동안 강조되어 왔다. 최근에 와서야 사회복지행정에서도 기획과정에 관심을 기울여 왔다. 톰슨(Thompson)은 기획이란 권력을 위한 내적 충동(intrinsic drive)을 지니고 있다고 말한다.

사회복지행정에서 기획이 필요한 이유를 다음과 같이 제시하고 있다(Skidmore, 1995).

(1) 효과성 증진을 위해 필요하다.

사회복지행정이 클라이언트에게 제공한 서비스는 그의 문제나 욕구를 해결하는 데 효과가 있어야 한다. 계획된 활동이 아니라면 그 결과는 바라는 대로 달성되지 않을 수도 있다.

(2) 효율성 증진을 위해 필요하다.

사회복지 인력과 자원은 제한되어 있으므로 최소의 비용과 노력으로 효율적인 서비스를 제공하기 위해서는 면밀한 기획이 필요한 것이다.

(3) 책임성 증진을 위해서 필요하다.

사회복지행정은 사회의 인가를 받아 국고와 개인의 기부금을 사용하고 있기 때문에 목표하는 서비스를 효과적이고 효율적으로 제공할 책임을 져야 하고 책임 수행을 위한 서비스 기획이 필요하다.

(4) 사회복지조직의 사기 앙양을 위해서 필요하다.

기획과정에는 많은 조직 성원이 참여할 수 있고 참여를 통한 조직 성원의 기여와 성원들의 의견수용이 수반된다. 성원들은 자신의 참여로 계획이 이루어진 데 대한 인정과 성취감을 얻을 수 있기 때문에 조직 성원의 사기를 높일 수 있다.

3. 기획의 유형

기획의 유형에는 기준에 따라 조직의 위계수준에 따른 유형, 시간 차원에 따른 유형, 대상에 따른 유형, 월터 엘러(Walter Ehlers)가 제시한 유형이 있으며, 구체적인 내용을 살펴보면 다음과 같다.

1) 조직의 위계수준에 따른 유형

조직의 위계수준에 따라 기획의 유형을 다음 〈표 5-2〉과 같이 분류할 수 있다(Mcfarland, 1970).

① 최고관리층의 기획에서는 조직의 정책, 목표, 장기적 계획, 조직 전체에 관련된 내용을 기획한다.

② 중간관리층의 기획에서는 사업계획이나 할당, 하위목표와 같은 보완적 목표 수립을 위한 기획을 한다.

③ 감독관리층의 기획에서는 구체적 사업계획과 운영, 단기적 목표 수립에 관한 기획을 한다.

④ 관리실무자의 기획에서는 일상적 업무나 프로그램 수행절차와 관련된 기획을 한다.

〈표 5-2〉 **조직의 위계수준에 따른 기획의 유형**

위계수준	기획의 유형
최고관리층	목표, 정책, 장기기획, 조직 전체 영역
중간관리층	할당, 사업기획, 보완적 목표, 정책
감독관리층	구체적 사업기획, 일정표, 단기목표, 운영기획
관리실무자	일상적 업무 및 사소한 절차에 국한

출처: 성규탁(1993).

2) 시간 차원에 따른 유형

(1) 장기기획

장기기획은 대체로 10년 내지 20년의 기간에 걸쳐 시행하는 기획이며, 외부환경을 중시하고 주기적으로 조직의 목적과 목표를 재설정한다.

장기기획은 창의성과 미래에 대한 비전을 가지며 기대할 수 있는 효과가 여러 가지가 있다.

① 중・단기계획을 보다 합리적으로 수립할 수 있는 테두리를 제공한다.
② 사업 전체를 바라보는 시야를 넓혀줌으로써 적절한 사업 준비를 할 수 있다.
③ 대국적인 상호협조와 조정을 용이하게 한다.
④ 자원의 합리적 배분 및 활용과 각종 위험을 사전에 예방할 수 있다.

(2) 중기기획

중기기획은 대체로 3년 내지 7년의 기간에 걸쳐 시행하는 기획이며 가장 보편적으로 5개년 계획이다. 장기계획에서 제시된 장기적 소요 또는 목표를 충족시키기 위한 중간단계로서 5년 후까지 도달하고자 하는 실제적인 목표를 설정하고, 단기기획에 대한 기준과 지침을 제공한다.

(3) 단기기획

단기기획은 장기기획에 근거한 1년 미만의 사업기획이다. 단기기획은 구체적, 행동지향적인 실행방법에 관한 것이다. 조직의 하위층에서 상위층으로 올라감에 따라 단기기획으로부터 장기기획으로 책임이 높아진다. 단기기획은 장기기획과 상호 밀접한 관련성을 가지고 장기기획 속에 통합되어야 한다(최성재·남기민, 2006).

3) 대상에 따른 유형

(1) 전략기획

전략적 기획은 조직의 구체적 목표의 설정 및 변경, 구체적 목표달성을 위한 자원 및 그 자원의 획득, 사용, 분배를 위한 정책을 결정하는 과정, 즉 목표 설정, 우선순위, 자원 획득 및 분배를 말한다.

(2) 운영기획

운영기획은 획득된 자원이 조직의 목표를 효과적으로 달성하기 위하여 사용되도록 하는 과정, 즉 자원의 관리이다.

4) 월터 엘러(Walter Ehlers)가 제시한 유형

(1) 자원기획

자원기획은 재정기획, 시설 및 장비 기획, 소비물자 기획, 인적자원 기획 등 네 가지로 구분할 수 있다.

① 재정기획: 기관이나 프로그램의 재정상태를 예측하기 위한 기획이다. 성공적인 재정기획을 하기 위해서는 특정한 기획기간 동안 기관이나 프로그램의 재정상태를 예측하는 능력이 필요하다.

② 시설 및 장비 기획: 사회복지조직의 목표달성을 위하여 필요한 시설이나 장비에 관한 기획이다. 시설이나 장비에 관련된 기술은 잘 개발되어 있다. 대부분의 이러한 기술들은 조직의 기획을 용이하게 하는 조사방법의 체계적인 적용이나 O・R 기법에서 발전되었다.

③ 소비물자 기획: 사회복지조직의 목표달성을 위하여 필요한 소비 물자에 관한 기획이다. 즉, 끊임없이 소모되고 대치되는 서류용지, 필기용구, 기록 보관철 등과 같은 것이다.

④ 인적자원 기획: 사회복지조직의 목표 달성을 위하여 필요한 인적자원에 관한 기획이다. 즉, 인적자원 확보, 개발, 보상, 유지관리, 노사관계에 관련된 기획이다.

(2) 프로젝트 기획

프로젝트 기획이 중요한 두 가지 이유는 다음과 같다.

① 직접 활동에 참여하는 것보다 노력의 질적인 측면에서 낫다.
② 프로젝트를 완성하는데 시간이 적게 들기 때문이다.

적절하게 기획된 프로젝트는 보통 8가지의 단계로 구성되며 이 중 7단계는 개별 프로젝트이며, 나머지 한 단계는 집단 프로젝트를 위한 것이다(김치영 외, 2006).

① 프로젝트 요구사항의 인식과 명확화
② 이전의 경험, 조사, 견해 등과 같은 기술을 사용한 자료수집
③ 기본적인 접근방법에 관한 잠정적인 결정
④ 기본적인 활동계획의 설계
⑤ 프로젝트 계획의 검토
⑥ 집단 프로젝트의 경우 과업할당과 프로젝트 시작 일자의 결정
⑦ 미리 선정된 기준에 따라 프로젝트의 점검 및 재조정
⑧ 종료 일자와 보고서 전달방법의 결정

(3) 사회복지행정가 개인기획

개인기획이란 자신의 목표를 설정하고 취해야 할 활동과정을 기술하는 것을 포함한다. 개인적인 목표를 성취하기 위하여 계획을 수립하는 것으로 고려해야 할 요소는 다음과 같다(김치영 외, 2006).

① 고정요소 및 한계요소 이해: 계획을 수행하면서 불가피한 변화들을 예상할 수 있어야 한다.

② 유사한 과업이나 프로젝트 참조: 유사한 과업이나 프로젝트를 가진 다른 사람들의 이전의 경험을 활용하여 계획을 설계하는 것이다.

③ 실현가능성 확인: 계획이 실현가능한지를 확인하여 보는 일이다.

④ 점검지점(check point) 확인: 점검지점에 도달할 때마다 자신의 진보를 평가하고 필요한 경우 계획을 수정하는 것이 필요하다.

4. 훌륭한 기획의 특징

효과적인 관리를 수행하는 기관들의 기획과정에는 많은 특징들이 나타나고 있다. 트레커(Trecker)는 훌륭한 기획의 특성을 다음과 같은 여섯 가지로 기술하였다(장인협 역, 1982).

① 신중성이다. 기획은 고위관리자의 관리기능으로서 역할을 나타내는 것으로 그것을 타인에게 위임하거나 소홀히 다룬다면 기관에 악영향을 초래한다.

② 청사진을 제공하여야 한다. 현재에서부터 미래까지 지속성을 지녀야 하는 것으로, 오늘의 결정은 내일의 기관을 이룬다는 것을 생각해야 한다.

③ 질서 정연하여야 한다. 그것은 목표 설정으로부터 목표달성에 필요한 프로그램으로 합리적인 방법으로 전환하는 것이다. 그것은 우연적이거나 비공식적일 수 없다.

④ 명료성을 유지하여야 한다. 효과적인 기획은 목적, 프로그램, 책임, 관계 등이 명확해야 한다. 즉, 결과가 뚜렷해야 한다는 것이다.

⑤ 역동성을 가지고 있어야 한다. 변화하는 조건들과 새로운 발전들을 고려하고 변화에 상응하기 위한 적응성을 길러야 한다.

⑥ 행동성을 가져야 한다. 기획은 목적과 프로그램을 결정하는 과정이 실제로

목적달성을 위해 필요한 활동을 일으키도록 돕는 방법으로 수행되어야 한다.

5. 기획의 과정

1) 일반적인 과정

기획의 과정이란 첫째, 일련의 목표를 설정하고 그 목표를 달성하기 위한 계획을 마련하여 실행하고, 둘째, 실행된 결과와 의도한 결과와의 일치 여부를 확인하는 평가 및 통제하는 과정으로 나누어 볼 수 있다. 이것은 현재의 위치, 앞으로의 목적지, 그리고 그 목적지에 도달하는 방법 및 평가의 고찰을 의미한다. 사회복지행정의 기획과정은 기본적으로 기업의 기획과정과 유사하지만 약간의 다른 강조점을 갖고 있다(성규탁, 1993).

요크(York, 1982)는 기획의 과정을 연속적이고 상호 관련된 과정이라 보고 있으며, 다음과 같이 네 가지를 언급하였다.

① 문제 확인
② 목표 설정
③ 프로그램 설계
④ 평가

드러커(Drucker)는 기획과정을 다음과 같이 다섯 가지를 언급하였다.

① 목표 설정
② 목표의 우선순위 결정
③ 자원의 식별
④ 행동적 프로그램의 실행
⑤ 통솔의 유지

쿤츠(Koontz) 등은 다음과 같이 여섯 가지를 언급하였다.

① 목표 설정
② 기획과정의 설정
③ 대안적 행동의 모색과 시험
④ 대안적 행동의 평가
⑤ 행동노선의 선택
⑥ 파생계획의 수립

한편 스키드모어(Skidmore, 1983)의 사회복지행정의 기본적인 기획과정 단계를 다음과 같이 각 단계별로 살펴보고자 한다.

① 목표의 설정: 목표란 사회복지기관 및 시설 등이 달성하고자 하는 활동지표 내지 활동목표라 할 수 있다. 특히 사회복지기관 및 시설이 유지되고 그 발전을 도모하기 위해서 기관 내·외의 환경과 긴밀한 상호작용의 관계를 원활히 가지면서 사회복지조직의 운영방향을 결정짓는 목표 설정에 있어서 고려하여야 할 점은 다음과 같다.
- 민주적 과정
- 전문가 집단 활용
- 상향된 목표 설정
- 환경적 요인 고려

② 기관자원의 고려: 기관의 인적, 물적 자원을 고려하는 것이다.
③ 대안들의 열거: 목표에 도달할 수 있는 여러 가지 대안들이 고려되어야 한다.
④ 각 대안에 대한 결과 예측: 특별한 활동이 있으면 발생할 것으로 예상되는 미래에 대한 전망이다.
⑤ 최선의 계획 결정: 주의 깊고 세심한 분석이 이루어지면, 어느 것이 분별 있는 선택인지를 결정하여야 한다.

⑥ 구체적인 프로그램 수립: 합의된 목표에 도달하기 위하여 구체적인 프로그램을 형성하는 단계이다.

⑦ 변화에 대한 개방성 유지: 전체 기획과정에서 매우 중요하다.

위의 각 단계들은 항상 질서정연하게 순서대로 움직이는 것은 아니다. 뛰어넘기도 하고 서로 겹치기도 한다. 따라서 기획에 있어 필수적인 개방성과 융통성은 있어야 하며 경직성은 회피되어야 할 것이다.

2) 전략적 기획

(1) 개념

전략적 기획은 전략과 기획을 합성한 개념이다. 여기에서 '전략적'의 의미는 일상적과 대비되는 개념으로서, 즉 과거에 행해 온 일상적 방법으로는 목표달성이 불가능하기 때문에 새로운 방법으로 목표달성을 추구하는 기획이다(김문성, 2000).

(2) 특성

① 전략적 기획은 경쟁에서 이기기 위한 기획이다.

② 전략적 기획은 환경변화에 특히 민감하게 대응해야 한다.

③ 조직의 구체적인 목표의 설정 및 변경, 그 목표를 달성하기 위한 자원의 획득과 사용 및 배분을 위한 정책을 결정한다.

④ 목표 설정과 우선순위의 설정 및 자원 획득과 분배에 대한 기획과정을 다룬다.

(3) 전략적 기획의 과정

전략적 기획의 과정을 일곱 가지로 나누어 살펴보면 다음과 같다(김형식 외, 2010).

① 전략적 기획을 합의한다.

② 기관의 환경을 분석한다.

③ 쟁점을 구체화한다.

④ 기관의 사명이나 사업목적을 재설정한다.

⑤ 전략을 설정한다.

⑥ 기획안을 작성한다.

⑦ 수립된 기획을 실행, 평가한다.

6. 기획안 작성기법

1) 프로그램 기획 기법

(1) 시간별 활동계획 도표(Gantt Chart)

산업공학자 헨리 간트(Henry L. Gantt)에 의해 개발되었다. 간트 기법은 특정 활동과 이에 소요되는 시간의 두 가지 요인으로 구성되어 있어 여러 활동 간의 선후관계를 명확히 나타내는 장점이 있다. 또 기획된 활동이 일정대로 진행되고 있는지를 쉽게 파악할 수 있게 한다. 그러나 간트는 많은 활동들을 필요로 하는 복잡한 기획활동의 경우 활동 간의 상호관계를 도표로 나타내는 것에는 한계가 있는 기법이다(김형식 외, 2010).

(2) 프로그램 평가 검토 기법(PERT/CPM)

프로그램 평가 검토 기법으로 불리는 PERT는 프로젝트의 일정관리를 위해 1950년대에 미국 해군에 의해 개발된 기법이다. PERT는 새로운 프로젝트와 같이 활동의 소요시간 예측이 어려운 경우에 주로 활용되며, PERT 도표의 구성요소는 다음과 같다.

〈표 5-3〉 간트 차트의 예(방과 후 교육을 위한 자원봉사 교사파견 사업)

구분	월별진행계획								비고
	5월	6월	7월	8월	9월	10월	11월	12월	
홍보와 자원봉사 회원모집	→								
방과 후 프로그램 실시기관 발굴	→	→							
아동복지에 대한 전반적인 교육실시 및 간담회	→				→				
방과 후 교육 교사단 파견	→		→	→	→	→	→		
평가회								→	

출처: 신복기 외(2011).

① 주요 활동의 항목과 내용
② 주요 활동의 선후 관계
③ 주요 활동의 추정 소요시간

PERT 도표는 이 구성요소들을 그림으로 쉽게 한눈에 볼 수 있도록 한 것이 가장 큰 장점이다.

〈표 5-4〉 간트 차트와 PERT/CPM 비교

구분	간트 차트	PERT/CPM
장점	• 간단하고 작성 용이 • 개요 파악 용이	• 행동 간의 선후관계 파악 용이 • 주 경로 파악과 이에 대한 집중관리 가능
단점	• 총 소요시간 파악이 어려움 • 작업의 연관성 파악이 어려움	• 정확하고 타당성 있는 네트워크 구성이 어려움 • 도표 작성에 많은 시간과 노력 소요
용도	• 간단한 기획 • 시급한 기획	• 대형기획 • 인력 및 자원의 사용이 복잡한 경우

출처: 김형식 외(2010).

(3) 월별 활동계획 카드(Shed-U Graph)

이 기법은 미국의 Remington-Rand라는 회사에서 고안해 낸 기법으로서 간트 도표와 비슷한 성격을 가지고 있다. 이 카드는 업무시간에 따라 변경하여 이동시키는 데는 편하지만 간트 차트와 같이 과업과 완성된 행사들 간의 상관관계를 잘 알 수 없다.

〈표 5-5〉 월별 활동계획 카드의 예(노인 교통봉사대 프로그램 활동 계획)

7월	8월	9월	10월	11월
회원모집 및 관리	베스트 드라이버단 홍보	회원등록업체 발굴 및 관리	베스트 드라이버 회원파견	교통 안전자 및 운전자 소양교육 실시평가회 실시

출처: 신복기 외(2011).

제2절 통제

일반적으로 통제란 행정관리 상에 적용되는 활동으로서 행정의 실시가 기획한 데로 행하여지고 있는가의 여부를 확인하고, 기획과 실행 간의 격차를 바로 잡는 것을 말한다. 통제에는 내부통제와 외부통제가 있는데 기관이나 조직에서 주로 연구되는 것은 내부통제에 관한 것이다.

1. 통제의 의의와 특성

1) 통제의 개념

통제란 실행의 단계에서 기획대로 진행되는가를 검증하는 기능이라 할 수 있다. 통제의 의의는 행정에 있어서 기획을 통해서 형성된 목적가치가 실제로 달성되는가를 검증하고 시정 조치하는 데 있다(김치영 외, 2006).

2) 통제의 특성

통제는 그 본질상 사후에 행하여지는 것이 아니라 기획된 내용을 실제로 수행하는 과정에서 행해진다. 통제는 업무의 진행상태를 항상 명백히 파악하면서 발견된 사실에 입각해서 기획과 실시와의 차이를 분석하고 시정 조치하는 것이다.

2. 통제의 원칙과 과정

1) 통제의 원칙

기관에서 통제를 할 때에는 다음과 같은 원칙을 준수하여야 실행의 소기의 목표를 거둘 수 있다(김치영 외, 2006).

① 즉시 조치의 통제 원칙

통제는 기획과 실행 간에 차이가 발견되면 즉시 조치를 강구하여야 한다. 조치를 회피하고 시기를 놓치면 실효성을 거두기가 어렵다.

② 적절성의 통제 원칙

너무 사소한 문제까지 통제하는 것은 오히려 업무활동을 위축시킬 가능성이 높다 그러므로 적절한 통제를 하여야 한다.

③ 인간적인 배려의 원칙

통제기능을 행사하는 행정가가 기획과 실행 간의 차이에 대하여 그 원인 규명이나 시정조치를 하려고 할 때, 감정적인 처리를 억제하고 부하직원의 애로와 고충을 이해하는 인간적 바탕에서 접근해 나가야 한다.

④ 객관적인 통제 원칙

모든 통제수단이 통제효과를 가져올 수 있는 것은 아니다. 상황에 따라 객관적인 통제수단과 방법을 선택하여 효용성이 있는 통제를 하여야 한다.

⑤ 융통성 있는 통제 원칙

상황변화에 따른 기획 안의 변경, 예기치 않았던 사태 발생 또는 실패 등에 당면해서도 적용할 수 있는 융통성을 지녀야 한다.

⑥ 기획과 실행의 차이를 통한 통제 원칙

활용되는 모든 숫자나 보고는 기획기준과 실행기준을 비교할 수 있어야 한다.

⑦ 업무의 전반적인 흐름에서의 통제 원칙

통제를 함에 있어서 업무의 흐름과 상황은 전반적인 관점에서 파악되어야 하며, 부분적인 파악보다는 업무 전체를 균형 있게 파악하여야 한다.

2) 통제의 과정

기관에서의 통제는 다음과 같은 통제의 과정을 통하여 실시되어야 한다(김치영 외, 2006).

① 통제기준 설정하기

통제기준은 정하여진 목표를 구체적으로 분할하여 설정하는 것이다. 즉, 기획과 실시를 대조하면서 조절할 수 있는 중요한 통제점을 정리하되 가능한 계량적으로 설정해야 한다.

② 현재 상황 파악하기

현상 파악의 방법은 관찰, 구두보고, 보고서 제출 등에 의하여 실시할 수 있다.

③ 비교·검토 및 평가

기준과의 다른 점을 명백히 하고 제 조건의 문제점을 분석하며, 전체적인 관점에서 평가하여야 한다.

④ 시정조치

가장 중요한 단계라고 할 수 있으며, 시정조치를 행함에 있어서 설정된 기준에 도달하지 못하게 된 원인을 파악해서 그 원인을 제거하는데 노력하는 것이 중요하다. 또한 시정조치에서 인적, 물적 조건을 적정화하고, 필요한 경우에는 기획한 자체를 수정하거나 업무수행방법의 개선을 도모해야 한다. 그리고 시정은 가능한 자율적으로 행하도록 하는 것이 바람직하다.

토론해 보기

- 기획의 필요성과 중요성에 대해 여러분의 생각을 서로 토론해 봅시다.
- 적절한 통제는 기관의 업무에 긍정적인 영향을 미치기도 합니다. 그렇다면 통제가 필요한 이유에 대해 여러분의 생각을 서로 토론해 봅시다.

참고문헌

강태룡 외(1999). 기획론, 서울: 대왕사.
김문성(2000). 행정학의 이해. 서울: 박영사.
김치영 외(2006). 사회복지행정론. 21세기사.
김형식 외(2010). 사회복지행정론. 도서출판 동인.
배은영 외(2010). 사회복지행정론. 공동체.
신복기 외(2011). 사회복지행정론. 공동체.
성규탁(1993). 사회복지행정론. 서울: 법문사.
우종모 외(2004). 사회복지행정론. 경기: 양서원.

최성재 외(2006). 사회복지행정론. 나남출판.

최신용 외(2001). 사회복지행정론. 창지사.

Dror(1968). *Public Policy-Making Reexamined*. San Francisco: Chander Publishing Co.

Ehlers, Walter H., Michael J. Austin, & Jon C. Prothero(1976). *Administration for the Human Service*. New York: Harper & Row, Publisher.

Gilbert, N., & Specht, H.(1986). *Dimensions of Social Welfare Policy*. New Jersy: Prentice-Hall.

Skidmore, R. A.(1995). *Social Work Administration*(3rd ed.). Allynand Bacon.

Trecker, H. B.(1982) 장인협 역. 사회복지행정. 한국사회개발연구원.

York, Reginald O.(1982). *Human Service Planning : Concepts, Tool and Methods*. Chapel Hill, N.C.: The University of North Carolina Press.

6 의사결정과 의사소통

제1절 의사결정

1. 의사결정의 의의와 중요성

1) 의사결정의 정의

사회복지조직에서의 의사결정은 정책결정, 기획, 집행, 평가 등 행정의 근간을 이루고 있는 사회복지행정의 기본도구로 인식되고 있다.

사이먼(Simon, 1960)은 의사결정을 조직관리를 위한 가장 기본적인 활동으로 규정하였고, 더 나아가 의사결정 과정 자체를 경영(management)으로까지 표현하기도 하였다. 알버스(Albers)는 의사결정의 '협의'로는 여러 가지 행동방침 가운데서 하나를 선택하는 것을 의미하며, 광의로는 최종선택 이전에 취해야 할 모든 행동들을 다 포함한다고 정의하였다.

헝게이트(Hungate)는 의사결정이란 가능한 여러 가지 행동방침들로부터 선택된 하나의 특정한 행동방침으로써 문제를 해결하기 위한 행동을 고안해 내는 방법을 제공해 준다. 또한 의사결정의 장이 되는 것이 인간 상황이므로 문제해결과정에 있어서 인간적인 요소를 이해하는 것이 필수적이다. 따라서 어떤 문제에 직면해서 그 문제를 완전히 파악하고 문제의 복합적인 행동체계 내에서 문제를 이해한

후에야 비로소 의사결정이 가능하다. 의사결정을 수행하는 일은 모든 구성원들이 참여해야 하는 일이며, 의사결정이란 하나의 조직 내에서 전 구성원에 의해 모든 수준에서 이루어지는 것(장인협 역, 1982)이라고 정의하고 있다.

의사결정을 좁은 의미에서 본다면 특정한 문제해결을 위한 대안선택을 의미하지만, 좀 더 넓은 의미에서는 조직활동을 수행하기 위해 어떻게 조직을 구성하고, 어떤 인력을 어느 곳에 배치하며 또 어떠한 통제 및 조정의 노력이 필요한가를 결정하는 총체적 관리과정으로 규정할 수 있다(Weihrich & Koontz, 1993).

사회복지행정에 있어서의 의사결정은 행동목적을 달성하기 위한 두 개 이상의 가능한 행동방안 가운데서 최선의 방안을 선택하는 행위 또는 행동이라고 할 수 있다.

2) 의사결정의 중요성

스키드모어(Skidmore, 1983)는 의사결정 과정이 기관구성원의 사기와 밀접한 관계를 갖는다는 것을 지적하며, 이는 곧 사회복지기관의 서비스 전달의 효과성을 좌우할 수 있는 중요한 요인임을 강조하였고, 팩커드(Packard, 1989)는 실증적 연구를 통해 의사결정 과정에 대한 구성원들의 참여가 높을수록 업무 성과 및 만족도가 향상한 것을 밝혀내어 참여적 의사결정의 중요성을 시사하였다.

① 행정조직은 의사결정의 단위들로 연결된 망(網)이다.
② 행정과정이란 의사결정의 과정이다.
③ 의사결정은 경영의 본질이다.

2. 의사결정 시 고려사항과 의사결정의 유형

1) 의사결정 시 고려사항

의사결정 시 고려할 사항은 다음과 같다(강신택 외, 1988).

① 목표지향성

선택을 할 때 정책과 계획의 근본목표가 무엇인가를 의식해야 하고, 행동에 대안이 두 개 이상 있다는 것을 고려해야 한다.

② 사실판단과 가치판단

선택과정에 있어서 즉흥적인 경솔한 결정을 한다면 상부의 결정과 방침에 큰 영향을 미치게 된다. 따라서 행동의 목표를 선택하는 경우에는 그것에 포함된 가치를 판단해야 하고, 결정된 목표를 수행하는 경우에는 현실적인 사실을 판단해야 한다.

③ 계층적 구조

모든 결정에도 수직적인 계층적 서열이 존재한다. 따라서 상부의 결정은 바로 하부의 목표가 되지만, 하부의 목표선택이 그대로 상부에서도 선택되는 것이 아니다. 상부가 결정하는 대안 중의 하나가 되는 경우가 있다.

④ 대안의 한계성

모든 대안이 기본 정책을 만들고 수행하는 데 있어 완전한 것이 되기는 어렵다. 대안은 목표달성을 위한 최선, 최적의 것이 되는 경우가 일반적이다.

2) 의사결정의 유형

의사결정은 그 강조점에 따라 다양한 의사결정의 유형이 존재하지만, 절대적인 유형은 아니다. 이러한 다양한 의사결정의 유형에 대하여 살펴보면 다음과 같다

(Skidmore, 1983).

(1) 의사결정 주체에 따른 유형

의사결정은 개인이나 집단에 의해서 행하여질 수 있다. 보통 몇몇 핵심적인 개인들이 타인들의 사고와 감정에 영향을 미치는 의사결정에 주체적 역할을 한다. 이러한 의사결정 주체에 따른 유형은 개인에 의해서 이루어지는 개인적 의사결정과 집단에 의해서 이루어지는 집단적 의사결정 두 가지로 나눌 수 있다.

① 개인적 의사결정

최고 책임자가 수집한 자료와 정보 및 자신의 경험과 판단에 의해 혼자 결정하는 경우를 말하며, 개인적 의사결정 방법에는 첫째, 의사결정나무(decision tree analysis) 분석, 둘째, 대안선택 흐름도표(alternative choice flow chart)가 있다.

② 집단적 의사결정

하위구성원 혹은 전문가들의 의견을 종합하여 최고책임자가 결정을 내리는 경우를 말하며, 집단적 의사결정에는 첫째, 델파이(Delphi) 방법, 둘째 명목집단 기법(Nominal Group Technique)이 있다.

(2) 의사결정 구조화 정도에 따른 유형

의사결정의 구조화 정도에 따른 유형은 정형적 의사결정과 비정형적 의사결정으로 나눌 수 있다.

① 정형적 의사결정(programmed decision)

의사결정자가 일상으로 반복되는 업무에 대한 것과 발생한 문제에 대한 방법이 사전에 정해져 있는 결정을 행하는 것을 말한다.

② 비정형적 의사결정(non-programmed decision)

새로운 사태의 발생을 비롯하여 예측하지 못한 일과 중대한 주변 환경의 변동 등에 대처하기 위한 정책대안의 수립과 결정에 관한 것이다.

이상의 정형적 의사결정과 비정형적 의사결정을 전통적인 기법과 현재적인 기법으로 나누어 설명하면 〈표 6-1〉과 같다.

〈표 6-1〉 의사결정의 현대적 기법과 전통적 기법

의사결정의 유형	기 법	
	전통적	현대적
정형적 결정 1. 일상적, 반복적 결정 조직은 결정을 위한 특별한 처리과정이 마련되어 있음	1. 관례 2. 정해진 업무처리의 절차(일상적 사무규정/표준운영절차) 3. 조직구성원의 예측 가능한 업무세칙과 정해진 의사전달 통로에 의함	1. 정보의 수집과 계량화 2. 계수적으로 시험 · 평가함 3. 컴퓨터를 이용한 자료 처리 · 대안 작성 및 선택
비정형적 결정 1. 비구조적인 신규의 정책결정 일반적인 문제해결과정에 의해서 처리됨	1. 직관적인 판단과 창안 2. 경험에 의한 대안의 구상 3. 책임자의 엄선과 훈련에 의한 전문지식의 확보	자기 발견적 문제해결 기술 1. 의사결정절차 훈련 2. 대안발견을 위한 컴퓨터 프로그램 구성 3. 문제해결을 위한 여러 대안의 작성과 비교 · 평가 및 결정

출처: Simon, H. A.(1977).

(3) 의사결정 계층에 따른 유형

① 최고관리층: 전략적 의사결정을 한다.

② 중간관리층: 관리적 의사결정을 한다.

③ 슈퍼바이저: 업무적 의사결정을 한다.

3. 의사결정의 요소와 의사결정 방법

1) 의사결정의 주요 요소

개인 및 조직 의사결정에 중요한 영향을 미치는 주요 요인으로 합리성, 제한된 합리성, 정보, 시간이 있다.

(1) 합리성

의사결정은 이성적 판단을 기초로 문제해결을 위해 필요한 모든 가능한 대안을 수립하고 각각의 대안이 선택되는 경우에 예상되는 비용, 효과 및 결과를 비교 평가함으로써 최선의 대안을 선택하는 과정이라는 것이다.

사이먼(Simon, 1977)은 합리적 모델과 현실 사이에는 상당한 거리가 존재하고 있음을 지적하면서 목표의 설정, 대안의 모색과 분석, 선택 등 의사결정의 전 과정에 있어서 현실적으로 불가피한 불확실성(uncertainty)이 존재함을 주장한다.

(2) 제한된 합리성

의사결정은 객관적 사실이 아닌 주관적 합리성을 기초로 이루어지며, 더 나아가 객관적 현실이 아닌 단순화한 현실을 기초로 의사결정이 진행된다고 본다(Simon, 1977). 의사결정 행동은 인간 자신의 인간적 한계와 함께 여러 가지 현실적 제한으로 인해 극히 제한된 합리성의 범위 내에서 이루어질 수밖에 없다는 것이다.

(3) 정보

의사결정은 미래의 조직행동을 현재의 상황에서 결정하는 과정이기 때문에 특정 문제에 대한 정보획득 및 처리는 합리적 의사결정을 위해 매우 중요한 요인이 된다. 특히 미래에 대한 불확실성이 클 때 이 같은 정보획득의 중요성은 최적의 대안선택을 위하여 더욱 부각된다(김형식 외, 2010).

(4) 시간

아들러(Adler, 1977)는 과거에 대한 지식과 정보를 근거로 미래에 대한 결정을 시도하는 것이 의사결정자의 가장 큰 딜레마라고 지적한다.

2) 의사결정 방법

의사결정 과정은 사실과 감정의 조합을 포함하며, 유능한 행정가는 이러한 상황을 인식하고 감정을 허용하려고 노력한다. 카리슬(Carlisle)은 다음 세 가지의 의사결정의 방법을 제시하였다.

(1) 직관적(Intuitive) 결정

합리성보다 감정에 의존하여 결정한다. 사회복지사는 클라이언트와 함께 일을 할 때 이러한 방법을 종종 사용한다.

(2) 판단적(Judgemental) 결정

개인의 습득된 지식과 경험을 기초로 판단하여 결정하는 유형이다. 사회복지기관에서 사회복지행정가가 대부분의 의사결정 방법을 판단적 결정으로 행하는 것은 사회복지사로서 일정한 정도의 경력과 지식을 가지고 있고 그 과정에서 습득한 경험과 지식을 활용하여 합리적인 판단을 할 수 있기 때문이다.

(3) 문제해결적(Problem solving) 결정

즉각적인 결정이 필요하지 않고, 합리적이고 과학적인 절차를 모아 이루어지는 의사결정 방법이다. 문제해결적 결정의 단계는 다음과 같다(김치영 외, 2006).

① 불만족스러운 현재의 조건을 인식하고 미래의 바람직한 목표를 세운다.
② 목적의 어려운 점에 관련한 정보를 수집 · 분석한다.
③ 불만족스러운 조건을 나타내는 주변의 문제를 확인한다.

④ 문제해결을 방해하는 장애물을 입증한다.

⑤ 문제해결을 위한 대안을 개발한다.

⑥ 대안 평가를 위한 자료를 수집한다.

⑦ 선택한다.

⑧ 결정에 대한 지지획득과 결정을 수행한다.

⑨ 진행에 따른 피드백을 획득한다.

유능한 사회복지행정가는 의사결정을 결정할 때 어떠한 방법으로 결정을 하여야 할 것인지를 충분히 숙지하여 결정을 하여야 한다. 그러나 모든 의사결정 시 감정적 요소, 편견 등이 합리적 의사결정에 영향을 미친다는 것을 인정함으로써 보다 최적의 의사결정을 할 수 있도록 하여야 한다.

4. 의사결정의 이론모형

의사결정의 이론모형은 다음과 같이 구분할 수 있다(한동일 외, 2011).

1) 합리모형

합리모형은 의사결정에 필요한 모든 정보를 종합적으로 얻을 수 있고, 얻은 정보를 완전하게 처리하며, 의사결정참여자들이 고도의 합의가 가능하다는 것을 전제로 하는 이론이다(신복기 외, 2002).

합리모형을 구체적으로 나열해보면 ① 달성할 목표 전체를 열거하여 비교가치를 계산하고, ② 목표 외의 가치와 달성목록을 작성하며, ③ 대안을 모두 열거하여 비용과 이익의 비율을 확인하고, ④ 대안별 기대치를 효용단위별로 순이익을 산정하며, ⑤ 기대치를 비교하여 가장 큰 대안을 선택하는 이론이다(박용치, 1998). 이 모형은 조직의 목표를 달성하기 위한 합리적 대안을 선택한다는 점에서는 이상적 모형이나 의사결정 과정에서 개입할 수 있는 요인이 빠진 점에서 폐쇄이론이라고 할 수 있다(장동일, 2004).

2) 만족모형

만족모형은 합리모형의 현실적 제약점을 극복하기 위하여 제시되었으며, 현실적으로 만족할 만한 결정을 한다는 점을 중심으로 전개하는 이론이다. 만족모형의 장점은 실제에 적용하기 쉽고 인간이 가질 수 있는 형태학적 특성을 근거로 삼고 있다는 것이다. 단점은 환경적 요인을 크게 고려하지 못하며, 최종대안이 적정하기보다는 만족스러운 방향으로 결정되기 쉽고 만족도 기준 설정이 명확하지 않다는 점이다(장동일, 2004).

3) 점증모형

점증모형은 이상적 · 규범적 합리성보다는 시민과 정치인의 지지를 얻을 수 있는 정치적 합리성을 중요시한다. 이것은 정치 · 행정상의 의사결정을 하는 데 있어서는 항상 규범적이고 합리적인 결정을 하는 것이 아니라, 현실을 긍정하고 그것보다는 약간 향상된 결정에 만족을 하게 되는 것이 일반적이라고 한다. 점증모형의 장점은 현재의 상황에 가장 적은 저항을 받으며 문제를 효율적으로 해결할 수 있다. 단점은 현실유지적인 수준에서 문제를 해결하기 때문에 보수주의로 빠지기 쉽고, 상대적으로 안정되고, 균형된 조직에서는 적응이 가능해도, 급속한 환경의 변화에 점진적인 변화로 대응해야 하는 쇄신 · 혁신이 요구되는 조직에서는 적응하기가 어렵다.

4) 혼합모형

혼합모형은 기본적인 결정은 합리모형에 기초하지만 세부적인 결정은 점증모형을 따른다. 즉, 단기적이고 합리적인 대안을 찾아 처리할 수 있으며, 장기적으로는 현재의 상황을 반영해 나가는 안목이 있다(신복기 외, 2002). 혼합모형의 장점은 정책결정을 정치 사회화시킨다는 점이며, 단점으로는 실현의 불투명이 지적된다.

5) 최적모형

과거의 전례가 없는 전혀 예상 못한 새로운 문제해결을 위한 의사결정에는 경제적 합리성뿐만 아니라 창의성과 직관 등과 같은 초합리적 요소도 고려되어야 한다.

6) 잡동사니 통 모형

의사결정은 합리성을 기초로 이루어지는 것이 아니라 '조직화된 무질서 상태들(Organized Anarchies)' 속에서 나타나는 몇 가지 흐름에 의해 우연히 이루어진다.

7) 공공선택의 모형

공공선택의 모형은 정부 재정부분의 정책결정에 있어서 민주적 의사결정이 이루어지는 과정을 설명하고 있다. 공공선택의 모형에서는 공공정책을 한정된 공공재와 공공서비스를 사회에서 합리적으로 배분할 수 있는 수단으로 파악하고 있으며, 가장 합리적인 공공정책은 다른 조직의 가치를 해하지 않고 최선의 가치가 형성되는 이른바 '파레토 최적점(point of Pareto)'에서 결정된다고 보고 있다(우종모 외, 2004).

5. 의사결정의 단계

과학적 단계로 사회복지행정 및 실천에서 활용되고 있는 의사결정 단계는 다음과 같은 여러 학자들에 의해 제시되었다.

알버스와 멀피(Ables & Murphy)는 의사결정자가 조직의 어떤 측면이 옳지 않다고 인식하고 불만을 가지게 됨으로써 체계적인 의사결정 과정이 시작된다고 보고 그 단계 다섯 가지를 제시하고 있다. 즉, ① 문제정의와 욕구 규정, ② 관련정보 확보, ③ 해결대안의 개발 및 평가, ④ 최선책의 선택, ⑤ 대안의 실행 단계이다.

엘리온(Elion)은 의사결정의 단계를 의사결정자가 결론에 도달하기 전에 거치는 정신과정이라고 보고 ① 정보투입단계, ② 정보분석단계, ③ 성과측정의 특정화, ④ 대안 설정 및 예측단계, ⑤ 대안의 최종선택 등 다섯 가지 단계를 제시하고 있다.

스키드모어(Skidmore)는 의사결정 단계를 문제해결적 결정지침으로 즉, ① 상황과 문제의 정의, ② 관련된 사실의 수집 및 조사, ③ 대안 형성, ④ 대안의 결과 예상, ⑤ 감정의 고려, ⑥ 최적한 대안 선택, ⑦ 실천과 계속적 지지, ⑧ 융통성 발휘 등 여덟 가지 단계를 제시하고 있다.

일반 행정의 의사결정에서 여섯 단계를 제시하고 있다. ① 문제인지, ② 목표설정, ③ 정보수집과 분석, ④ 대안의 작성, ⑤ 평가, ⑥ 선택이다.

여기서는 사회복지행정과 실천에서 많이 활용되고 있는 스키드모어(Skidmore)의 의사결정의 단계를 설명하고자 한다.

■ 사회복지행정의 의사결정 지침

① 상황과 문제의 정의

사람과 그의 행동을 이해하기 위해서 자신들에 대한 이해와 감정뿐만 아니라 다양한 문제상황을 이해하는 것이다.

② 사실의 수집과 조사

상황과 문제에 밀접한 관계가 있는 자료를 수집하고 명백한 이해를 얻기 위해서 그것들을 조사하는 것이다.

③ 대안 형성

어떤 길을 택해야 할 것인가를 결정해야 하는 것이다.

④ 선택결과의 예상

각각의 선택과 우선순위를 이해하는 것과 병행에서 미래의 결과를 예상하는 것이다.

⑤ 감정의 고려

모든 행정가들이 다양한 감정을 가지고 있다는 것을, 그리고 그러한 각각의 감정이 특정한 결정을 내리는 데 매우 중요하다는 것을 인식하여야 한다.

⑥ 최선의 행동 선택

행정가들은 결정을 내리는 데 있어서 그들이 실수할 때도 있고 때때로 잘못된 선택을 내린다는 것을 인식할 필요가 있다.

⑦ 지속적인 추진

결정을 내리는 것도 중요하지만 그것이 목표를 향해서 수행되어질 수 있도록 계속 지지해 주는 것도 필요하다.

⑧ 융통성

실수가 행해지고 또 다른 대안이 더 바람직하다는 것을 인식하게 되었을 경우, 융통성은 더욱더 필요하다.

6. 의사결정의 제약요인

의사결정의 발생원인을 인간적인 요인, 구조적 요인, 환경적 요인 등의 세 가지로 구분할 수 있으며 구체적인 내용을 살펴보면 다음과 같다(Skidmore, 1983).

1) 인간적 요인

의사결정의 주체는 어디까지나 인간이며 의사결정자인 인간이 지닌 한계는 곧 의사결정의 제약요인으로 작용할 수 있다.

① 비합리적인 태도와 가치관

인간은 누구나 남과 다른 태도와 가치관을 지니게 마련이며, 이는 조직과 환경에 대한 개인의 인식방법을 형성하게 된다.

② 인간의 이기적 성향

인간은 자기 특유의 가치관이나 태도로 인해 의사결정의 전모를 파악, 이해하려는 노력보다는 자기에게 유익한 혹은 손쉬운 측면만을 인지하는 것이 일반적이다.

③ 장래에 대한 예측의 불완전성

인간이 아무리 노력하더라도 사물이나 대상을 완전히 이해할 수는 없으며, 더욱이 대안이 초래할 장래의 결과에 대해 예측한다는 것은 매우 어려운 일이다.

④ 권위에의 호소

합리적인 결정이 못된다.

2) 구조적 요인

의사결정이 행정구조 내에서의 여러 가지 요인의 상호작용의 결과라고 할 때 그 제약요인은 다음과 같다.

① 의사결정권의 제한성

의사결정의 권한이 상위계층에 집중되어 있다.

② 선례를 중시하는 조직구조 및 조직풍토

대규모의 관료제 조직에서 일어나기 쉬우며 창의성을 바탕으로 한 혁신적 정책결정을 기대하기가 어렵다.

③ 미래의 불확실성과 문제의 유동성

정책결정의 대상이 되는 문제는 확정되어 있는 것이 아니라 관찰과 평가를 통해 확장시켜야 하는 것이다.

④ 자료나 정보의 부족

정확하고 충분한 정보는 의사결정의 성공 여부를 가늠하는 것으로서 부족하고 불완전한 정보는 의사결정에 치명적인 타격을 준다.

⑤ 자료나 정보의 불완전한 전달

자료나 정보가 결정자에게 전달될 수 있어야 한다.

3) 환경적 요인

의사결정 주체나 결정자는 의사결정의 성공을 위해서 환경을 보다 유리하게 유도할 필요가 있다. 환경적 요인 가운데 중요한 것을 살펴보면 다음과 같다.

① 사회적 규범과 관습

의사결정자가 사회적 규범이나 관습, 질서들을 벗어나서 행동할 수 없다는 의미이다.

② 사회의 민주성 발전 여부

의사결정자는 조직을 위하여 위험한 장래를 예측하는 혁신적인 결정을 하여야 할 하등의 이유가 없으며 그리고 자신의 신분상의 위험을 무릅쓰고 진정한 의미에서 합리적인 의사결정에 임하지 않을 것이다.

③ 외부로부터의 지지와 요구 정도

바람직한 정책결정은 환경으로부터의 요구와 지지가 의사결정 과정에 투입됨으로써 이루어진다.

제2절 의사소통

1. 의사소통의 의의와 기능

1) 의사소통의 개념

의사소통(Communication)이란 "둘 또는 그 이상의 사람들 사이에 사실, 생각, 의견 또는 감정의 교환을 통하여 공통적 이해를 이룩하고 수용자 측의 의식이나 태도 또는 행동에 변화를 일으키게 하는 일련의 행동이다."라고 정의한다. 많은 학자들의 정의를 살펴보면 다음과 같다. 애플리(Appley, 1956)는 "의사소통이란 한 사람의 사상, 감정을 다른 사람에게 알리는 과정, 즉 한 사람이 다른 사람에게 영향을 주는 주요 수단이다."라고 정의했으며. 알베르스(Albers)는 "의사소통은 상호 이해 가능한 표시나 신호, 상징을 통한, 한 사람으로부터 다른 사람으로의 의미의 전달을 의미한다."고 하였다. 또한 벨로즈(Bellows)는 사회복지기관에서의 의사소통을 정의하여 '의사소통이'란 기관의 과업, 목적과 관련된 생각이나, 계획, 명령이나 보고, 그리고 제안 등을 모든 구성원들과 이사회에 전달하기 위한 쌍방적인 경로이다. 따라서 의사소통은 기관의 행정관리자가 이사회, 구성원과 클라이언트를 통합시켜 주는 주요 링크이며, 또한, 기관과 정부기관, 지역사회를 연결시켜 주는 역할을 한다고 했다. 의사소통은 의사전달자(sender), 의사수신자(receiver), 메시지(message) 및 매체(media) 등의 기본 요소들로 구성된다(Lewis, 1987).

2) 의사소통의 목적 및 기능

(1) 목적

두 사람 이상의 인간과 인간이 공통의 목표를 달성하려면 그들 상호 간에 협동과 협조가 이루어지지 않으면 안 된다. 그런데 이러한 협동과 협조는 스스로 이루어지는 것이 아니라 그들 상호 간 의사의 교환을 통해서 이루어지는 것이다. 따라서 사회체제 또는 조직이라는 것은 구성원들 사이의 의사전달 내지 의사교환을 떠나서는 존립할 수 없다(Katz & Kahn, 1978). 따라서 앤더슨(Anderson)이 주장하고 있는 커뮤니케이션의 목적은 "구성원을 동기부여하거나 업적을 증대함에 있다"고 하는가 하면, 랜돌표(Randolph) 등은 다음과 같은 여러 개의 목적을 제시하면서 단순한 메시지라도 하나 이상의 기능을 다하고 있음을 유념할 필요가 있다고 역설하고 있다. ① 통제의 목적, ② 지침의 제시목적, ③ 구성원에 대한 동기부여, ④ 문제해결, ⑤ 피드백과 평가의 목적, ⑥ 정보 교환의 목적, ⑦ 사회적 욕구의 충족 등이 있다(Randolph, 1985).

(2) 기능

의사소통이 조직관리에 있어서 행하는 기능을 살펴보면 다음과 같다(김인혁 외, 2011).

① 의사소통은 전체 조직구성원의 노력이 조직의 목적달성에 공헌될 수 있도록 활동을 통합하고 조화시키기 위한 수단이 된다.

② 조직활동은 의사결정의 연속적 과정이다. 이러한 의사결정이 합리적으로 이루어지고 또한 그 결정이 효율적으로 집행되기 위해서는 의사소통의 내용이 정확하고 신속, 적절하여야 한다.

③ 의사소통은 조직구성원을 통솔하고 사기를 앙양하며, 그들에게 자발적인 근

무에 대한 동기부여를 가능하게 한다.

2. 의사소통의 형태

의사전달은 매체에 따라 언어적 의사소통과 비언어적 의사소통, 내용의 흐름의 방향에 따라 수직적 의사소통과 수평적 의사소통, 제도적 통로 여부에 따라 공식적 의사소통과 비공식적 의사소통으로 구분된다.

1) 언어적 의사소통과 비언어적 의사소통

① 언어적 의사소통

말이나 글로 표현되는 모든 것과 관련된 의사소통 형태로 가장 흔하면서도 대표적인 의사소통이다.

② 비언어적 의사소통

몸의 동작이나 자세, 얼굴의 찡그림, 손의 놀림, 의복의 형태, 머리모양 등 수많은 수단으로 표현되는데, 이것이 소통하는 의미는 계층, 국가 같은 배경문화에 따라 다르다.

2) 수직적 의사소통과 수평적 의사소통

① 수직적 의사소통

조직의 상하계층 간에 쌍방적으로 이루어지는 의사소통을 의미한다. 즉, 일방적인 명령이나 지시만으로는 필요한 환류(feedback)를 얻을 수 없으며, 이것은 쌍방적인 의사소통에 의하여야 한다는 것이다.

② 수평적 의사소통

동일 계층의 사람들 또는 상하관계에 있지 않은 사람들 사이에 이루어지는 의사소통을 말한다. 의사소통 방법으로는 회의, 사전심사제도, 회람 등을 들 수 있다.

3) 공식적 의사소통과 비공식적 의사소통

① 공식적 의사소통

조직 내에서 공식적인 의사전달의 통로와 수단을 통해서 의사전달이 이루어지는 것을 의미한다.

② 비공식적 의사소통

조직의 비공식 집단 내에서 비공식적인 통로를 통하여 이루어지는 의사전달을 의미한다(박동서, 1984).

3. 의사소통의 구성요소

1) 트레커(Trecker)의 의사소통 구성요소

트레커는 의사소통의 구성요소를 여섯 가지로 나누었다(장인협 역, 1982 재인용).

① 의사전달의 담당자, 즉 의사전달자
② 의사전달의 내용
③ 이런 내용이 전달되어야 할 목표와 이유
④ 전달의 시기
⑤ 전달의 수단과 방법
⑥ 공식, 비공식적 경로와 연락망

2) 마레(Geroge de Mare)의 의사소통 구성요소

마레는 의사소통의 구성요소를 여섯 가지로 나누었다(Ehlers, 1976).

① 전달자(the source or sen-der)

② 메시지(the massage)

③ 피전달자(the receiver)

4. 의사소통의 원칙, 과정 및 장애요인

1) 의사소통의 원칙

레드필드(Redfield)는 의사소통의 원칙으로서 다음과 같이 일곱 가지를 제시하고 있다(Redfield, 1953).

① 명료성

이상적인 의사소통이 이루어지려면 전달자가 그 의도하는 바를 표현하면 피전달자는 그가 뜻하는 의미를 정확하게 이해하여야 한다.

② 일관성

의사소통은 일관성이 있어야 하며 처음의 명령과 나중의 명령이 모순되어서는 안 된다. 또한 어떤 명령이든 조직의 목표와 부합되는 것이어야 한다.

③ 적기적시성

의사소통은 너무 이르거나 너무 늦어서는 안 되며, 알맞은 시기를 택하여 행해야 한다.

④ 분포성

의사소통은 전달자로부터 명확하게 피전달자에게 전해져야 한다.

⑤ 적당성

의사소통은 적정량을 기해야 하며 너무 많은 경우와 너무 적은 경우에는 피전달자의 이해를 방해한다.

⑥ 적응성과 통일성

적응성은 의사전달의 융통성, 개별성, 현실 합치성 등을 말하며, 통일성은 각 의사소통이 전체로서 통일된 정책의 표현이 되게 하는 것이다. 관리자는 적응성과 통일성을 잘 조화시키기 위하여 노력해야 한다.

⑦ 관심과 수용성

의사소통은 피전달자가 관심과 그것을 받아들일 수 있는 가능성이 있는 때에 비로소 능률적으로 이루어질 수 있다.

2) 의사소통의 과정

의사소통의 과정은 크게 공유와 이해, 그리고 명확화 세 부분으로 나누어진다. 이 모든 과정은 쌍방적인 과정으로 사회복지기관에서 이 과정들은 특히 중요하다 (Skidmore, 1983).

① 공유: 메시지를 보내고 받는 과정을 의미한다.
② 이해: 주고받는 메시지 내용의 동일성을 의미한다.
③ 명확화: 받은 내용을 정확히 이해하기 위해 질문과 답변이 반복되기도 한다.

3) 의사소통의 장애요인

효과적인 의사소통을 위한 많은 노력에도 불구하고 의사소통이 이루어지는 과정에 여러 가지가 개입하여 의사소통 내용이 왜곡되거나 정확하게 전달하지 못하는 경우가 있다.

(1) 일반적인 장애요인

① 메시지들 간의 경쟁

② 지위로 인한 위협이나 두려움 혹은 주저함

③ 과다한 양의 메시지

④ 전달경로의 복잡화

(2) 송신자에 의한 왜곡

① 목표의 불명확성

② 자기중심적인 메시지 내용

③ 수신자가 이해 못할 용어 사용

(3) 메시지 자체의 왜곡

① 모호하고 혼란스러운 용어

② 모순적 내용

③ 수신자가 잘못되었을 때

④ 부적합한 매체 사용

(4) 수신자에 의한 왜곡

① 무관심

② 이해력 부족

③ 송신자에 대한 부정적 감정

5. 합리적인 의사소통 전략

1) 의사소통의 계획

① 수신자를 누구로 할 것인가?

② 무슨 메시지를 전달할 것인가?

③ 언제 전달할 것인가?

④ 어떤 매체를 이용할 것인가?

2) 의사소통의 기준

(1) 트레커(Trecker)의 여섯 가지 기준

① 의사소통의 목적이 명확하여 전달자와 수신자에게 잘 이해되어야 한다.

② 내용이 하나의 뜻으로 명확하게 이해되어야 한다.

③ 앞뒤 의사소통 간의 일관성이 있어야 한다.

④ 메시지의 양이 적당하고 선택 가능해야 한다.

⑤ 전달이 적절해야 하고 수신자가 수신할 태도가 되어 있어야 한다.

⑥ 적임자에게 전달되어야 한다.

(2) 펄머(Fulmer)의 다섯 가지 기준

① 명료성(clarity)

② 완전성(completeness)

③ 간결성(conciseness)

④ 구체성(concreteness)

⑤ 정확성(correctness)

3) 효과적인 의사소통의 전략

(1) 카리슬(Carlisle)의 전략지침

① 메시지의 개요 정하기

② 수신자를 염두에 두고 메시지 설계하기

③ 제목은 간결하게 하고, 적절한 부제 달기

④ 간단, 명료한 단어와 문장 사용하기

⑤ 서두에 메시지의 내용을 요약하기

⑥ 실례를 들어 주장을 보강하기

⑦ 화려하고 판에 박힌 문구는 삼가하기

⑧ 마지막에 주요한 내용을 요약 · 정리하기

(2) 스키드모어(Skidmore)의 전략지침

① 회람은 짧게 하기

② 편지나 회의 활용하기

③ 비공식적 회의 활용하기

④ 게시판 활용하기

⑤ 건의함 활용하기

토론해 보기

- 의사결정과 의사소통의 중요성에 대해 여러분의 생각을 서로 토론해 봅시다.
- 의사결정의 현대적 기법과 전통적 기법의 차이점에 대해 여러분의 생각을 서로 토론해 봅시다.
- 의사결정 이론에 대해 여러분의 생각을 서로 토론해 봅시다.

참고문헌

강신택 외(1988). 행정학개론. 한국방송통신대학교출판부.

김인혁 외,(2011). 사회복지행정론. 양서원.

김치영 외(2006). 사회복지행정론. 21세기사.

김형식 외(2010). 사회복지행정론. 양서원.

박동서(1984). 한국행정론. 법문사.

박용치(1998). 현대 행정학원론. 경세원.

신복기 외(2002). 사회복지행정론. 양서원.

신복기 외(2011) 사회복지행정론. 공동체.

우종모 외(2004). 사회복지행정론. 양서원.

장동일(2004). 사회복지행정론. 학문사.

한동일 외(2011) 사회복지행정론. 양서원.

Ables, P. & Murphy, M. J.(1981). *Administration in the human services : A Normative System Approach*. New Jersey :Prentice Hall, Inc.

Anderson, J.(1990). *Public policy-making*. Boston Houghton Mifflin Co.

Katz, D. & Kahn, R. L.(1978). *The Social Psychology of Organizations*. New York: John Wiley & Sons, Inc.

Lewis, P. V.(1987). *Organizational communications : The essence of effective management*. Englewood Cliffs, NJ: Prentice Hall.

Simon, H. A.(1977). *The new science of management decision*. Englewood Cliffs, NJ: Prentice-Hall Inc

Skidmore, R. A.(1983). *Social Work Administration*. Englewood Cliffs, New Jersey, Prentice-Hall, Inc.

Trecker, H. B.(1982) 장인협 역. 사회복지행정. 한국사회개발연구원.

Weihrich, H., & Koontz, H.(1993). 김세영 역. 경영관리. 범한서적주식회사.

PART

3

사회복지행정의 자원관리

7 재 정 관 리

제1절 사회복지행정의 재정관리

1. 재정관리의 개념 및 필요성

1) 재정관리의 개념

재정관리란 용어는 사용하는 사람과 쓰이는 장소에 따라 여러 가지 의미로 사용된다. 가정에서의 재무행정은 가족의 수입을 가장 적절하게 사용하는 것을 의미한다. 경영조직체에서는 재원을 축적하고 수입에 대한 지출을 합리적으로 하는 것을 뜻하고, 정부조직체에서는 세금을 징수하고 그것을 각 부처와 기관에 할당하여 지출을 통제하는 것을 의미한다.

따라서 재정관리란 조직이 목표관리를 위해 필요한 재정자원을 합리적이고 계획적으로 동원하고, 배분하고, 효율적으로 사용 관리하는 과정을 의미한다(최성재 외, 2006).

공공부분에서 재정관리는 세입창출(조세징수), 분배(공고예산), 지출로 구분되며, 사회복지조직에서도 재무계획, 기금조성, 부채관리, 예산편성, 지출통제과정과 관련한 여러 일들에 사회복지행정가들이 관여하고 있다(신섭중 · 부성래 1989; 남일재 외, 2011 재인용).

따라서 사회복지 재정관리는 사회복지기관 및 시설의 목적과 목표를 달성하는 제반활동을 어떻게 효율적으로 지원하고 지역사회 내 가용자원을 어떻게 배분하고 사용할 것인가 등에 대한 총괄적인 관리체제라 할 수 있다.

이러한 사회복지재정은 하나의 목적체계로서 예산작성관리, 보조금 신청, 급료지불, 세금지출, 금전장부의 항목 설정 등과 관련된 기술적인 작업을 하는 것으로 볼 수 있고, 수단체계로서의 재정관리는 사회복지사업의 서비스 프로그램을 운영하기 위한 것으로 볼 수 있다.

2) 재정관리의 필요성

오늘날 공공 사회복지행정조직뿐만 아니라 민간 사회복지조직에서도 사회복지 수요의 증가와 활동영역이 확대됨에 따라 다양한 기능과 활동 분야에 어떻게 필요한 재원을 확보하고 배분하느냐의 문제가 중대한 의사결정 및 관리활동이 되었다. 모든 조직과 마찬가지로 사회복지행정조직에서도 재원은 혈액과 같은 것이므로 조직의 목표를 추구함에 있어 혈액의 역할을 하는 자금을 조달·배분·지출하고 물품을 구매하는 재정관리가 바로 현대 사회복지행정조직에 있어 핵심적인 관리활동이 되고 있기 때문에 재정관리의 필요성은 중요하다 할 수 있다.

2. 재정관리의 과정

사회복지행정에 있어 재정관리는 그 활동들의 목표에 따라 예산수립, 회계, 지출관리 및 평가의 네 가지로 나누어 볼 수 있다(김익균 외, 2011).

1) 예산수립

예산수립은 재정계획을 세우고 재원을 조달하여 여러 가지 목적에 따라 할당하는 과정을 말한다. 여기서 재정계획은 사업계획을 위한 재정을 검토하고, 여러 가지 상황을 고려하여 수입가능성을 조사하며, 수입과 비용의 기대치를 맞추는 것이다. 재원조달은 모금운동, 보조금, 수혜부담비용, 기타 수단을 통해서 자금출처를 식별하고 이를 활용하는 것이며, 자금할당은 예산을 결정하고 이용가능한 자원을 나누어 그것을 다양한 목적들을 위해 분배하는 것이다.

정부 차원에서의 예산을 결정할 권한의 배분 그리고 예산의 편성, 심의 및 집행에 관해서는 일방행정학 문헌에 자세히 소개되어 있다.

2) 회계활동

회계활동은 예산수립과정에서 설정된 여러 가지 항목들을 보고서로 작성하며 각 항목에 대해 검토하는 것이다. 이 활동은 기록, 정리, 주기적인 보고서 작성 및 발행 등을 포함한다.

3) 지출관리

지출관리는 회계감사를 통해서 이루어진다. 이것은 지출이 보조금지급규정에 따라 행해지고 있는지, 적당한 양으로 집행되고 있는지, 적절하게 제공되고 있는지를 조사해서 그렇지 못할 때 지출에 대한 조정과 통제를 하는 것이다.

4) 평가

재정관리가 책임성 있게 이루어져야 하는데, 이는 재정관리의 주요 절차가 제대로 집행되어야 함을 의미한다. 이러한 맥락에서 재정관리를 평가해 보는 것은 지나간 활동이 어느 정도 잘 되었는가를 측정하고 앞으로의 계획을 보다 더 잘 꾸며 나가는 데 도움이 되는 것이다.

이러한 재정관리의 다양한 요소들, 즉 예산수립, 회계, 지출관리, 평가는 서로 관련성을 갖고 순환적으로 틀을 이루고 있다.

3. 재정자원의 모금 유형과 방법

재정자원의 모금유형은 목적에 따라 일반모금, 특별모금, 자산모금, 기획모금 등의 네 가지로 구분할 수 있다. 또한 모금방법은 대중모금과 풀뿌리 모금 등의 두 가지로 구분할 수 있는데 구체적인 내용을 살펴보면 다름과 같다(신복기 외, 2020).

1) 재정자원의 모금 유형

(1) 일반모금

프로그램 진행과 사무실 운영 등 기관이 존재하기 위해 필요한 운영기금을 마련하기 위한 모금이며 소규모 단체일 경우 기존 멤버의 회비로 충당될 수 있다. 특별한 모금기간이 정해진 것은 없으며 항상 진행되며 편지나 전화, 홈페이지 등을 통해 모금이 이루어진다. 간혹 특별한 기간에 이벤트를 실시하여 단체가 추구하는 미션과 가치에 동의하는 새로운 기부자를 발굴하는 작업이 병행되기도 한다. 따라서 지속적인 경험을 바탕으로 모금이 진행된다면 미래에 더 큰 거액모금으로 연결될 수도 있다.

(2) 특별모금

기관의 세입 증가뿐만 아니라 지역사회 관심을 촉발하는 데 도움이 된다. 즉 특별한 아이템을 판매하고 이익의 일부를 기부하는 행사도 가능하다. 연예인 및 스포츠 유명인을 초대하여 대대적으로 홍보하고 특별히 부담하게 하는 행사를 기획할 수도 있다. 이벤트 경험이 있는 구성원으로 특별위원회를 구성하여 유사한 행사가 해마다 같은 시기에 진행되는 것이 좋다. 대충매체를 적극적으로 활용해야 하지만 연말 이웃돕기나 공동모금 시기, 여름휴가 기간은 모금 행사를 진행하는 적절한 시기가 아니므로 이 기간은 모금활동을 하지 않은 것이 좋다.

(3) 자산모금

기관의 자산을 늘리기 위해 실시하는 모금이다. 예를 들어, 요양시설, 재활병원이나 대학 등에서 거액자산 기부를 통해 시설이나 설비를 확충할 수 있다. 전문적 경험이 있는 모금 컨설턴트가 필요하다. 또한 기관에 꾸준히 기부했던 일반기부자를 주된 대상으로 하며 재단이나 기업이 요청대상이 된다.

(4) 기획모금

유서나 계약과 같은 사전 계획을 통해 기부자 사후에 재산의 전부 또는 일부를 복지기관에 기부한다. 유산증여는 사회복지기관을 위한 가장 좋은 자금원천이 될 수 있다. 기금을 모으는 능력을 보다 더 크게 하기 위해서는 단독으로 비과세 비영리법인을 세워 효율적으로 할 수도 있다. 이때는 비영리법인의 개발과 운영에 경험이 있는 변호사의 도움을 받아 기획모금을 진행하는 것이 훨씬 효과적이라 볼 수 있다.

2) 모금방법

(1) 대중모금

모든 대중을 대상으로 하는 모금은 복지기관의 모든 것을 투명하게 공개한 상태에서 이루어지므로 작은 실수도 문제가 될 수 있을 정도로 철저한 평가를 받게 된다. 따라서 대중모금을 시작할 때는 다음과 같은 준비과정이 필요하다.

첫째, 단체에 대한 대중의 이미지를 점검하고 좋은 이미지를 만들어야 한다.

둘째, 재정 집행과 기관의 투명성을 위해 회계나 조직운영 등 정보를 투명하게 공개해야 한다.

셋째, 내부적으로 충당할 수 있는 부분을 최대한 채우고 나머지를 대중에게 모금으로 의존해야 한다.

넷째, 윤리적이고 합법적인 모금을 위해 여론뿐만 아니라 전문가의 의견을 수렴해야 한다.

대중모금의 대표적인 사례는 다음과 같다.

ARS(자동응답시스템) 후원 모금과 전국 17개 시 · 도에 세워지는 사회복지공동모금회의 사랑의 온도탑 모금이다. ARS 모금 방식은 주로 자선모금방송을 통해 가장 활성화되고(이도영, 2004), 매년 연말연시에 일반 시민들을 대상으로 집중적인 모금 캠페인을 펼치는 사랑의 온도탑은 모금 목표액의 1%가 모일 때마다 수은주가 1도씩 올라간다.

(2) 풀뿌리 모금

모금 초기단계에 간편하게 채택할 수 있는 방법이다. 물건을 판매하는 것과 유사하므로 마케팅 마인드가 필요하며 사람들의 심리에 맞는 전략과 철저한 사전준비가 필요하다. 또한 복지조직이 속한 단체의 미션과 비전, 목표를 일반 대중을 상대로 판매해야 하므로 기부자들에게 비치는 기관의 이미지가 성패를 결정한다. 따라서 긍정적인 이미지를 심어놓지 못하면 시작하기도 전에 실패하기 쉽다. 그러므로 모금 전에 왜 기부를 해야 하는지에 대한 기본적인 물음에 대해 쉽게 응답할 수 있을 정도로 철저한 사전 준비가 되어 있어야 한다.

또한 개별 가정을 직접 방문하여 대인접촉을 하거나 전화, 웹 등을 통해 간접적인 접촉을 시도 할 수도 있다. 대중들이 많이 이용하는 시장이나 백화점과 같은 사람들이 많이 모이는 장소에서 직접 상대할 수도 있다.

제2절 예산의 개념 및 원칙

1. 예산의 개념

예산이란 일정기간에 있어서의 수입과 지출의 예정적 계산이다(Jesse Burkhead & Jerry Miner, 1971). 이를 구체적으로 살펴보면 ① 결산이 사후의 집계인데 비하여 예산은 사전에 예상되는 경비 및 수입에 관한 계획안이다. ② 예산은 단순한 재정설명서와 달라 화폐표시를 수반하는 수입과 지출이 균형을 이루어야 한다. ③ 공공기관의 수입과 지출이라는 점에서 기업이나 가계의 수입과 지출을 예정하는 계산과 다르다.

이러한 예산의 가장 중요한 정치적 의미는 그것이 의회에 의한 행정부의 통제수단이라는 점에서 발견할 수 있다. 그러나 행정국가시대라고 할 수 있는 오늘날에 있어서 관리지향적인 예산제도 등장으로 예산의 행정관리직 측면이 강조되고 있다.

2. 예산의 원칙

① 통일성의 원칙(unity): 예산은 단일해야 한다. 모든 수입을 하나의 공통된 일반세원에 포함해 지출해야 한다는 것으로, 특정한 세입과 특정한 세출을 직접 연결시켜서는 안 된다.

② 한정성의 원칙(limitation): 세출예산의 각 항목은 상호 명확한 한계가 있어야 하며 일정한 기간에 한정시켜 의결되어야 한다. 즉, 예산은 정해진 목적과 금액, 정해진 회계연도와 기간 등을 경과해서는 안 된다.

③ 예산총괄의 원칙(comprehensiveness): 예산에는 세입·세출이 모두 계상되어야 한다. 국가재정법은 총계예산주의를 명문으로 규정하고 있다.

④ 사전의결의 원칙(prior authorization): 예산을 집행하기 전에 미리 의회의 심

의 · 의결을 거쳐야 한다.

⑤ 명료성의 원칙(clarity): 국민이 쉽게 이해할 수 있도록 합리적인 관점에서 분류되며 수지의 추계가 명확하고 수입의 유래와 용도가 분명하게 표시되어야 한다.

⑥ 공개성의 원칙(publicity): 예산안의 편성, 심의과정, 의결된 예산 및 결산 등이 국민에게 공개되어야 한다는 원칙이다.

이상의 전통적인 예산원칙은 국민의 감시권이 충분히 발휘될 수 있도록 함으로써 예산의 편성 · 집행에 명확하고 집행기관의 전횡을 방지하려는 데 목적이 있었다. 그러나 현대 행정에 있어 복잡한 경제 · 사회상황의 급격한 변동에 적극적으로 대응하고자 예산에 있어서도 일정한 신축성과 재량의 확대가 필요하다(황진수 외, 2010).

제3절 예산의 기능 및 과정

1. 예산의 기능

일반적으로 정부의 예산을 정치적 기능, 법적 기능, 경제적 기능, 행정적 기능으로 살펴보면 다음과 같다(유훈, 2003).

① 정치적 기능: 민주정부의 체제 하에서 예산은 정치적 욕구와 재정적 가능성 간의 타협점을 표시한 것이기도 하다. 이 타협점은 정치적 의의를 갖는 결정 또는 계획에 의하여 그 금액이 규정된다.

② 법적 기능: 예산은 법률이 아니지만 입법부에 의하여 행정부에 재정권을 부여하는 형식을 취하고 있다. 따라서 세출을 지출하기 위해서는 반드시 이것

을 지원하기 위한 재원이 있음을 전제로 해야 한다.

③ 경제적 기능: 예산은 국가경제와 관련하여 다음과 같은 다양한 기능을 수행한다.

- 국민경제의 안정 기능: 국민경제와 재정이 안정기능 면에서 국가예산은 민간경제 활동에 중대한 영향을 갖는다.
- 경제성장의 촉진 기능: 국가예산은 투자의 실질적인 증대를 통하여 성장 속도를 촉진하여 국민경제의 공급능력을 확장시키는 역할을 한다.
- 소득재분배의 기능: 국가예산은 국민의 소득 및 부의 재분배정책을 수행한다.
- 자원최적배분의 기능: 경제개발과정에 있어서의 투자주체로서 기능한다.
- 사회정책수행의 기능: 국가예산은 각종 사회적 경비를 지탱하며 완전고용을 촉진하고 사회보장을 증진시키는 역할을 한다.

④ 행정적 기능: 예산은 행정부가 가용자원을 효과적으로 동원하여 국가발전을 위한 각종 사업계획을 뒷받침하기 위하여 가능한 한 최대의 경제성, 효율성을 고려하면서 이를 관리하는 기능이다.

2. 예산의 과정

세계 각국의 예산 회계연도는 다르지만 예산의 절차는 대개 예산의 편성, 예산의 심의, 예산의 집행, 회계감사의 단계를 거치게 된다(최성재 외, 1993).

1) 예산의 편성

예산편성(budgeting)이란 특정한 목적을 실현하기 위해 필요한 비용을 계상(計上)해 내는 것이다. 한 기관이나 프로그램이 예산을 확보하기 위해서는 자원을 할당하는 기관들과 의사소통을 가져야 한다. 이 과정에서 예산편성과 관련한 의사소통의 주된 도구가 예산(안) 형식(budget format)이다. 자원 제공기관들은 이러한 예산 형식의 교류를 통해서 기관이나 프로그램에 대한 자원 할당의 근거를 평가하게 된다.

사회복지서비스 프로그램들이 예산편성을 위한 예산안에는 대부분 다음과 같은 것들이 기본적으로 포함된다.

① 프로그램 목적에 대한 개요
② 서비스에 대한 정의
③ 욕구 인구와 서비스 활용 수준에 관한 추정치
④ 프로그램 비용과 요청되는 자금

사회복지조직들은 하나 이상의 자원 제공처를 갖는 경향이 있다. 각각의 자원 제공처들은 조직에 대해 자신들의 예산 형식, 즉 예산과 관련한 의사소통의 절차나 거기에 사용될 양식들을 사용하려 할 것이다. 대개 이러한 형식은 자신들이 중요시하는 가치를 담고 있다. 사회복지조직에 자원을 제공하는 기관은 스스로 목적사업을 하기보다는 그러한 사업을 실행해 줄 것으로 여겨지는 사회복지기관이나 프로그램에 자원을 위탁한다. 이 경우, 자원 위탁과 관련해서 해당 사회복지조직이 자신들이 의도한 목적사업을 적절히 실행할 수 있겠는지, 적절히 실행하고 있는지, 그 결과는 적절했는지 등을 확인하려 한다. 즉, 사회복지조직의 관리자들은 다양한 예산 형식들에 대해 폭넓은 이해가 필요하다.

2) 예산의 심의

민주주의 정치를 하는 상황에서 예산은 국회의 마지막 심의를 마쳐야 예산으로서 확장되는 것이므로 매우 중요한 의미를 가진다. 우리나라에서는 정책연설에서 국정 전반에 관해 국무총리가 시정연설을 하고 기획재정부 장관이 예산의 제안설명을 한다. 그 후 국정감사를 하고 각 상임위원회별로 예비심사를 한다. 다음

단계로 종합심사를 예산결산특별위원회에서 한 후에 본회의에 예산안을 회부한다. 마지막으로 본회의에서 예산안을 의결하게 되면 확정된다.

3) 예산의 집행

예산이 입법부를 통과하게 되면 중앙예산기관은 이를 각 부처에 배부한다. 예산의 배정이 예산안으로 통과되고 나면, 예산의 기능은 자원을 확보하는 도구에서 조직의 업무수행을 통제하는 도구로 바뀐다. 이제까지는 행동을 위한 계획이었으나, 이제부터는 계획을 실질적으로 집행하는데 따르는 지침과도 같은 것이 된다.

예산집행의 과정에서도 사회복지조직들의 자원 출처의 다원화로 인한 문제는 여전히 남아 있다. 다양한 원천으로부터 자원을 제공받게 되면 기관이나 프로그램은 그만큼의 다양한 목표들을 갖게 되며, 그것이 예산집행과정을 복잡하게 만드는 원인이 된다. 이 경우에 예산집행의 주된 기능은 각 프로그램별로 예산의 출처들을 명확하게 구분하여 지출해 나가도록 하는 데 있다. 이것은 예산을 제공한 각 자원 제공처들에 대해 예산집행에 따르는 책임성을 확실시하기 위한 것이다.

4) 예산의 결산

대개 예산의 집행이 끝나게 되면 결산이 이루어진다. 예산이 예정적 계산이라면 결산은 과거 사실의 계산이자, 세입과 세출의 결정적 계산이라고 할 수 있다.

5) 회계감사

예산절차의 마지막 단계는 회계기관에 의한 회계감사이다. 회계감사기관의 지위는 그 직무상 행정부로부터 독립되어야 하는 것이 원칙이지만 어디에 위치하여야 하는가 하는 문제는 각 국가의 상황에 따라 다양하다.

사회복지기관과 프로그램들에서 점차 중요시되는 것이 감사이다. 감사(audit)란 사회적으로 할당된 자원들에 대한 청지기로서의 조직이나 프로그램이 그 역할을 적합하게 수행하고 있는지를 확인하는 작업이다. 감사는 일반적으로 목적에 따른 분류(규정준수(순응)감사, 운영감사)와 주체에 따른 분류(내부감사, 외부감사)로 구분할 수 있다.

규정준수(순응)감사(compliance audit)는 재정감사(financial audit)라고도 한다. 이것은 기관의 재정적 운영이 적절한 회계절차에 따라 시행되었는지, 재정이나 다른 보고서들이 적절하게 준비되었는지, 기관에 적용된 각종 규칙과 규제들에 기관이 적절하게 따랐는지를 확인하는 것에 대부분의 목적을 둔다. 운영감사(operational audit)는 바람직한 프로그램 결과가 성취되었는지의 여부, 목표들은 어느 정도의 경제성과 효율성으로 성취되었는지 등과 같은 문제들에 관심을 갖는다. 규정순응 감사와 마찬가지로 예산과의 관련성에 초점을 둔다. 운영감사를 위해서는 적어도 기능별 예산이나 프로그램 예산과 같은 예산 형식들을 갖추어야 한다.

내부감사는 조직의 최고행정책임자와 같은 조직 내부의 관리자가 감사한다. 외부감사는 정부의 감독이나 공인회계사가 감사한다.

사회복지행정 관리자들은 재정관리에 대해 비록 전문적이지는 않더라도 기초적 지식은 갖추어야 한다. 감사과정에 사회복지전문직이 참여해야 하는 이유는 단순히 전문직의 이해타산을 위해서가 아니라, 사회복지전문직이 대변하는 클라이언트 집단과 사회복지적 목적들이 감사나 평가의 과정에서 적절히 대변되어야 하기 때문이다.

제4절 예산의 배분기준

근대적 예산제도가 성립하고 예산개혁이 이루어진 다음에 나타난 개념이 예산제도이다. 여기에서는 품목별 예산제도, 성과주의 예산제도, 계획예산제도, 영기준 예산제도 등으로 분류하여 살펴보고자 한다.

1. 품목별 예산제도

품목별 예산제도(Line Item Budgeting System: LIBS)는 지출대상을 품목별로 세분화하여 예산을 편성하고 운영하는 제도이다. 지출대상을 품목별로 세분화한다는 것은 품목별 분류방식에 따라 예산을 편성하고 운영한다는 것이다. 품목별 예산제도는 당초 예산낭비와 부패를 방지하고 예산에 대한 통제를 확보하기 위하여 도입되었다.

품목별 예산제도는 예산에 지출대상과 금액을 세분하여 규정함으로써 행정부 예산집행과정에서의 유용이나 남용을 방지할 수 있고, 행정권을 제한하여 입법권을 강화시킬 수 있다. 또한 지출을 기록하고 통제하며, 회계검사를 하는 구체적 계정을 설치함으로써 예산의 통제와 예산편성에 필요한 자료를 제공할 수 있다. 아울러 지출항목과 지출금액이 명백하기 때문에 회계책임을 명백히 할 수 있는 장점이 있다.

그러나 품목별 예산제도는 서비스의 산출이 아니라 투입요소에 초점을 맞춤으로써 재정관리를 신축적이고 효율적으로 운영하거나 미래 서비스 수요에 대한 계획을 수립하는데 도움을 주기 어렵다. 또한 지출대상으로 구분되는 경비항목만으로는 정부가 수행하는 사업의 목적을 알 수 없으며, 이로 인해 정책 및 사업의 우선순위를 등한시하는 문제점이 있다. 아울러 품목별 예산제도 하에서는 편성된 지출항목과 정책목표달성과의 관련성을 알 수 없으며, 기획과 정책형성, 예산편성, 재정적 · 행정적 통제의 통합을 어렵게 만드는 한계를 내포하고 있다. 이 밖에 품목별 예산제도는 지출항목을 세분하고, 지출항목에 따라 예산을 집행하기 때문에 예산운영의 신축성을 제약하고 있다. 품목별 예산제도가 안고 있는 이러한 단점은 예산개혁론자의 주요 표적이 되어 왔다(한동일 외, 2011).

2. 성과주의 예산제도

성과주의 예산제도(PB)는 예산을 기능별, 활동별, 사업별로 분류하여 편성하는 것이다. 이것은 정부나 기관이 구입하는 물품보다는 그들이 수행하는 업무에 중점을 두는 관리지향의 예산제도이다. 다시 말하면 세부사업별로 업무단위를 선정해서 양적으로 표시한 다음 단위원가(unit cost)를 기준으로 예산을 편성하는 것을 말한다. 예컨대, 장애인 재활사업의 경우 장애인 재활교육 대상을 일천 명이라고 할 때, 업무단위는 일천 명이다. 그리고 1명의 장애인을 재활교육을 하는데 드는 비용이 단위원가이므로 이때의 예산액은 '1000명×단위원가'로 표시된다.

이러한 성과주의 예산제도는 품목별 예산제도에서 진일보한 프로그램 예산제(프로젝트 예산제도라고도 함)의 첫 단계에 해당한다.

성과주의 예산은 사업의 능률성(efficiency)을 측정하는 데는 훌륭한 장치이지만 그것의 효과(effectiveness)를 측정하기는 곤란하다. 또한 현금지출의 주체와 그 회계책임이 모호하게 되어 재정통제에 어려움이 있다. 성과주의 예산제도는 미국에서 1940년대와 1950년대에 거쳐 타당성을 인정받았으나 효과를 측정하기 어렵다는 단점 때문에 1950년대 말에 와서는 새로운 예산제도의 태동이 시작되었다(박차상 외, 2011).

3. 계획예산제도

계획예산제도(Planning-Programming-Budgeting System: PPBS)란 목표를 설정하고(Planning) 정해진 목표를 달성할 수 있도록 사업계획을 짜고(Programming), 짜여진 사업계획들에 자금을 체계적으로 배분(Budgeting)하는 예산을 말한다. 다시 말하면, 장기적인 계획수립과 단기적인 예산편성을 프로그램 작성을 통하여 유기적으로 연결시킴으로써 자원배분에 관한 의사결정을 합리적으로 일관성 있게 행하려는 예산이다(Zwick, 1968).

장기적인 계획수립이란 장기적 목표를 설정하고 이 목표를 달성하기 위한 방안을 평가 · 선택하는 단계를 말하며, 프로그램 작성이란 장기적 계획수립에 의하여 결정된 개개의 계획을 실행하기 위한 구체적 활동을 작성하는 과정의 의미한다. 즉, 계획수립은 무엇을 할 것인지를 결정하는 것이고, 프로그램 작성은 어떻게 할 것인가를 결정하는 것이다. 한편 예산편성이란 채택된 실시계획의 초년도분을 실행하기 위하여 필요한 자금을 뒷받침하는 것을 말한다(한동일 외, 2011).

계획예산제도의 장점과 단점을 살펴보면 다음과 같다(한국복지행정학회, 2011).

① 장점

- 조직목표를 보다 정확하게 파악할 수 있다.
- 여러 목표 가운데서 가장 긴급한 것을 선택할 수 있다.
- 목표달성을 위한 효율적인 수단의 분석이 가능하다.
- 장기적 사업계획에 대한 객관적 신뢰도가 높다.
- 조직의 통합적 운영이 편리하다.

② 단점

- 목표달성의 어려움: 목표 설정에 여러 가지 이해관계 및 정치적 요인이 개입되므로 합리적인 목표 설정이 어렵다.
- 중앙집권화의 초래: PPBS는 최고책임자에게 권한을 집중시키는 경향이 있다.

- 정량화 및 계량화의 어려움: 달성되는 효과의 정량화가 곤란하다. PPBS는 산출 · 효과의 계량화에 중점을 두고 있는데 공공사업의 경우 대체로 계량화가 곤란하다.
- 이사회의 위상 저하: PPBS는 과학적 합리성에 입각하여 편성되므로 이사회의 예산심의회의에서 이사들의 발언권이 제약을 받는다.
- 환산작업의 곤란: PPBS는 조직물품과 예산이 직접 연결되지 않기 때문에 실제운영에서 환산작업이 큰 문제이다.

4. 영기준 예산제도

영기준 예산(ZBB)은 예산안 편성 시 전년도 예산을 고려하지 않고 영(zero)의 상태로 돌아가 모든 사업을 분석 · 평가하여 우선순위에 따라 예산을 편성 · 정하는 예산을 말한다. 기존의 예산제도가 점증적 예산편성방법에 의하는 것을 시정하여 신규사업이든 계속사업이든 모든 사업과 정책의 타당성을 새로 분석 · 검토하여 그 우선순위와 예산액을 정하는 예산제도이다(황진수 외, 2010). 영기준 예산은 파이어(Pyhrr)가 미국 전자회사인 인스트루먼트(Texas Instrument)사에 근무할 때 개발한 것인데, 카터(Carter)가 주지사였을 때 그것을 조지아 주에 도입하였고 대통령이 된 후에는 연방정부에서 채택하였다. 한국은 예산의 긴축과 재원의 효율화를 위하여 1983년도 예산안 편성 시부터 채택하였다. 여러 가지 이질적인 업무를 다양하게 취급하는 조직체에 적합하고 반대로 단순하고 동질적인 업무를 처리하는 조직체에서는 그 효율성이 다소 감소된다. 영기준 예산편성에 있어서는 먼저 예산결정단위(decision units)를 만들고 그 단위별로 예산결정표(decision package)를 작성하여 순위를 결정한다.

영기준 예산의 장점과 단점을 살펴보면 다음과 같다(김인혁 외, 2011).

① 장점

- 재정운영 · 자금배정의 탄력성
- 책임성의 증가
- 사업의 효율성 향상
- 공식 목적달성에 기여

② 단점

- 사업중단의 문제와 사업 소멸 시 비용부담
- 업무부담의 과중과 시간제약
- 가치판단이 개입되는 프로그램의 경우 협의과정상의 문제

이 예산을 그대로 사회복지조직에 적용하기는 다소 문제가 있으므로 다른 예산제와 병용한다면 그 장점을 어느 정도 살릴 수 있을 것이다.

제5절 재정관리의 개선방안

재정관리의 개선방안에 대해 사회복지시설 재원의 합리화, 정부지원의 확대, 민간자원 동원의 활성화로 나누어 살펴보면 다음과 같다(박용순 외, 2011).

1. 사회복지시설 재원의 합리화

정부의 재정지원은 현실적인 산출근거에 따라 재조정되어 시설운영비에 대한 보조가 현실화되어야 하며 합리적으로 지원함으로써 시설의 자체부담 확보에 따른 문제점을 조속히 해결해야 할 것이다. 그러므로 시설의 재정능력 향상을 위하여 수익사업관리 등에 대한 법적 혜택 및 관민합동의 복지재정 마련을 위한 모금

활동 등이 적극적으로 이루어져야 하겠다.

2. 정부지원의 확대

현실적으로 사회복지시설의 재정악화는 아직도 심각하다고 본다. 따라서 정부는 사회복지시설 재원의 확충과 더불어 지원금 배분의 원칙을 새롭게 정립해야 한다. 그리고 정부의 시설 운영비 및 시설종사자 인건비에 대해 정부지원을 평등하게 합리적인 배분이 있어야 할 것이다.

3. 민간자원 동원의 활성화

사회복지시설의 재원확보를 위해서는 민간자원의 동원이 활성화되어야 한다. 현재 각 시설별, 목적사업별로 전개되고 있는 민간지원금 모금방안을 각 광역자치단체별 공동모금의 형태로 체계화하여 민간자원 동원을 활성화함으로써 시설별·지역별 민간지원금의 격차를 어느 정도 해소할 수 있을 것이다. 그리고 민간지원금의 모금과 사용내역을 공개하여 사회복지시설 운영에 있어서의 재정운영 합리화를 도모해야 할 것이다.

토론해 보기

- 여러분이 생각하는 모금의 방법은 무엇인지 서로 토론해 봅시다.
- 예산의 배분기준에 대해 여러분의 생각을 서로 토론해 봅시다.
- 재정 관리의 개선방안에 대해 여러분의 생각을 서로 토론해 봅시다.

참고문헌

김익균 외(2011). 사회복지행정론. 정민사.

김인혁 외(2011). 사회복지행정론. 양서원.

남일재 외(2011). 현대 사회복지행정의 이해. 정민사.

박용순 외(2011). 사회복지행정론. 창지사.

박차상 외(2011). 사회복지행정론. 창지사.

신복기 외(2020). 사회복지행정론. 공동체.

신섭중 · 부정래(1989). 사회복지기관의 재무관리. 대학출판사.

유훈(2003). 재정행정론. 법문사.

이도영(2004). 자선모금방송의 ARS 모금액에 영향을 미치는 요인에 관한 연구: KBS 사랑의 리퀘스트를 중심으로. 이화여자대학교 대학원 석사학위논문.

최성재 · 남기민(1993). 사회복지행정론. 나남.

최성재 · 남기민(2006). 사회복지행정론. 나남.

한국복지행정학회(2011). 사회복지행정론. 양서원.

한동일 외(2011). 사회복지행정론. 양서원.

황진수 외(2010). 사회복지행정론. 양서원.

Burkhead, J., & Miner, J.(1971). Public expenditure. *Journal of public Economics*, 3 (July). pp.281-284.

Zwick, C. J.(1968). Directors of The Office of Management and Budget and Bureau of the Budget. p.18.

8 마케팅과 홍보

제1절 사회복지조직의 마케팅 이해

1. 마케팅의 개념

일반적으로 마케팅이란 교환과정을 통해 고객의 욕구를 충족시키는 모든 인간활동으로 정의된다. 즉, 마케팅은 구매자와 판매자의 교환과정에 수반되는 활동이며, 그 목적이 고객의 욕구충족을 통해 가치를 창출하는 활동이라는 것을 의미한다(이철, 2006). 미국마케팅협회(American Marketing Association)는 고객의 욕망을 파악하고 그에 합치된 상품이나 서비스 또는 아이디어 혹은 그 전체를 기획, 개발하고 이에 관한 사실을 전달하며, 최소 비용으로 최대의 고객만족, 최대의 가치를 창출할 수 있는 상품 및 서비스를 제공하는 행위를 마케팅이라고 정의하고 있다(방대욱, 2011).

코틀러(Kotler)는 마케팅이란 조직의 목표를 달성하기 위하여 표적시장(target markets)에서 자발적인 가치의 교환(voluntary exchanges of values)이 이루어지도록 만들어진 프로그램의 분석(analysis), 기획(planning), 집행(implementation), 통제(control)하는 과정을 포함한다고 정의하고 있다. 즉, 마케팅은 ① 분석, 기획, 집행 그리고 통제를 포함하는 체계적인 과정, ② 마케팅 과정은 욕구충족을 위해 면밀하게 짜여진 프로그램에 의해 진행, ③ 가치의 자발적인 교환을 추구, ④ 모든 사람을 대상으로 모든 제품에 대해 모든 시장을 찾아 비현실적으로 공략하기보다는 정확하게 사정된 표적시장을 대상으로 하며, ⑤ 마케팅의 목적은 효과적인 시장의 공략을 통해 조직의 생존과 건강한 유지를 돕는 것, ⑥ 마케팅의 성패는 표적시장의 욕구에 부응하는 조직의 공략체계 여부, ⑦ 마케팅은 마케팅 믹스(marketing mix)라 불리는 상품설계(product design), 가격결정, 홍보 그리고 장소 선정의 방법들을 혼합적으로 이용하는 것을 포함하고 있다고 한다(Kotler, 1985).

따라서 마케팅은 영리기업뿐만 아니라 비영리조직이나 개인에게도 거래 혹은 설득이나 커뮤니케이션 등 교환을 촉진하기 위한 모든 활동이 될 수 있다. 기존의 마케팅 개념이 비영리조직으로 확대되고 필요성이 인정되면서 사회복지조직 마케팅은 기관의 클라이언트와 자원제공자, 자격부여기관 및 전체 사회가 복지조직에 대해 좀 더 많은 관심과 요구를 갖도록 하기 위한 제반 활동으로 이해되고 있다(Baker, 1993).

2. 사회복지조직 마케팅의 필요성

최근 사회복지기관의 책임성 확보와 비용효과성의 강조는 마케팅을 중요한 관리활동으로 부각시키고 있다. 사회복지조직에서 마케팅의 필요성에 관해서는 다음의 네 가지 측면에서 살펴보면 다음과 같다(김익균 외, 2011; 사회복지사 1급 시험연구회, 2011).

1) 책임성 측면

사회복지조직은 정부의 보조금이나 기타 단체 기부금으로 운영이 되기 때문에 서비스 제공에 있어서 효율성과 효과성을 달성할 책임을 가지고 있다. 이러한 책임의 요구에 부응하려면 비영리조직의 운영에 있어서도 전략적인 마케팅의 도입이 필요하다.

2) 대상자 관리의 측면

클라이언트, 기관의 이용자, 기부자, 지역사회를 고객으로 인식하여 욕구를 세분화하고 관리에 있어 궁극적으로 고객만족을 이끌어내는 마케팅 접근이 필요하다.

3) 서비스 개발의 측면

사회복지조직에서의 마케팅은 사회복지서비스 개발을 위한 것이다. 사회복지조직은 조직 외부환경의 변화에 민감하게 대처해야 한다. 따라서 변화하는 외부환경에 대한 분석과 더불어 이에 대처할 수 있는 사회복지서비스 개발이 필요하다. 그리고 이러한 다양한 사회복지서비스를 개발하기 위해서는 마케팅이 필요하다.

4) 재정 확보 측면

사회복지조직의 목표를 달성하기 위해 필요한 재정자원의 계획과 동원, 배분, 효율적인 사용과 책임성 있는 관리는 필수적이다. 모금 시장 분석, 다양한 모금상품 개발, 전략적인 모금상품의 홍보는 물론이고 잠재적 후원자의 개발, 이미 후원자의 1 : 1 고객관리를 통해 모금의 극대화를 가져와야 한다.

3. 사회복지조직 마케팅의 특성

사회복지조직에서 제품이란 유형의 상품이 아니라 주로 무형의 서비스를 의미한다. 따라서 영리를 추구하는 기업체에서 생산하는 상품과 사회복지조직에서 제공하는 서비스 간의 차이는 마케팅에도 차별성을 나타낼 수밖에 없다. 사회복지조직의 서비스가 기업체에서 생산하는 상품과의 차이점은 다음과 같다(Zeithaml et al., 1985; 황성철 외, 2010 재인용).

1) 무형성(intangibility)

영리를 추구하는 기업체에서 생산하는 제품은 유형의 형태를 갖는 반면에 사회복지조직에서 제공하는 서비스는 눈으로 확인할 수 있는 형체가 존재하지 않는다. 일반 기업체에서 생산하는 제품의 경우 외형, 냄새 등을 통해 상품의 품질을 평가하게 되고, 경험을 통해 품질에 대한 확신과 상품을 통해 얻게 될 이익을 어느 정도 기대할 수 있다. 반면, 사회복지조직의 서비스는 그것을 이용해 보기 전에는 서비스 제공자의 주장을 확인할 수 있는 방법이 많지 않다. 이는 사회복지서비스의 무형성의 결과로 이로 인해 상대방을 설득하기 위한 홍보방법이 제한되어 있고, 이용자가 실제 이용을 해 본 후에만 평가가 가능하기 때문에 마케팅에도 어려움이 따른다.

2) 다양성(heterogeneity)과 복잡성(complexity)

사회복지서비스는 개별적인 욕구를 중시하기 때문에 다양한 서비스가 제공되고, 욕구를 충족시키는 과정이 매우 복잡하다. 영리기업의 상품은 대량 소비를 유도하여 높은 이윤 창출을 목적으로 하기 때문에 비용을 낮추기 위해 표준화된 상품을 개발 공급하므로 다양성이 부족하다. 하지만 사회복지서비스는 개별적인 욕구에 초점을 맞추어 서비스를 제공하는 것이 중요한 실천 가치이기 때문에 서비스의 대량생산이 불가능하고 이는 곧 사회복지서비스 생산의 단위 비용을 높이는 결과를 가져오게 된다.

3) 동시성(simultaneously)

사회복지조직에서 제공되는 서비스는 생산과 소비가 분리되지 않고 동시에 발생한다. 영리기업의 상품은 생산이 먼저 이루어지고 난 후 소비가 발생하는 것과 차이가 있다. 이와 같은 동시성은 서비스의 생산자인 사회복지조직과 소비자인 클라이언트가 생산과정에 동시에 참여한다는 것을 의미하며, 이것은 사회복지 마케팅에서 생산자와 소비자의 상호작용의 중요성을 나타내 주고 있다.

4) 소멸성(perishability)

영리기업에서 생산하는 제품은 판매 혹은 소비되지 않을 경우 재고로 남아 있지만, 사회복지서비스의 경우 한 번 생산이 되어서 제공되고 나면 가령 서비스에 참여하지 않더라도 그 서비스를 비축해 둘 수가 없고 소멸되어 버린다. 차후에 동일한 서비스가 제공되어 그 서비스에 참여한다고 하더라도 엄격하게 말하면 이는 앞서 제공된 서비스와는 다른 내용이다.

따라서 사회복지 마케팅에서는 서비스가 가능한 한 최적의 조건에서 제공된다는 것을 확신시키는 전략과 실제로 그렇게 제공하려는 노력이 필요하다.

이와 같이 사회복지서비스는 영리부문의 상품과는 여러 가지 측면에서 다른 점이 있다. 더구나 취약계층을 위한 사회복지서비스는 대상자들에게 상당한 이익을 줄 수 있음에도 불구하고 반대세력의 저항에 부딪히는 경우가 많다. 예를 들어 사회복지기관의 이해관계가 문제가 되곤 한다.

제2절 마케팅 개념의 핵심요소와 믹스

1. 마케팅의 핵심요소

① 소비자의 욕구와 수요 파악: 고객의 욕구와 수요를 정확하게 이해하고 소비자들이 원하는 것을 제공하기 위해 정보를 수집하여야 한다.

② 소비자의 만족과 가치 인식: 제품이나 서비스를 통해 소비자들의 욕구와 수

요를 가장 잘 충족시킬 수 있는 것을 소비자는 선택하게 된다.

③ 교환: 가치 있는 제품이나 서비스에 대한 대가를 제공하고 획득하는 행위가 교환이다. 교환은 가치를 창조하는 과정이다.

④ 시장: 어떤 제품이나 서비스의 실제 또는 잠재적 구매자들의 집합을 의미한다.

2. 마케팅 믹스

사회복지조직의 마케팅관리에서 일차적으로 필요한 것은 사회복지조직과 후원자나 클라이언트와의 교환이 가능한 아이디어, 서비스 등을 개념화하는 것이 중요하다. 이렇게 개념화된 교환 대상물을 프로그램이나 서비스로 개발해 내고, 개발된 프로그램이나 서비스의 교환을 용이하게 하기 위해 후원자와의 의사소통이 필요하며, 교환에 부수되는 서비스를 제공하는 활동이 프로그램화되어야 한다. 이러한 마케팅 기획과정은 마케팅 믹스(marketing mix)라 불리는 상품(product), 가격결정(price), 홍보(promotion), 장소(place)를 의미하는 4P로 구성된다. 여기에 비영리기관에서 4P를 가지고 최적의 함수를 도출해 내는 것은 무리가 있다는 주장이 제기되면서 추가적으로 마케팅을 하는 주체인 생산자(producer), 마케팅을 통해 호소를 해야 하는 대상자인 구매자(purchaser), 과학적인 탐구과정인 조사(probing) 등 3P가 함께 고려되어야 한다는 것이다. 이러한 맥락에서 사회복지기관의 마케팅 기본 틀을 정리해 보면 다음과 같다(정무성, 1998; 김인혁 외, 2011; 한동일 외, 2011).

1) 생산자(producer)

마케팅을 위해 구매자와 교환할 아이디어를 창출하고 서비스를 생산해 내는 주체를 의미한다. 후원자 개발을 위한 마케팅에서 사회복지기관이 생산자가 된다. 사회복지기관의 목표를 달성하기 위해 잠재적 후원자라고 할 수 있는 일반 시민들이 사회복지에 대한 관심을 갖고 후원할 수 있도록 도와줄 필요가 있다.

우선 사회복지기관은 마케팅의 주체인 생산자가 되어 사회복지기관의 목표에 대한 가치를 확신시켜야 한다. 이를 위해 사회복지기관은 일반 시민들로부터 믿을 만하고 의지할 만한 기관으로써 신뢰를 받아야 하고, 사회복지대상자들의 중요한 대변인 역할을 하여야 한다. 또한, 마케팅의 주체로서 사회복지기관은 교환하고자 하는 아이디어나 서비스에 책임을 질 수 있어야 한다.

2) 구매자(purchaser)

기업의 마케팅에서 구매자는 일반적으로 잠재적 고객을 의미한다. 사회복지기관의 후원자 개발을 위한 마케팅에서 구매자는 잠재적 후원자들이다. 구매자인 잠재적 후원자가 될 사람들은 마케팅의 초기 단계에서 반드시 파악되어야 한다. 그리고 사회복지기관은 이들에게 특별한 인상을 심어주면서 호소할 필요가 있다. 이를 효율적으로 하기 위해서 대상을 특정 기준에 따라 여러 범주로 나누는 시장 세분화가 필요하다.

3) 상품(product)

상품은 구매자의 욕구를 충족시키기 위한 산출물을 의미한다. 사회복지기관에서 잠재적 후원자들의 후원 욕구를 높이기 위해 구체적으로 표현되거나 상징물로 만들어 내야 한다. 예를 들어, 결식아동, 소년소녀가장, 독거노인, 진폐증 환자 등 후원자들이 후원대상자들의 상황을 구체적으로 인식할 수 있어야 한다(양용희, 2001). 또한 상품을 개발하는 데 있어 중요한 것은 생산자가 판매하려고 하는 것을 강조하는 것이 아니라 구매자가 사려는 것이 무엇인지를 파악하는 것이다. 따라서 사회복지기관의 후원자 개발을 위한 마케팅에서 후원금 자체에 중점을 두기보다는 후원 행위를 통한 사회적 기여와 소외계층의 삶의 질 향상에 중점을 두어 상품이 개발되어야 한다.

4) 가격(price)

가격은 구매자가 그 상품을 얻기 위해 기꺼이 지불하고자 하는 대가를 의미한다. 그러므로 생산자는 가격을 결정하기 전에 생산비용뿐만 아니라 소비자가 그 상품에 어떤 가치를 부여하고 있는지를 반드시 파악해야 한다.

사회복지기관의 사회서비스에 대한 가격결정은 구매자인 후원자가 특정한 서비스에 대해 어떤 가치를 부여하고 있느냐에 따라 달라진다. 또한 클라이언트의 관점에서 사회복지서비스에 대한 가격을 결정할 때에는 반드시 이용자의 지불능력이 고려되어야 한다. 지불능력이 충분한 사람에게 더 많은 지불을 요구하고, 지불능력이 없는 사람에게는 실비나 무료로 서비스를 제공하는 가격정책이 수립되어야 한다.

5) 홍보(promotion)

홍보란 기업이 제공하는 제품이나 서비스에 대한 정보를 구매자에게 제공하고 자신의 제품을 구매할 수 있도록 설득하는 작업을 의미한다. 즉, 고객의 구매욕구를 자극하기 위해 활용되는 모든 판매촉진기술이다. 사회복지현장에서 홍보란 클라이언트에게 정보를 제공하는 활동을 포함하여 사회복지조직을 둘러싸고 있는 주변 환경과 원활한 관계를 유지하고자 하는 노력, 즉 사회조직을 둘러싼 이해관계자(클라이언트, 가족, 지역사회, 후원자, 정부, 기타 기관 등)와 다양한 관계를 형성하는 노력을 의미한다. 이러한 과정을 통해 후원자를 발굴하여 자원을 개발하고, 서비스 제공 대상인 클라이언트를 확보하며, 사회복지조직의 존립을 위한 사회적 지지와 신뢰관계를 구축하기도 한다.

6) 장소(place)

장소란 마케팅 상품이 구매자들이 구입하기 가장 적합한 때와 장소에 있도록 하는 것을 의미한다. 이는 상품에 대한 구매자의 접근용이성을 의미한다. 시장조사를 통해 잠재적 후원자들이 밀집되어 있는 곳이 있다면 사회복지조직의 후원자 개발을 담당하는 팀은 그곳을 찾아가야 한다. 예를 들어 중·고등학생을 대상으로 후원자 개발을 하는 경우에는 학교로, 직장인을 대상으로 마케팅을 할 경우는 기업에 방문할 수 있는 통로를 개발하여야 한다.

7) 조사(probing)

마케팅에서 가장 중요한 과제는 소비자에 대한 조사(probing), 즉 시장을 연구하는 것이다. 사회복지 영역에서 시장이란 지역사회를 의미하며 비영리기관의 마케팅 활동은 지역사회의 사회복지욕구를 발견하여 충족시켜 주는 것이다. 따라서 사회복지조직에서 조사란 시장을 가로, 세로로 동질성, 이질성 등으로 분석·분류하여 비영리기관이 목표로 하는 일에 후원자나 클라이언트를 찾아내는 일이다. 그리고 선택된 클라이언트의 욕구를 충족시킬 수 있는 서비스를 개발하고 그들의 관점에서 서비스를 제공해야 한다(Drucker, 1990). 그리고 후원자 마케팅의 경우에는 지역사회에서 해결되기를 원하는 문제가 무엇이며 이러한 문제를 해결하고자 하는 사람은 누구인지를 밝히는 작업이다. 그러나 복지욕구 조사 등을 통해서 클라이언트나 후원자의 사생활이 침해되는 일이 없어야 하며, 시장조사가 남용되지 않도록 주의해야 한다.

제3절 마케팅 과정

사회복지조직에서 마케팅을 수행하려면 마케팅활동의 전체적인 과정에 대해 이해가 필요하다. 마케팅 과정은 기관환경 분석, 시장욕구 분석/마케팅 조사, 마케팅 목표 설정, 기부시장 분석, 마케팅 도구 설정, 마케팅 실행, 마케팅 평가 등의 순서로 진행된다(황진수 외, 2010; 한동일 외, 2011; 박차상 외, 2011).

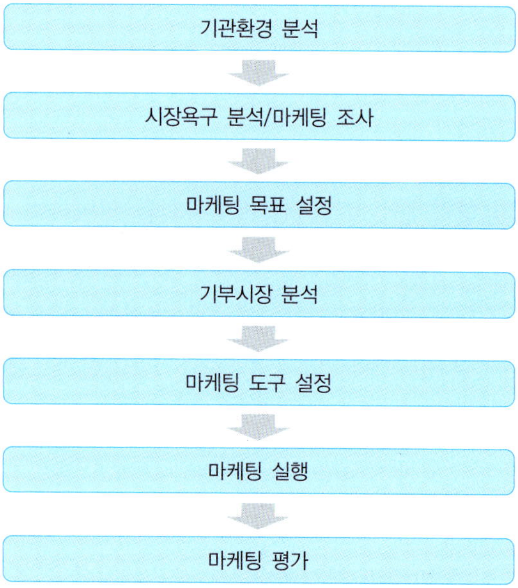

출처: 박차상 외(2011). 참고로 재구성.

[그림 8-1] 마케팅 과정

1. 기관환경 분석

마케팅의 출발점은 사회복지서비스조직 및 기관이 속한 환경에 대한 분석으로부터 시작된다. 이 과정은 마케팅을 위한 준비상태를 확인하는 과정이기 때문에 조직의 존재이유, 프로그램, 조직의 자원, 후원의 당위성, 후원자에 대한 혜택 등의 분석이 필요하다. 조직의 환경적인 요인 분석을 할 때에는 조직의 내부환경인지, 외부환경인지 세분하여 분석하게 된다. 외부환경의 경우는 모금과 후원에 관련된 각종 법규와 정부정책, 경제상황 등에 관한 내용을 포함해야 한다. 그리고 조직 내부환경의 경우에는 조직의 장점과 약점을 비롯하여 조직 내 자원과 시스템에 대한 분석을 하게 된다.

조직의 환경 분석 단계에서 쓰이는 기법으로는 조직의 마케팅상의 강점과 약점을 확인하고, 외부환경인 기회요인과 위협요인을 규명하는 SWOT(strength, weakness, opportunity, threat) 분석기법이 대표적이며, 이를 통해 조직은 강점에 의해 적합한 목표, 기회, 전략이 추구되어야 하고 자원 면에서 취약한 부문은 회피해야 한다.

〈표 8-1〉 SWOT를 이용한 마케팅 계획 분석

구 분	조직의 강점(S): 구성원들의 업무의욕이 높음	조직의 약점(W): 신규조직이라 재정이 빈약함
조직의 기회(O): 사회문제가 증가함(결식하동 증가, 노인문제 증가 등)	사회문제를 해결할 우월한 프로그램 개발	사회문제를 해결할 모금 및 후원자 확보 활동 강화
조직의 위협(T): 경제난으로 재정지원 감소예상	조직을 유지하기 위한 수익성 있는 프로그램 개발	조직목표에 합당한 프로그램만 존치시켜 최저예산 유지

출처: 우종모 외(2004).

2. 시장욕구 분석/마케팅 조사

기관이 관심을 갖는 문제에 대해서 지역사회가 가지고 있는 인식과 태도를 분석한다. 이는 일종의 시장에 대한 조치의 성격을 갖는다. 시장조사에서는 첫째, 상품이나 서비스에 대한 욕구가 있는지, 둘째, 욕구를 지닌 사람들이 구매욕구가 있는지, 셋째, 상품구매력이 있는지, 넷째, 구매의 의지가 있는지 등을 확인한다. 사회복지 마케팅에 있어서 상품의 구매는 후원을 의미한다.

〈표 8-2〉 시장조사의 예시

후원자 성명	후원 분야 (프로그램)	후원금액	후원시기	후원금 지급장소	후원금 지급방법	비 고
○○○	아동결식	10,000(월)	1달, 1번	은행, 자택	방문, 지로	지인의 권유로 후원

출처: 박차상 외(2011).

3. 마케팅 목표 설정

마케팅 활동에서도 목표가 매우 중요하다. 만약 목표가 없다면 전략적 계획이 성공하기 어렵고 성공 여부를 판단하기도 어렵기 때문이다. 마케팅 목표는 마케팅 기획의 초기 단계에서 명확하게 규명되어야 하는데 마케팅의 목표를 설정하려면 사회복지조직의 설립 목적이나 소명의식과 일치하는지를 점검해야 한다. 마케팅 목표가 사회복지조직의 설립 목적을 달성시키는 구체적 수단이라고 할 때 목표는 양적으로 측정이 가능한 구체적 형태로 설정되어야 한다. 일반적으로 세부목표는 SMART[1] 지표를 사용한다. 즉, 목표를 구체적으로 측정가능하고 달성가능하고 타당성 있게 그리고 달성되는 시기가 명확히 제시되어야 함을 의미한다.

목표 설정 단계에서는 사회복지조직의 모든 구성원이 마케팅 목표의 중요성을 인식하게 하고 이러한 목표달성을 위해 적극적으로 참여하도록 하는 데 관심을 두어야 한다. 일반기업에서도 마케팅 목표를 달성하기 위해 기업의 모든 직원이 관여하며 적어도 고객과 관련이 있는 사람들 모두가 마케팅 활동에 참여한다. 비영리조직의 마케팅 활동은 유형의 상품이 아닌 무형의 서비스를 판매해야 하기

1) 일반적으로 선거공약이나 정책의 실현가능성을 평가하기 위한 지표로 사용되는데 구체성(Specific), 측정가능성(Measurable), 달성가능성(Available), 정책의 타당성(Relevant), 시간계획성(Timed)의 다섯 가지 요소를 의미하며 첫 글자를 따서 SMART지표라고 불린다.

때문에 더욱더 사회복지조직 구성원의 헌신하는 자세를 필요로 한다(Drucker, 1990).

4. 기부시장 분석

시장분석은 누가, 어떠한 분야에, 어떤 방식으로 언제, 어디서, 어떤 이유로 기부를 원하는가를 분석한다. 시장분석은 시장세분화(segmentation), 표적시장 선정(targeting), 시장 포지셔닝(positioning)의 세 단계로 구성되어 있다. 이를 표적마케팅이라고 부른다. 첫 번째 단계인 시장세분화는 전체 시장을 비슷한 기호와 특성을 가진 차별화된 마케팅 프로그램을 원하는 집단별로 나누는 것을 의미한다. 두 번째 단계인 표적시장 선정은 시장세분화의 결과로 나누어진 각각의 세분시장을 평가하여 후원가능성이 있는 요소를 발견한 후 하나 또는 둘 이상의 목표시장을 선정하는 것이다. 마지막으로 시장 포지셔닝은 세분화되고 표적이 된 각각의 집단을 명확하게 지배하는 것, 즉 대상집단으로 하여금 후원을 하도록 확정하는 것을 말한다.

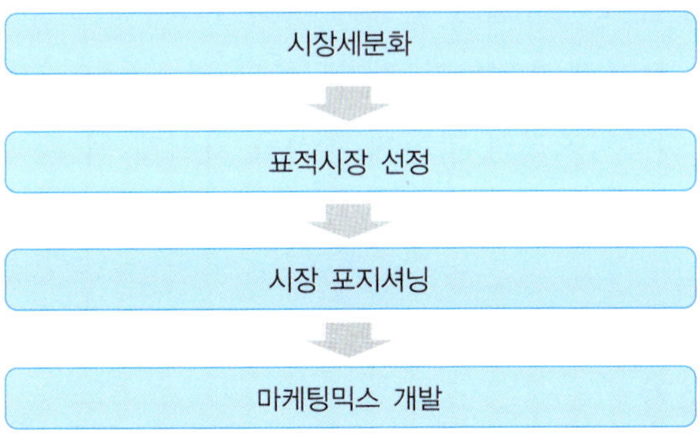

출처: 박차상 외(2011).

[그림 8-2] **표적마케팅 단계**

5. 마케팅 도구 설정

인터넷을 이용한 인터넷 모금, ARS 모금, 언론과 이벤트를 통해 일반 시민들의 관심과 참여를 유발시키는 캠페인 모금, 정기 후원회원 개발 방법, 직접 우편 등 다양한 방법들이 있다.

6. 마케팅 실행

마케팅 실행이란 전략적 마케팅 목표를 달성하기 위해 마케팅 기획을 활동으로 옮기는 과정이다. 마케팅 기획이 어떤 마케팅 활동을 왜 하는지에 관한 것인 반면, 마케팅 실행은 누가, 어디에서, 언제, 어떻게 활동하는지에 관한 것이다. 사회복지조직에서 후원마케팅의 실행은 실제로 기부를 요청하는 과정으로서 마케팅의 전 과정에 있어 가장 핵심적인 단계이다.

마케팅 실행에서 가장 효과적인 방법은 잠재적 기부자와의 직접적 대면을 통한 개별적 접촉이라고 할 수 있다. 그리고 후원을 결심한 사람이 지속적 후원자가 되도록 하기 위해서는 기부행위가 이루어진 후에도 지속적 관심을 표명하는 것이 필요하고 특히 기부금의 사용결과에 대해 정기적으로 보고할 필요가 있다. 이러한 과정을 거칠 때 잠재적 후원자가 정기적이고 지속적인 후원자로서 변화할 것이고 더 나아가 사회복지조직의 활동에 관심을 가지게 될 뿐 아니라 사회복지조직의 활동에 참여하게 된다.

7. 마케팅 평가

마케팅의 평가는 기부행위의 발생에 대한 종합적인 평가와 함께 새로운 기관 외부환경에 대한 분석으로 연계되는 과정이며, 사회복지조직의 마케팅 부서나 담당자가 해야 할 마케팅 평가로는 다음과 같다.

첫째, 포괄적인 평가이다. 마케팅 평가를 수행하는 조직은 문제발생 분야뿐만 아니라 특징 부서나 사업의 모든 주요 마케팅 활동을 포함해야 한다.

둘째, 체계적인 평가이다. 마케팅 평가를 수행하는 조직은 마케팅 환경, 내부 마케팅 시스템, 특징 마케팅 활동을 포괄하는 체계적인 일련의 평가과정을 내포해야 한다.

셋째, 독립적 평가이다. 마케팅 평가는 자체검사, 상호검사, 상부로부터의 감사 및 평가, 조직의 감사부에 의한 감사, 외부감사 및 평가 등으로 실시될 수 있는데 감사 및 평가자는 외부로부터의 간섭을 받지 않고 독립적으로 객관적인 평가를 수행하여야 한다.

넷째, 주기적 평가이다. 마케팅 활동에 대한 평가는 전형적으로 마케팅 실적의 부진, 조직의 사기저하 등의 문제가 발생한 이후에 실시하며, 조직의 상황이 좋을 때에는 실시하지 않는 것이 바람직하다.

제4절 마케팅 기법

마케팅의 수행을 위해 활용할 수 있는 기법은 다양하다. 본 장에서는 다이렉트 마케팅, 고객관계관리 마케팅, 기업연계 마케팅, 데이터베이스 마케팅, 인터넷 마케팅, 사회 마케팅에 대해 살펴보고자 한다(남일재 외, 2011; 김인혁 외, 2011; 사회복지사 1급 시험연구회, 2011).

1. 다이렉트 마케팅(Direct Marketing: DM)

DM은 우편을 이용하여 고객에게 상품과 기업의 정보를 전달하는 방법이다. 사회복지조직에서 DM은 우편에 의해 클라이언트, 서비스 이용자, 기존 기부자와 기부를 유도하기 위한 잠재적 후원자 등에게 기관의 운영 현황이나 이용할 수 있는 서비스와 프로그램에 대한 다양한 정보를 전달하는 방법이다.

2. 고객관계관리 마케팅(Customer Relationship Management: CRM)

사회복지조직에서 CRM은 클라이언트 관리는 물론 후원자 관리에 유용한데 신규 후원자 개발, 후원자의 관리, 잠재적 후원자의 개발을 위해 그들의 욕구를 파악하여 이른바 '맞춤 서비스'를 지속적으로 제공함으로써 모금효과를 극대화하는 방법이다. 따라서 사회복지조직에서 CRM 전략의 도입은 매우 중요한데 개인이 기부를 함으로써 사회에 공헌하며, 사회적으로는 기부문화의 확산이라는 측면에서 바람직하고, 사회복지조직은 자금을 조달할 수 있으므로 Win-Win 전략을 달성할 수 있다.

3. 기업연계 마케팅(Cause-Related Marketing: CRM)

기업은 봉사활동이나 기부를 통해 이윤을 사회에 환원한다는 이미지를 높여 기업의 상품판매에 긍정적인 영향을 미치고, 또 사회복지조직의 입장에서는 필요한 자원을 효과적으로 연계할 수 있는 마케팅기법이다. 국내 대기업들의 사회공헌활동이나 사회봉사활동 등이 여기게 속한다.

4. 데이터베이스 마케팅(Database Marketing)

사회복지조직에서 데이터베이스 마케팅은 기관을 찾는 이용자의 개별정보, 즉 명단과 주소, 프로그램 이용 횟수와 시기 등의 정보뿐만 아니라 기관이나 프로그램에 대한 태도, 기호와 스타일 등 각종 정보를 수집 분석하고 이를 데이터베이스화하여 기관의 기부나 봉사활동, 프로그램 참여 등에 활용하는 마케팅 방법이다.

5. 인터넷 마케팅(Internet Marketing)

인터넷 마케팅은 인터넷, 즉 이메일이나 배너광고 등을 통해 고객에게 정보를 전달하여 모금이나 참여를 유도하려는 기법이다. 인터넷 매체를 활용하여 기관의 사업과 프로그램을 알릴 수 있는 홍보, 기부금 모집 등이 가능한데, 그 외에도 메일링 서비스를 통해 개별적인 고객관리를 할 수도 있으며 기관에 만족도 조사 등 각종 평가 조사까지 가능하므로 시간과 비용은 물론 물리적 접근성이나 정보적 차원의 접근성에 있어 장점이 많다.

6. 사회 마케팅

사회 마케팅은 정부나 지방자치단체, 시민과 지역사회를 위하여 대중의 행동 변화를 위한 마케팅으로, 공익을 실현하기 위한 집단적이고 조직적인 노력이다. 금연운동이나 생태계 보호운동, 지구 온난화 캠페인과 국제적인 기아 퇴치나 아동학대바지운동 등 대중의 각성과 참여를 촉구하여 사회문제를 해결하는 것이 목적이다.

제5절 사회복지조직의 홍보

1. 홍보의 개념

일반적으로 홍보라고 하면 PR(Public Relations)을 의미한다. 즉, 조직이 사회적 환경이 되는 대중과의 원활한 관계를 유지하고자 하는 제반노력을 의미한다. 사회복지조직을 둘러싼 이해당사자(클라이언트, 가족, 지역사회, 후원자, 정부, 기타 기관 등)와 좋은 관계를 형성하는 것은 자원개발, 조직에 대한 지지 획득 등에 있어 중요한 요소이다.

〈표 8-3〉 PR과 홍보

PR	한 조직에 대한 대중의 이미지를 긍정적으로 변화시키기 위해 만들어진 광범위한 프로그램
홍보	복지조직의 메시지를 널리 알리고 전하며, 다소 일방적·기술적 측면 강조

출처: 사회복지사 1급 시험연구회(2011).

2. 홍보의 기능과 조건

사회복지기관의 홍보는 우호적인 평판을 확보함으로써 기관의 다양한 대중들과 좋은 관계를 구축하고, 좋은 기관 이미지를 형성하며, 비우호적인 소문이나 평판들을 불식시킬 수 있다. 일반적으로 홍보는 다음과 같은 기능을 수행한다(Kotlre & Amstron, 2008). 첫째, 언론관계나 언론기관과 관련하여, 뉴스 가치가 있는 정보를 창출하여 뉴스 매체에 제공함으로써 사람, 제품, 서비스에 관심을 갖게 한다. 둘째, 특정한 제품을 사회에 널리 알리는 제품 선전의 기능을 한다. 셋째, 전국적 혹은 지역적 관계를 구축하고 유지하는 공공 사무적 기능을 한다. 넷째, 입법이나 규제에 영향을 미치기 위해 국회의원이나 정부 관리자와 좋은 관계를 구축하고 유지하는 로비 기능을 한다. 다섯째, 이해관계자 및 재정적 후원자 집단과 관계를 유지한다. 여섯째, 재정이나 자원봉사자 후원을 얻기 위해 기부자들이나 다른 비영리조직들과 좋은 관계를 유지한다.

홍보의 이러한 일반적인 기능 외에 구체적으로 사회복지기관과 관련된 기능을 살펴보면 다음과 같다(배안철, 1995). 첫째, 사회적 취약계층의 존재 사실과 그들의 사회적 욕구를 공중, 지역사회의 주민과 조직 공공기관에 인지시켜 사회적 자원을 동원한다. 또 취약계층에게는 기관의 목표와 사업내용을 공지하여 그들이 사회복지프로그램을 효과적으로 이용하도록 돕는다. 둘째, 홍보는 공공교육의 기능을 수행한다. 사회적 적응이 어려운 계층에게 정보를 제공하고, 사회해체의 위기를 예방할 수 있는 여러 프로그램 내용을 소개함으로써 지역사회교육의 기능을 수행한다. 셋째, 교육을 통해 지역사회에 생길 수 있는 사회문제를 예방하는 기능을 한다.

3. 효과적인 홍보의 조건

홍보가 잘 이루어지기 위해서는 다음과 같은 기본적인 조건이 갖추어져야 한다(이용교, 2001; 강용규 외, 2007; 한국복지행정학회, 2011 재인용).

첫째, 기관의 신뢰성을 확보해야 한다. 기관 운영의 명시적인 목표와 실제 활동이 일치하고 예산활동을 비롯한 기관의 모든 운영이 투명해야 내외로부터 기관의 신뢰성을 얻을 수 있다.

둘째, 기관의 존재 가치를 인정받아야 한다. 기관의 내·외부로부터 장래비전에 대한 동의가 있어야 하고, 개별적인 프로그램뿐만 아니라 기관 운영의 전반에 대한 공감이 이루어져야 한다.

셋째, 기관 홍보를 전담할 직원이 확보되어야 한다. 마케팅과 홍보의 중요성에 비추어 전문성을 갖춘 전담직원이 있을 필요가 있다.

넷째, 기관의 모든 구성원이 홍보에 관심을 갖고 홍보마인드를 적절히 지녀야 한다. 홍보 담당자도 필요하지만, 기관의 장을 비롯한 전 구성원이 자신의 위치에서 기관을 최대한 홍보하려는 자세가 필요하다. 특히 사람들은 기관구성원들보다 서비스를 경험한 클라이언트나 자원봉사자의 말을 더 신뢰하는 경향이 있으므로 조직 관리자는 이러한 점에도 세심한 주의를 기울여야 한다.

다섯째, 지역사회와의 관계형성에 노력해야 한다. 이를 위해 사회복지기관의 시설을 지역사회에 개방함으로써 기관의 필요성에 대한 지역사회의 인식을 제고하는 것도 한 방법이 될 수 있다.

여섯째, 방송, 신문, 잡지 등의 각종 대중매체의 핵심적인 인물과 긴밀한 관계를 유지하고, 기관의 사업과 관련 있는 정보나 자료는 반드시 수집하고 정리하여 보관하도록 해야 한다.

4. 사회복지기관 홍보의 과제

우리나라 사회복지기관의 홍보의 가장 큰 문제점은 예산부족으로 인해 홍보를 전문적으로 담당할 부서나 인력을 둘 수 없다는 것이다. 이로 인해 효과적이고 적극적인 홍보를 펼치기 어려운 실정이다. 따라서 홍보 전문 인력을 양성하고, 홍보 예산 확보를 위해 노력해야 한다. 나아가서 사회복지조직의 홍보 활성화를 위해서는 적극적인 언론 홍보활동이 병행되어야 한다. 이는 오늘날 우리 사회에서 언론의 영향력에 대해서 논의할 가치가 없을 정도로 막강하고 중요하기 때문에 언론을 통한 홍보활동을 강화해야 한다. 이 밖에도 사회복지조직에서 활용가능하고 기관의 여건에 적합한 홍보매체를 개발해야 한다. 케이블방송이나 위성방송 등 지역단위로 공급되는 유선방송을 활용하는 방안이나 인터넷 포털 사이트에서 개설한 기부 프로그램(happybean.naver.com)을 적극 활용할 수 있을 것이다. 또한 최근 스마트폰의 급격한 보급과 함께 사회복지 Apple을 개발하여 사회복지기관을 홍보하는 방안도 적극 검토되어야 할 것이다.

토론해 보기

- 마케팅의 필요성과 특성에 대해 여러분의 생각을 서로 토론해 봅시다.
- 사회복지조직의 마케팅과 홍보의 과제에 대해 여러분의 생각을 서로 토론해 봅시다.

참고문헌

김익균 외(2011). 사회복지행정론. 정민사.

강용규 외(2007). 사회복지행정론. 공동체.

김인혁 외(2011). 사회복지행정론. 양서원.

남일재 외(2011). 사회복지행정론. 정민사.

박용순 외(2011). 사회복지행정론. 창지사.

박차상 외(2011). 사회복지행정론. 창지사.

방대욱(2011). 비영리기관의 자원개발을 위한 홍보마케팅 전략. 서울복지재단.

배안철(1995). "한국 사회복지 모금의 홍보전략에 관한 연구". 한양대학교 대학원 석사학위논문.

사회복지사 1급 시험연구회(2011). 1급사회복지사. 나눔의 집.

양용희(2001). 사회복지 마케팅 – 정기 후원자개발과 관리. 부산사회복지관협회.

우종모(2004). 사회복지행정론. 양서원.

이 철(2006). 알기 쉬운 고객중심 마케팅. 학현사.

정무성 (1998). "사회복지기관의 후원자개발을 위한 마케팅 전략에 관한 연구". 사회복지리뷰. 제3권 1호. 가톨릭대학교 사회복지연구소.

한국복지행정학회(2011). 사회복지행정론. 양서원.

한동일 외(2011). 사회복지행정론. 양서원.

황성철 외(2010). 사회복지행정론. 학현사.

Drucker, P. F.(1990). *Managing Non-Profit Organization : Practice and Principle*. New York: Harper Collins Publishers, Inc.

Kotler, P.(1985). *Marketing for Nonprofit Organizations*. Englewood Cliffs, Prentice Hall.

Kotler, P. & Armstrong, G.(2008). *Principles of Marketing*. New Jersey: Prentice Hall.

9 인 사 관 리

제1절 인사관리의 전반적인 이해

1. 인사관리의 개념

인사관리활동은 사회복지조직뿐만 아니라 공공부문과 민간부문 등 모든 공·사 조직에서 관심을 가져야 할 매우 중요한 관리과정 중의 하나이다. 인사관리(personnel management)란 조직 혹은 기업을 구성하고 있는 '사람(人)'으로 하여금 최대한 '업무에 전념할 수 있도록(事)' 관리하는 것이다. 즉, 기관의 목적을 달성하기 위하여 기관이 가용할 수 있는 인적자원의 능력을 최대한 활용하기 위한 관리활동인 것이다. 이때 중요한 것은 인간을 수단으로서가 아니라 목적 그 자체로 대함으로써 업무 종사자 스스로가 인간으로서의 만족감을 동시에 누릴 수 있어야 한다는 것이다. 일반적으로 인사관리는 인적자원관리(human resources management) 개념과 혼용하여 사용되고 있는 추세이다.

인사관리 = (업무의 능률 향상 + 구성원의 사기 진작)
→ 기관의 목적을 효율적으로 달성

2. 인사관리의 목적

① 기관의 경영목적을 효율적으로 달성하기 위함이다.
② 구성원들의 인간적인 욕구를 충족시켜 줌으로써 근로의욕 향상 및 협동의식을 높인다.
③ 인적자원의 고용과 관리에서의 사회적 책임을 수행한다.

3. 인사관리의 기능

인사관리의 주요 기능은 충원, 선발, 직무분석, 직무디자인, 오리엔테이션, 훈련, 직무개발, 직무 슈퍼비전 및 코치, 직무상의 문제점 처리, 징계, 해직 등을 관리하는 기능을 한다.

4. 인사관리의 과정

1) 모집

모집(recruitment)이란 선발을 전제로 신규채용 희망자에게 채용에 관한 정보를 제공하여 유능하고 인격이 원만한 사람들이 지원하도록 유도하여 공석중인 직위에 유치하는 과정이다. 모집공고 등에 포함될 내용은 다음과 같다(김치영 외, 2006).

① 직무명, 직무분류 및 봉급범위
② 근무지역 및 직무부서
③ 직무명세서
④ 최소한의 자격요건
⑤ 시험 및 면접일시

⑥ 신청절차

⑦ 지원신청 마감일시

지원자를 어디서 모집하느냐에 따라 기관 내부·외부모집이 있다. 기관 내부·외부에서 모집의 경우 장·단점은 〈표 9-1〉과 같다.

〈표 9-1〉 기관 내부·외부 모집의 장·단점

모집유형	장점	단점
내부모집	① 지원자에 대한 정확한 자료 확보 가능 ② 지원자에 대한 정확한 평가 가능 ③ 저렴한 모집 비용	① 지원자의 참신성 부족 ② 지원자의 현재 업무에 지장 초래 ③ 모집 범위의 제한
외부모집	① 참신한 응모자의 확보 ② 새로운 기술/경험을 소유한 지원자 확보 ③ 다수의 인력 확보에 유리	① 모집 비용의 과다 ② 지원자에 대한 정확한 자료 부족 ③ 내부 인력의 사기 저하

출처: 김치영 외(2006).

2) 선발

모집된 사람 중에서 기관이 필요로 하는 자질과 능력을 갖추고, 직무명세서에 가장 최적의 사람을 선택하는 과정이다. 그리고 지위에 적합한 능력을 갖춘 지원자를 선발하기 위해서 지원에 대한 정보 수집은 다음과 같은 방법을 이용한다(박차상, 1999).

① 기본적인 신상파악을 위한 지원자의 지원 서류

② 지원자의 지식, 경험, 개인적·감정적 특성 파악을 위한 면접

③ 평가기술을 향상시키기 위해 전직시의 고용주의 추천서

④ 관련 경력의 참고사항 검토

⑤ 필요시 학교성적 및 시험

⑥ 건강진단 등이다.

※ **선발의 일반적인 과정**(French, 1987)

직무명세서 작성 → 서류전형 → 선발시험 → 경력조회 → 신체검사 → 선발결정 → 채용선발 순으로 진행되며, 이때 활용할 수 있는 선발도구는 서류, 시험, 면접 등이 있다.

① 서류: 입사원서(application blank form)를 통해 구성원의 개인적 정보를 확보할 수 있다.
② 시험: 구성원의 능력, 성격, 흥미 등에 대한 자료 확보를 위해 필기시험, 실무능력검사 방법을 활용할 수 있다.
③ 면접: 구성원 선정과정에서 가장 많이 활용되는 도구이다. 목적은 구성원의 지식, 기술, 능력 및 기관의 특정 정보제공, 유형에는 구조적, 비구조적 면접이 있다.

베이커와 스피어(Baker & Spier, 1990)가 제시한 면접 진행 시 주의해야 하는 사항은 다음과 같다.

① 면접내용 및 질문의 비일관성: 면접자에 의한 질문들이 일관적이지 못하고 체계적이지 못하다.
② 면접자의 기술부족: 면접을 실행하는 면접자에 대한 체계적 훈련과정이 미비하다.
③ 해석의 비일관성: 피면접자의 응답을 통해 획득한 정보에 대한 해석이 일관적이지 못하다.
④ 조급한 선정: 대부분의 면접자들은 면접 시작 후 바로 결정을 내리는 경향이 있다.
⑤ 낮은 신뢰성: 전술한 문제들로 인해 면접에 의한 선정은 신뢰적이지 못하고 일관성이 결여된다.

3) 임용

임용은 선발된 사람 중에서 기관이 필요한 사람을 고용하겠다는 공식적인 계약 과정이다. 통상 임용수준은 구성원의 배경과 경험에 부합되어야 할 뿐 아니라 다른 직원들과 비교해서 공정해야 한다.

4) 신입직원 교육훈련(Orientation)

오리엔테이션은 새로운 직원에게 기관과 서비스 내용 및 지역사회에 관한 정보를 소개하는 것이다. 인력개발을 위한 하나의 도구로서 교육은 주로 이해력과 지적 활동을 활성화시킴으로써 지식 및 기능을 습득하는 과정이다.

5) 배치

배치는 정당한 이유와 일정한 기준 하에서 이루어져야 하며, 이로 인해 조직구성원의 근로조건이 저하되지 않아야 한다. 아울러 배치에서는 다음과 같은 원칙이 적용될 수 있을 것이다(한동일 외, 2011).

① 적재적소주의: 직무요건과 구성원의 능력, 태도, 기능, 적성 등이 가장 적합하도록 실시해야 한다.

② 인재육성주의: 조직구성원의 능력을 개발하면서 사용하는 방법이 성취동기를 유발하고, 장기적으로 조직의 유효성을 증대시키는데 기여하게 된다.

③ 균형주의: 조직구성원 개인과 직무의 적재적소를 고려할 뿐만 아니라 직장 전체와 개인의 조화를 고려해야 한다.

6) 승진

승진은 조직구성원의 자아발전의 욕구를 충족시키며 조직 입장에서는 효율적인 인력 개발이다. 승진의 중요 요소는 근무연한과 업무수행 능력이다. 승진방법에는 능력에 따른 합리적 기준에 의해 승진을 결정하는 능력주의 승진과 선임권을 위주로 하는 연공서열주의 승진 두 가지 방법이 있다.

7) 평가

① 업무수행의 과정과 결과를 평가한다.
② 평가의 목적은 다음과 같다.

- 직원들이 자신의 업무수행 정도를 알게 하기 위함이다.
- 업적에 따른 봉급 인상을 결정하기 위함이다.
- 훈련의 필요성을 발견하기 위함이다.
- 승진 후보자를 확인하기 위함이다.
- 업무향상에 장애나 문제점을 파악하기 위함이다.
- 직무개선 방법을 발견하기 위함이다.

8) 해임

여러 가지 이유로 직원의 해임은 인사관리에서 가장 어렵고 부담스런 직무 중의 하나로서 다음과 같이 실시한다.

① 짧은 시간에 신속하게 실시한다.
② 공정하게 실시한다.

제2절 직원능력개발

1. 인적자원개발

1) 개념 및 목적

사회복지조직에서 활동하는 직원들의 소양과 능력을 개발하고 직무수행에 필요한 지식과 기술을 향상시키며 가치관과 태도를 바람직한 방향으로 변화시키기 위한 교육 및 훈련활동이라 할 수 있다(성규탁, 1989).

인적자원개발의 목적은 새로운 지식과 기술을 제공하고 전문적 태도를 향상시키며, 함께 토론하고, 감정을 공유하고, 함께 활동하는 것으로서 직원 상호 간의 연대감을 높여 직원의 능력을 개발시키고 조직의 효과성을 높이는 것이다.

2) 유형

(1) 신규 채용자 훈련

적응훈련 또는 기초훈련이라고도 하는데 조직에 대한 안내를 위해 반드시 실시한다. 이는 신규 채용자에게 조직과 조직의 서비스 및 지역사회를 소개하는 과정이다(Skidmore, 1990).

일반적으로 다음과 같은 사항들이 소개된다.

① 조직의 역사와 서비스
② 기본정책, 규정 및 절차
③ 조직구조
④ 봉급, 근무시간, 휴가, 병가 등에 관한 기본적인 정보
⑤ 직원을 위한 사무실 배열

⑥ 특별급여

⑦ 승진, 봉급인상과 같은 제반 기회와 도전

(2) 일반 직원 훈련

주목적은 직무수행의 개선을 위한 교육훈련으로 필요한 새로운 기법을 습득하게 하는 등의 직무수행 능력을 향상시키는 것이다. 이와 함께 사회복지조직의 직원으로서 갖추어야 할 가치관과 태도의 변화를 위한 교육 프로그램이 첨가되기도 하는데 이는 직무에 대해 바람직한 방향으로 생각하고 실천하는 행동규범을 확립시키기 위한 것이다(성규탁, 1989). 일반 직원 훈련은 주로 현직 훈련의 형태로 실시되며, 이러한 훈련의 효과를 내기 위해서는 장기적이고 지속적으로 실시되어야 한다.

(3) 감독자 훈련

1인 이상의 부하를 통솔하고 감독할 책임을 진 슈퍼바이저들에 대한 훈련을 말한다. 여기서 슈퍼바이저란 보통 제일선의 지도감독을 맡고 있는 계장이나 과장을 의미한다. 이들에 대한 훈련의 내용은 업무 수행에 필요한 지식은 물론 사기, 리더십, 의사전달, 인간관계, 인사관리 등 거의 전 분야에 걸치고 있다. 훈련방법으로는 강의, 회의, 토의방법, 사례발표 등이 이용되고 있으나 가장 많이 쓰이는 것은 회의(conference)이다(안해균, 1982).

(4) 관리자 훈련

슈퍼바이저보다 높은 계층에 속한 중·고급 관리자에 대한 훈련이다. 일반적으로 이들 관리자들에게 요구되는 능력의 유형은 정책수립에 관한 것 및 리더십에 관한 것으로 구분할 수 있다. 훈련방법으로는 사례발표, 회의, 토의방법 등이 이용되고 있다.

3) 인적자원개발의 방법

인적자원개발의 목적, 인적자원들의 특성 및 기타 시설과 경비 등의 제반사항을 감안하여 결정해야 한다.

(1) 회의

어떤 주제에 관한 논의 및 토의가 이루어지는 공식적 모임이다.

집단을 대상으로 1명 혹은 그 이상의 연사가 발표, 토론을 하거나 구성원 간의 상호의견을 통해서 학습이 촉진된다. 회의에서는 정보의 상호교환이 강조되며 일반적인 지식의 전달이 아니라 서로 간의 의견교환을 통해서 배우게 된다. 이 방법은 상호 간의 토의가 강조되기 때문에 회의의 참석자들은 회의에 임하기 전에 사전에 토의될 주제에 대해서 어느 정도의 지식을 갖추고 있어야 하며 소규모 집단에 적용되고, 그 과정이 다소 느리다는 단점이 있다(성규탁, 1989).

(2) 강의

직원개발을 위한 가장 공통적인 도구로서 일정한 장소에 직원들을 모아놓고 사회복지에 관한 전문적 지식과 기술 및 태도를 전달하는 방법이다. 강의가 종료된 후 질문 및 토론할 시간에 많은 사람을 대상으로 강의 내용을 체계적으로 전달할 수 있으며 장점으로 경비 절약, 단점으로 강사가 유능하지 못하거나 직원들이 무성의할 때 소기의 효과가 없는 것이다.

(3) 토의

한 주제에 대하여 소수의 사람이 먼저 주제발표를 한 다음 여러 사람이 토론을 하는 방법이다. 토의방법은 근소한 차이에 따라 자유 토의, 포럼, 패널 및 심포지엄 등으로 나눌 수 있다(안해균, 1982).

(4) 계속교육

사회복지조직의 직원들을 대상으로 그들의 전문성을 유지, 향상시키기 위해 계속적으로 필요에 맞게 교육하는 것이다(성규탁, 1989). 바인바흐(Weinbach, 1994)는 계속교육의 유형을 훈련, 교육 및 인력개발로 세분하여 각각의 유형에 적합한 교육내용을 다음과 같이 제시하고 있다.

① 훈련: 기관인력의 업무수행을 위한 구체적 기술습득에 초점을 둔다.
② 교육: 업무수행을 위한 보다 일반적인 지식과 이론 등의 교육에 초점을 둔다.
③ 직원개발: 환경변화에 따른 새로운 업무수행능력이 요구될 때 필요한 유형이다.

(5) 슈퍼비전

직원이 실제 일을 하면서 윗사람으로부터 직무에 관하여 지도감독을 받는 것이다. 사회복지조직의 직원개발에 있어서 특히 슈퍼비전은 중요하다. 슈퍼비전은 1 : 1의 기초 위에서뿐만 아니라 집단적으로도 가능하다(Skidmore, 1990). 장점은 직무를 수행하면서 직무와 관련된 훈련을 받는다는 점이며, 단점은 다수인을 동시에 훈련할 수 없으며 슈퍼바이저로부터 많은 시간을 빼앗아 간다는 것이다.

(6) 역할연기

명칭 그대로 어떤 사례를 여러 직원들 앞에서 2인 또는 그 이상의 직원들이 실제로 연기한 후 여러 직원들이 이 연기를 평가하고 토론한 후 사회자가 결론적인 설명을 하는 것이다. 장점으로는 인간관계 훈련에 효과적이며 좋은 경험을 체득할 수 있으며, 단점으로는 연기에 소질 없는 사람은 직접 역할연기가 힘들며 사전 준비가 많이 요구된다.

(7) 사례발표

사례발표(case presentations)는 직원개발의 공통적인 방법이다. 분석적 사고능력과 문제해결능력의 개발에 도움을 준다는 장점과 사례선정을 잘못하여 흥미나 관심을 끌지 못할 경우 비효과적이라는 단점이 있다.

(8) 집단발표

다양한 집단적 접근이 직원개발에 활용되며, 직원개발을 위한 대표적인 집단발표 중의 하나가 감수성훈련(sensitivity training)이다. 감수성훈련은 소집단의 구성원들이 자신들이 어떻게 생각하고, 느끼고 행동하며 다른 사람들의 행위에 어떻게 반응하고 있는지를 알 수 있도록 수용, 열린 분위기를 제공하려고 노력한다.

2. 동기부여이론(내용적 이론)

동기부여(motivation)는 사회복지서비스를 관리하는 데 중요한 요소이다. 최근 사회복지조직에서도 동기부여에 관하여 많은 관심을 집중시키고 있으며, 사람이 어떠한 경우에 직무의욕이 생기고 사기가 높아져 열성적으로 일을 하는가에 관한 몇 가지 동기부여 이론들과 특히 사회복지조직에서 동기부여에 기여하는 몇 가지 핵심요소들을 살펴보면 다음과 같다(Skidmore, 1990).

1) 타일러의 고전이론

타일러(Taylor)는 열심히 일하는 사람이 자기가 한 일에 대해 게으른 사람과 똑같이 보수를 받는다면 열심히 일하는 사람은 곧바로 일의 속도를 늦추고 덜 생산적이 될 것이라고 결론지었다. 결과적으로 그는 열심히 일하고 생산성을 높이는 사람에게 보상을 주어야 한다고 주장하였다.

스톱워치(stopwatch)의 사용과 일한 양에 따라 보수를 받는 상여금제도를 제안하였다. 스톱워치는 주어진 과업을 수행하는 데 얼마나 오래 걸리는가를 정확히 측정하고 기록하기 위해 사용되었고 상여금 제도의 도입을 통하여 열심히 일하는 근로자는 기대 이상으로 일한 양에 대해 응분의 화폐적 보상을 받아야 한다는 것을 강조하였다. 고전이론은 금전 및 소득의 증가가 생산에 있어 주요한 동기부여의 요소라는 생각에 기초를 두고 이루어진 것이다. 그러나 이와 같은 고전이론은 주목받을 만하지만 금전적 보상 그 자체가 생산 및 서비스의 증가를 가져올 수 있는 유일한 요소는 아니라는 것은 분명하다.

2) 리커트의 인간관계 이론

리커트(Likert)의 인간관계 이론(human relations theory)에서는 인간과 인간관계의 중요성을 강조한다. 행정가 또는 관리자는 동기부여자(motivator)가 되는 것이 당연하고 작업의 개발과 생산성을 높이는 데 핵심적인 인물이 되어야 함을 지적하고 있다. 인간관계 이론의 생각은 서로를 좋아하고 도울 수 있는 만족한 사람들끼리는 서로를 동기부여하고 바람직한 생산수준을 달성한다는 것이다. 사회복지서비스에서도 사회복지조직의 구성원들이 기획하고 의사결정 하는데 중요한 역할을 할 수 있다고 느낄 때 그들은 더욱더 적극적으로 참여하고 더 좋은 서비스를 제공하도록 동기부여 될 수 있을 것이다.

3) 매슬로우의 욕구단계 이론

매슬로우(Maslow)는 인간이 기본적 욕구와 만족에 대하여 설명하고 있는데 그는 기본적인 욕구의 내용을 다음과 같이 다섯 가지로 제시하였다.

① 생리적 욕구
② 안전 욕구
③ 사회적 욕구 및 사랑의 욕구

④ 자존의 욕구
⑤ 자아실현의 욕구

위와 같은 욕구는 가장 낮은 수준의 생리적 욕구로부터 가장 높은 수준의 자아실현의 욕구에 이르기까지 계층을 이루고 있는 것으로 보고 있다.

그에 의하면 개인들의 욕구수준이 다르기 때문에 각각 다르게 취급되고 대우를 받아야 한다는 것이다. 따라서 생산성을 증가시키고 동기부여를 할 수 있는 방법은 직원들의 욕구가 무엇인가를 이해하고 작업기회를 통해서 그들의 욕구를 충족시킬 수 있도록 도움을 제공해야 한다는 것이다.

매슬로우(Maslow)의 이론은 많은 연구들에 의해 그 기본적 생각에 관한 타당성을 인정받고 있기는 하나 인간의 행동은 아주 개별적이기 때문에 그의 5가지 욕구의 계층 순서에는 많은 예외가 있다는 비판을 받고 있다.

4) 앨더퍼의 ERG 이론

앨더퍼(Alderfer)는 매슬로우(Maslow)의 다섯 단계 욕구범주를 '존재', '인간관계', '성장'의 세 가지로 욕구범주로 다음과 같이 간결하게 정의 및 분류하였다.

① 존재의 욕구(Existence Needs): 생리적 욕구+안전에 대한 욕구
② 관계의 욕구(Relatedness Needs): 소속감과 애정욕구+존경에 대한 욕구 일부
③ 성장의 욕구(Growth Needs): 존중의 욕구 일부+자아실현 욕구

5) 자블론스키와 드브리스의 행동수정 이론

직무만족뿐만 아니라 개인적 상담과 관련하여 많은 학습이론들이 제시되고 있는데 이들 중의 하나가 조작적 조건화(행동수정)이다. 이 심리학적 이론에 의하면 개별적인, 그리고 집단에서의 인간행동은 보상과 처벌(rewards and punishment) 기대

에 의하여 영향을 받는다. 행동은 지속적인 처벌 또는 지속적인 보상을 통해서 변화될 수 있다는 것이다. 행동수정 이론은 보상이 일반적으로 처벌보다 더 바람직한 것으로 강조한다. 상담에서 스티커(쿠폰) 및 기타, 다른 선물들과 같은 물품들이 아동 및 청소년들의 행동을 변화시키기 위해 사용될 수 있다.

자블론스키와 드브리스(Jablonsky & Devries)는 조작적 조건화를 통하여 조직의 기본적 규칙을 다음과 같이 제시하고 있다.

① 바람직한 행동을 얻기 위한 주요한 수단으로서 처벌을 사용하는 것을 피한다.
② 바람직한 행동을 적극적으로 강화한다. 그리고 가능한 한도에서 바람직하지 않은 행동을 무시한다.
③ 바람직한 반응과 강화 사이의 시차를 최소화한다.
④ 적극적 강화를 상대적으로 자주 적용한다.
⑤ 각 개인의 반응수준을 확인하고 최후의 복합적인 반응을 얻기 위한 구체적 절차를 사용한다.
⑥ 적극적인 것으로서 또는 소극적인 것으로서 개인이 경험하는 상황들을 확인한다.
⑦ 아주 명백한 용어로 바람직한 행동을 명시한다.

6) 허즈버그의 동기-위생 이론(motivation-hygiene theory)

(1) 만족요인(동기부여 요인)

① 맥그리그의 Y 이론과 관련된다.
② 직무 그 자체에 대한 만족, 직무상 성취감, 성취에 대한 인정, 승진, 자기 성장과 발전 등이 만족요인이다.

(2) 불만요인(위생요인)

① 맥그리그의 X 이론과 관련이 많다.

② 조직의 정책과 관리, 감독, 보수, 대인관계, 근무조건 등이 불만요인이다.

〈표 9-2〉 허즈버그(Herzberg)의 이인자 이론

동기유발요인	위생요인
직무에 대한 달성감	기업정책과 경영
성취에 대한 인정	기술적 감독
직무 자체	봉급
증대되는 책임성	작업조건
능력과 지식의 신장	인간 상호관계, 감독자

출처: 신복기 외(2011).

7) 아지리스(Argyris)의 성숙-미성숙 이론

(1) 성숙-미성숙 상태의 인간

미성숙 상태의 인간	성숙 상태의 인간
① 수동적이고 의존적인 존재이다.	① 능동적이고 독립적인 존재이다.
② 행동이 단순하고 한정되어 있다.	② 다양한 행동능력을 지니고 있다.
③ 관심도가 얕으며 오래가지 못한다.	③ 관심도가 깊고 강하며 관심이 오래 간다.
④ 변덕스럽고 피상적인 문제에 관심이 있다.	④ 장기적인 안목을 갖고 있다.
⑤ 자아의식이 결여되어 있고 타율적인 통제를 받는다.	⑤ 자아의식이 강하며 자기통제를 할 수 있다.
⑥ 예속적인 지위에 있다.	⑥ 우월한 지위에 있다.

(2) 성숙-미성숙이론의 특징

① 전통적이고 권위적인 관리는 사람을 수동적, 의존적, 타율적 존재로 전락시킨다.

② 개인 각자의 자기실현을 가능케 하기 위해서는 참여를 확대하며 직원중심적 리더십을 발휘해야 한다.

3. 동기부여 이론(과정적 이론)

1) 브롬(Vroom)의 기대 이론(Expectation Theory)

브롬(Vroom)은 동기를 개인의 자발적인 통제 하에 여러 대안들 중에서 하나를 선택하는 과정으로 본다. 일명 'VIE 이론'이라고도 한다.

① V(Valence; 유인가)

② I(Instrumentality; 수단)

③ E(Expectation; 기대감)

2) 포트(Porter)와 롤러(Lawler)의 업적·만족 이론

만족과 성취(업적)를 정(+)의 상호관계로 가정하는 전통적 가설에 반론을 제시하고 다변수적 모델(multi-variable model)을 제시하였다.

3) 지오고풀로스(Georgopoulos)의 통로·목표 이론

조직의 목표가 조직구성원 개인의 목표달성의 통로로서 유효하게 작용하도록 하면 구성원들의 동기부여가 된다는 이론이다.

4) 아담스(J. Adams)의 공정성 이론(Equity Theory)

공정성을 판단하는 세 가지 기준을 살펴보면 다음과 같다.

① 다른 사람의 보상과 자신의 보상을 비교한다.
② 자신이 속한 조직의 임금정책과 임금구조 등을 고려한다.
③ 자신의 과거경험(전 직장 등)이나 가족 생계비 등을 고려한다.

4. 사회복지조직에서의 동기부여

사회복지조직에서 동기부여는 크게 업무상의 동기부여, 업무 수행 환경상의 동기부여, 인사관리상의 동기부여, 개인적 특성상의 동기부여 네 가지로 구분하여 살펴보면 다음과 같다.

1) 업무상의 동기부여

① 구성원들이 가진 기술과 전문성을 발휘할 기회를 준다.
② 권한을 위임하여 자율적으로 업무를 수행하게 한다.
③ 과업수행 결과를 피드백한다.

2) 업무 수행 환경상의 동기부여

① 물리적인 환경
② 인간관계적 환경
③ 기타: 문화적 환경, 사회적 환경 등

3) 인사관리상의 동기부여

① 신분보장
② 적절한 보수

③ 적재적소 배치

4) 개인적 특성상의 동기부여

① 가정환경
② 개인 취미생활, 여가활동 보장
③ 지적수준과 개인의 능력 일치

사회복지사들에게 더욱 중요한 것으로, 사회복지사들은 적극적이고 늘 창의적인 사고와 활동자세를 갖출 수 있도록 스스로 노력해야 할 것이다.

토론해 보기

- 인사관리의 목적과 기능에 대해 여러분의 생각을 서로 토론해 봅시다.
- 신입직원선발에 대해 여러분의 생각을 서로 토론해 봅시다.
- 신규채용자의 훈련과 개발에 대해 여러분의 생각을 서로 토론해 봅시다.

참고문헌

김치영 외(2006). 사회복지행정론. 21세기사

박차상(1999). 현대사회복지행정론. 대학출판사.

성규탁(1989). 사회복지행정론. 법문사.

안해균(1982). 현대행정학. 다산출판사.

한동일 외(2011). 사회복지행정론. 양서원.

Baker, H. G. & Spier, M. S.(1990). The employment interview : Guaranteed improvement in reliability Public Personnel Management, 19.

French, W. L.(1987). *The personnel management process*. Boston, MA.: Houghton

Mifflin Co..

Herzberg, F., Mausner, B., & Snyderman, B.(1959). *The Motivation to Work*(2nd ed.). N.Y.: Wiley.

Maslow, A. H.(1954). *Motivation and Personality*. New York: Harper & Row.

Skidmore, R. A.(1990). *Social Work Administration*. Englewood Cliffs, NJ: Prentice-Hall.

Taylor, J. C., & Felton(1993). *Performance by design :Socio Technical System in North America*. NJ: Englewood Cliffs

Vroom, V. H.(1964). *Work and Motivation*. N.Y.: John Wiley & Sons.

10 조직관리

제1절 조직관리에 대한 일반적인 이해

1. 조직의 정의

조직을 어떻게 만들 것인가는 현대사회에서 매우 중요한 관심사로 우리 주변에도 기업조직, 학교조직, 군대조직, 사회복지조직이 조직되어 있다. 따라서 이들 조직에 대해서 알아야 할 필요가 있다.

조직이란 무엇인가? 조직을 정의하는 것은 쉽지 않다. 조직을 연구한 많은 학자들의 견해를 먼저 살펴보면, 앨러스(Elless, 1976)는 "조직은 하나의 구조이며 과정으로서 조직성원들로 하여금 가장 효과적으로 기관의 목표를 설정하고 수행할 수 있는 관계를 형성하게 한다."고 정의하며, 밀렛(Millett, 1971)은 "공공의 복지를 위한 조직은 공통의 목표달성을 위하여 결성된 사람들의 모임으로서 조직을 둘러싼 환경에 반응하며 조직의 기능수행에 적절한 개별·집단 성원 간의 행동유형을 규정하고 수행될 과제의 분담에 관한 조직성원간의 관계를 설정한다. 조직은 기회를 부여함과 동시에 스스로의 한계성도 있으며 의욕을 부여함과 동시에 좌절의 요인이 되기도 한다."고 정의한다.

스키드모어(Skidmore, 1990)는 "우선 조직은 사람, 과업 및 자원을 가장 질서 있고 효율적으로 배열하는 활동을 말한다. 조직은 또한 배열 그 자체, 즉 조직활동의 결과를 의미할 수도 있다. 그리고 조직은 가장 단순한 의미로서 공동의 목표를 향한 사람들의 활동과정이다."고 정의하며, 민진(1996)은 조직을 "일정한 목표를 달성하기 위해 형성된 분업과 통합의 활동체계를 갖춘 사회적 단위"로 정의한다.

이와 같은 정의를 좀 더 자세하게 설명하면 다음과 같다.

① 조직은 목표지향적이다.
② 조직은 분업과 통합의 합리적 활동체계이다.
③ 조직은 사회적 단위이다.
④ 조직은 구조와 과정을 포함 한다.
⑤ 조직은 경계가 있으며 환경과 상호작용을 한다.

따라서 사회복지기관의 조직은 기관의 목적과 정책 및 계획을 형성하고 수행하는데 있어 사람들의 활동이 가장 효과적으로 이루어지는 관계가 수합되는 구조와 과정을 의미한다.

2. 조직구조의 요소

1) 공식조직과 비공식조직

모든 서비스 전달의 효과적인 행정을 위하여 필요하며, 이들 조직이 없으면 혼란이 일어나고, 효과성, 효율성 및 사기가 저하될 것이다.

(1) 공식조직

조직의 목표를 달성하기 위하여 법률에 의해 공식적으로 업무와 역할을 할당하고 권한과 책임을 부여하는 인위적으로 이루어진 조직이다. 공식조직의 특징으로 인위적, 문서화, 조직 지향, 능률의 논리, 가시적, 전체적 질서가 있다.

(2) 비공식조직

구성원 상호 간의 접촉이나 친근관계로 인해서 형성되는 조직으로서 구조가 명확하지 않은 조직이다. 비공식조직의 특징으로 자연적, 비문서화, 개인 지향, 감정의 윤리, 불가시적, 부분적 질서가 있다. 공식조직 내에서 인간관계에 의한 상호접촉, 친분, 감정 등의 요소들에 의해 자연발생적으로 성립된 조직이다.

2) 수직조직과 수평조직

(1) 수직조직(line: 계선조직)

명령과 복종의 관계가 위에서부터 아래로 수직적, 계층적으로 이루어진 조직이다. 위계적인 구조로 되어 있으므로 권한과 책임이 분명하나 조직이 경직될 수 있다. 피라미드 형태로 최고행정책임자 → 국장(부장) → 과장 → 계장 → 계원의 순으로 구성한다.

수직조직의 장점을 살펴보면 다음과 같다.

① 권한과 책임의 한계가 명확하여 업무수행이 능률적이다.
② 단일 기관으로 구성되어 있으므로 결정의 신속성을 기할 수 있다.
③ 강력한 통솔력을 행사할 수 있다.
④ 조직의 안정성을 확보할 수 있다.

수직조직의 단점을 살펴보면 다음과 같다.

① 대규모 복잡한 조직에서는 수직조직의 총괄적인 지휘, 감독으로 인하여 업무량이 과중될 수 있다.
② 책임자가 주관적, 독단적 결정과 조치를 할 우려가 있다.
③ 각 조직 간의 효과적인 조정이 곤란하여 조직운영의 비능률성을 초래할 우려가 있다.

④ 특수 분야에 관한 전문가의 지식과 경험을 활용할 수 없다.
⑤ 유능한 인재를 잃게 되면 조직의 기능이 마비될 가능성이 있다.
⑥ 조직이 융통성보다 경직성을 띠게 된다.

(2) 수평조직(staff: 참모조직)

수직조직이 그 기능을 원활하게 수행하여 목표를 달성할 수 있도록 지원, 조정, 촉진함으로써 조직목표의 달성에 간접적으로 공헌하는 참모조직을 의미한다. 다양한 의견을 수렴하여 의사결정을 내릴 수 있으나 책임소재가 불분명할 수 있다.

수평조직의 장점을 살펴보면 다음과 같다.

① 기관장의 통솔범위가 확대된다.
② 전문지식과 경험을 활용할 수 있다.
③ 객관적, 합리적 의사결정을 가능케 한다.
④ 수평적인 업무의 조정과 협조를 가능케 한다.
⑤ 조직의 융통성과 신축성을 부여한다.
⑥ 대규모 조직에 더욱 유리하다.

수평조직의 단점을 살펴보면 다음과 같다.

① 조직 내의 인사관계가 복잡해지며 수직조직과 수평조직 간에 권한과 책임한계를 둘러싸고 알력과 갈등이 조성될 가능성이 있다.
② 수평조직에 소요되는 경비가 증가한다.
③ 행정의 지연도 가져올 우려가 있다.
④ 수평조직, 수직조직 양자 간에 책임전가가 야기될 우려가 있다.
⑤ 의사소통의 경로를 혼란에 빠뜨릴 우려가 있다.
⑥ 수평조직의 권한이 확대됨에 따라 중앙집권화의 폐단이 나타날 우려가 있다.

수직조직과 수평조직을 비교해 보면 다음과 같다.

〈표 10-1〉 수직조직과 수평조직의 비교

구분	수직조직	수평조직
형태	계층적	수평적
기능	직접적 직무 (명령, 지휘, 집행)	간접적 직무 (자문, 권고, 협의, 조정)
권한 책임	권한 · 책임이 강함 의사결정권이 있음	권한 · 책임이 없고 의사결정권이 없음
태도면	현실적 · 실제적 · 보수적 성향	이상적 · 이론적 · 개혁적 성향
조직규모	소규모조직에 적합	대규모 조직에 적합

출처: 배은영 외(2010).

3) 이사회와 위원회

(1) 이사회

조직을 이끄는 정책을 공식화하고, 실천가를 고용하고 평가하며, 후원자 및 지역사회 지도자와의 연계를 유지하고, 미래에 대한 계획을 수립하는 것 등에 책임을 지고 있는 기관이며, 사회복지기관의 정책 형성 기관으로 그 조직의 활동이 목표와 목적에 지속적으로 일치되도록 지도하는 확실한 법적인 의무를 가진 곳이며, 이사회의 구성원들은 조직활동에 대한 재정과 프로그램 모두에 책임이 있다. 또한 이사회는 지역사회, 정부와 민간관련기관, 기관서비스의 소비자들에게 재원을 제공할 책임을 가지고 있다(배은영 외, 2010).

이사회는 조직의 정책결정기구로서 다음과 같은 기능을 가진다.

① 기관의 일반적인 방향과 통제 유지(정책 개발)

② 단기적이고 장기적인 계획지도(프로그램 개발)

③ 유능한 행정 참모 고용(인사)

④ 필요한 자원에 대한 접근의 활성화(재원)

⑤ 조직체를 광범위한 지역사회에 소개하기(홍보)와 운영의 평가(책임성) 등이 있으며, 이사 임기는 3년, 감사 임기는 2년으로 하되 각각 연임이 가능하다.

(2) 위원회

조직의 일상 업무 수행과는 별도로 특별한 과업이나 문제를 해결하기 위하여 구성된 전문가 또는 업무 관련자들의 활동기구이다.

위원은 일반적으로 중요 사안에 대해서 다음과 같은 자격을 갖추어야 한다.

① 능력이 있는 자

② 해당 과업이나 문제에 관심을 갖고 있는 자

③ 시간과 정력을 제공할 용의가 있는 자

④ 과업이나 문제에 관련된 여러 측면에서 대표자가 될 수 있는 자

⑤ 경우에 따라 소수집단을 대표할 수 있는 자이다.

위원회는 상임위원회(인사위원회, 예산위원회)와 임시위원회(특별업무)로 구분할 수 있으며, 위원회는 복수의 구성원으로 이루어진 합의체 형식의 행정기관이다.

(3) 이사회와 위원회의 차이점

이사회와 위원회의 차이점을 살펴보면 다음과 같다(배은영 외, 2010).

① 행정책임자의 회의 참여: 이사회는 조직의 행정책임자가 참석하여 회의를 갖지만 위원회는 실무담당자가 참여한다.

② 직원의 이사 참여: 이사회는 조직의 직원이 이사가 되는 경우가 드물지만, 위원회는 담당하는 직원이 참여한다.

③ 구성원 수: 이사회의 구성원은 위원회에 비해 수가 적다.

④ 영향력: 이사회는 위원회에 비해 조직의 운영과 서비스 전달에 더 많은 영

향력을 발휘한다.

⑤ 정책결정: 이사회는 정책을 결정하고, 위원회는 건의하는 역할을 주로 한다.

4) 프로젝트(task force), 메트릭스(matrix) 조직

(1) 프로젝트 조직

주어진 과제를 해결하기 위해 부처에 구애받지 않고 전문성 있는 구성원으로 이루어진 조직으로서, 주어진 과제가 해결될 때까지 운영되는 임시조직이다. 문제해결을 위해 신속히 대응할 수 있으나, 자원이 중복될 수 있다.

(2) 메트릭스 조직

한 과제가 여러 부처에 연관되어 있을 때, 이 문제를 해결하기 위하여 수직적 구조와 수평적 구조 혹은 계층제와 프로젝트제를 결합하는 조직이다. 전문성과 효율성을 동시에 만족시킬 수 있으나, 책임과 권한이 명확하지 않다.

3. 조직의 유형

1) 에치오니(Etzioni)의 구분

복종관계에 의하여 조직의 유형을 분류하고 있는데, 여기서 복종관계란, 상급자가 하급자를 통제하기 위해 사용하는 권력과 이에 대한 하급자의 태도에 의해 이루어지는 관계를 말한다.

(1) 권력의 구분

① 강제적 조직: 위협이나 신체적 탄압과 같은 강제적 조직

② 보상적 조직: 물질 또는 금전과 같은 보상적 조직

③ 규범적 조직: 지위의 상징, 존엄과 같은 규범적 조직

(2) 관여의 유형

조직성원은 권력 행사자에 대해 무관심하게 관여할 수도 있고 강하게 반응(관여)할 수도 있다. 관여의 유형은 소외적 관여, 타산적 관여, 도덕적 관여로 구분한다(신복기 외, 2011).

① 소외적 관여: 권력 행사자에 대해 강하게 부정하므로 강제적 권력이 필요하다.
② 타산적 관여: 획득된 보상에 따라 권력에 대해 비교적 무관심을 나타낸다.
③ 도덕적 관여: 권력 행사자에 대한 강한 시인을 나타내므로 규범적 권력이 필요하다.

〈표 10-2〉 복종관계에 의한 조직의 유형

관여의 종류 / 조직의 종류	소외적 관여	타산적 관여	도덕적 관여
강제적 조직	유형 1 (강제적)수용소 정신병원 교도소 등	유형 2	유형 3
보상적 조직	유형 4	유형 5 (공리적) 상업조직	유형 6
규범적 조직	유형 7	유영 8	유형 9 (규범적) 종교조직, 정치조직, 사회복지조직, 학교조직, 병원조직 등

출처: 나눔의 집(2008).

2) 블라우(Blau)와 스코트(Scott)의 구분

① 상호수혜조직: 회원들에게 일차적으로 혜택을 주는 조직이다.

② 사업조직: 사업체 소유주에게 일차적으로 혜택을 주는 조직이다.

③ 서비스조직: 클라이언트에게 일차적으로 혜택을 주는 조직이다.

④ 공공조직: 일반대중에게 일차적으로 혜택을 주는 조직이다.

〈표 10-3〉 블라우(Blau)와 스코트(Scott)의 조직유형

구분 / 조직유형	1차적인 클라이언트	조직의 종류
상호수혜조직	조직의 회원	정당, 종교단체, 노동조합 등
사업조직	사업체의 소유자	주식회사, 상업적인 회사, 은행 등
서비스조직	클라이언트	사회복지조직, 병원
공공조직	일반대중	행정기관, 군대조직 등

출처: 나눔의 집(2008).

3) 파슨즈(Parsons)의 구분

① 생산조직: 경제적 생산과 분배에 종사하는 조직이다.

② 정치조직: 사회적 목적과 가치를 창조하는 조직이다.

③ 통합조직: 사회 안정과 질서 유지를 위한 조직이다.

④ 형태유지조직: 그 사회의 독특한 문화를 보존하고 전승하는 조직이다.

4) 민츠버그(Mintzberg)의 구분

① 단순조직: 규모가 작고 정교하지 않으나 매우 동태적인 조직이다.

② 기계적 관료제 조직: 규모가 크고 안정되어 있으며 표준화된 절차에 따라 업무가 수행되는 조직이다.

③ 전문 관료제 조직: 전문적인 기술 훈련을 받은 구성원들에 의해 분권적인 체제로 업무가 수행되는 조직이다.

④ 사업부제 조직: 중간관리층이 중심이 되어 운영하는 독립적 구조를 가진 분권조직이다.

⑤ 특별위원회조직: 고정된 계층구조나 공식적인 규칙이 없는 조직이다.

5) 길버트 스미스(Gilbert Smith)의 구분

사회사업조직 유형으로 사회복지조직을 관료조직, 일선조직, 전면적 통제조직, 투과성 조직으로 분류하였다(장인엽 역, 1984).

① 관료조직: 공식적 규정, 위계적 권위구조, 전문적 분업, 문서에 의한 업무처리, 기술적 자격에 기초한 신분보장 등을 특성으로 하는 합리적 통제체계를 말한다. 관료조직의 장점은 능률성을 추구이며, 단점으로는 민주성, 전문성에 있어서 취약하고 관료적 이기주의가 폐단으로 나타나는 경우가 있다.

② 일선조직: 조직의 주도권이 일선 업무를 진행하는 단위조직에 주어져 있고, 각 업무부서가 독립적으로 과업을 수행하는 조직이다. 사회복지조직이 여기에 속한다.

③ 전면적 통제조직: 클라이언트를 시설에 강제적으로 수용하거나 자의적으로 수용하였다 하더라도 관리자가 전적인 통제권을 갖는 조직이다. 정신병원, 기숙사, 교도소, 양로시설, 구치소, 아동(보호)시설 등이 있다.

④ 투과성 조직: 조직구성원이나 클라이언트의 자발적인 참여로 이루어지는 조직이며, 자원봉사조직이 대표적이다. 개인의 가정과 사적인 침해를 받지 않고 조직의 문화나 규정에 의한 통제를 받지 않는다. 또한 조직의 활동이 거의 노출되지 않은 조직 같은 것을 말한다.

6) 하센펠드(Hasenfeld)의 구분

하센펠드(Hasenfeld)는 사회복지조직의 주요 고객인 클라이언트의 상태와 조직이 클라이언트를 변화시키기 위하여 사용하는 기술에 따라 여섯 유형으로 분류하였다.

클라이언트 상태에 정상기능을 하는 클라이언트와 비정상적 기능을 하는 클라이언트로 구분하고 사회복지조직에서 클라이언트를 변화시키기 위하여 사용하는 기술의 유형을 인간유별, 인간유지, 인간변화기술 등의 세 가지로 구분할 수 있으며, 구체적인 내용을 살펴보면 다음과 같다(박차상, 2001).

① 인간유별기술(people-processing technologies): 클라이언트의 개인적 속성을 변화시키지 않고 다른 사회집단으로부터 바람직한 반응을 야기하는 사회적 명칭 부여와 공식적인 지위를 부여함으로써 클라이언트의 변화를 시도하는 것을 말한다.

② 인간유지기술(people-sustaining): 클라이언트의 개인적인 복지와 안녕의 약화를 예방하거나 완화시키거나 혹은 현 상태를 유지하도록 하는 기술을 말한다.

③ 인간변화기술(people-changing): 클라이언트의 개인적 속성에 변화를 가하는 것인데, 예를 들면 상담, 교육, 의료적 치료와 같은 것을 들 수 있다.

〈표 10-4〉 클라이언트 상태에 따른 조직유형

기술의 유형 / 클라이언트의 유형	인간유별기술	인간유지기술	인간변화기술
정상기능	유형 1	유형 2	유형 3
	대학생(신입생 선발) 신용카드 회사	사회보장형 요양시설	공립학교 YMCA
비정상기능	유형 4	유형 5	유형 6
	소년법원, 진료소 보호관찰소	공공부조사무소 요양시설	병원 수용치료센터

출처: 나눔의 집(2008).

제2절 사회복지조직의 특성

1. 서비스 이용자

사회복지조직은 인간을 대상으로 하기 때문에 그들을 둘러싸고 있는 이해집단으로 인하여 다른 일반조직에 비해서 독특한 다른 특성을 지니고 있다. 서비스 이용자란 한 복지기관이 대상으로 하는 모든 대상인구 또는 클라이언트 집단을 의미하지만, 서비스 이용자는 반드시 동일한 특성을 가지고 있지는 않다. 기본적인 남녀노소의 구별로부터 출발하여 사회적 지원과 편견의 정도, 제한된 자원의 분배를 둘러싼 클라이언트 집단 간의 경쟁 내지는 갈등이 있을 수도 있으며, 사회적 변동 추세에 따라 증감하는 패턴의 변화 등이 있을 수 있다.

평가적 관심은 이질적, 유동적인 서비스 이용자의 변화에 따라 기관의 사명표현, 프로그램 내용, 인력 등도 변화 또는 개선되고 있느냐 하는 점이다. 평가를 수행하다 보면 서비스 이용자의 인구는 감소되고 있는데 기존의 프로그램 내용 또는 서비스 인력은 아무런 변화가 없이 지속되고 있는 사례를 가끔 보게 된다. 장애인들의 경쟁고용이 새로운 서비스 전략으로 바뀌고 있는 시점에서 전통적 보호작업장을 통한 직업훈련교육이 이루어지는 예를 들 수 있다(김형식 외, 2010).

2. 조직(기관)의 역사

하나의 조직으로서의 기관은 나름대로 성장과 발달을 반영해 주는 단계적 발달단계를 가지고 있다.

제1단계는 개인적 관심의 단계로 조직의 형성배경이 민간 또는 종교단체인 경우에 이 특성이 두드러지게 나타난다. 그러나 상당한 시일이 경과하고 서비스의 내용이 다양해지고 전문화될 단계에 이르면 종교심이나 사회의식만 가지고서는 합리적으로 서비스를 운영하기가 어렵다. 따라서 전문가들의 개입이 이루어지는 제2단계인 서비스의 전문화 단계이다. 즉, 전문화가 시작되는 발전적 과정으로 볼 수 있다. 여러 가지 전문가의 행정편의라는 지적에 따라서 사회복지기관은 이러한 문제를 극복하고 성숙의 단계에 이르게 되는데 이것이 제3단계로서 사회적 관심의 실현 단계이다. 이 마지막 단계에서 개인적 관심, 전문가적 아집이나 관료주의적 권위와 독선을 초월하여 사회의 기대에 부응하여 클라이언트의 복지증진만을 위하여 전념하게 된다(김형식 외, 2010).

이상에서 요약한 발전단계를 정리하면 [그림 10−1]과 같다.

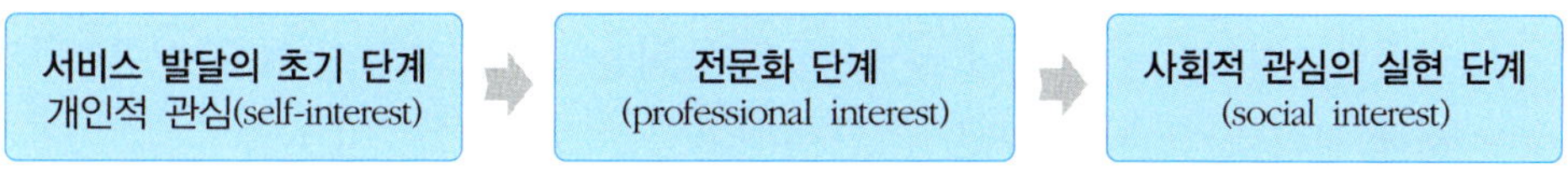

출처: 김형식 외(2010) 재구성.

[그림 10−1] 사회복지기관의 발전단계 모형

[그림 10−1]에 나타난 사회복지기관의 발전단계 모형은 모든 사회복지기관이나 프로그램이 자동적으로 사회적 관심의 실현단계에 이르는 것을 의미하지는 않는다. 설립자 개인의 주관적 의지나 신념이 발전을 저해할 수도 있고 전문화의 단계까지는 발전을 하였으나 전문가 간의 갈등이나 그들만의 위치확보에 급급한 나머지 클라이언트의 욕구충족을 등한시할 수도 있다. 또한 기관이나 프로그램에 따라서 한 단계에서 다음 단계로 단계별 발전을 이룩하는 데 단기간 또는 장기간이 소요될 수도 있다. 기관에 따라서는 3단계적 발전모형이 요구하는 모든 특성을 골고루 소유하고 있거나, 어느 특정 발전단계에서 정체해 버릴 수도 있다. 한 기관의 발달적 단계가 어디에 와 있느냐에 따라서 평가의 의도, 초점, 또는 방법 등이 다르게 나타날 수 있으며, 조직성원 간의 관계, 조직과 환경과의 관계를 결정하게 된다는 점을 중시해야 된다. 아마도 초기단계의 특성이 강할수록 조직의 운영상 많은 문제를 내포하게 될 가능성이 높다(김형식 외, 2010).

3. 기관의 사명과 목표

사명은 어떤 '결과'의 달성을 위한 개인적 혹은 집단적 행동을 의미한다. 본질적으로 목적은 규범적이며 사회복지기관이나 프로그램이 추구하는 사명은 '바람직한 사회적 가치'를 표방·지지하는 제도화된 성격을 띠고 있다. 특히 기관의 사업목적은 다음과 같다(김형식, 1997).

① 도전적이며 현실적이어야 한다.
② 명료하고 오해와 갈등의 소지가 없어야 한다.
③ 기억하기에 용이하도록 짧아야 한다.
④ 능력부여적이어서 모든 조직성원들의 능력을 최대한으로 발휘할 수 있도록 해야 한다.
⑤ 가치지향적이어서 한 기관이 목표로 하는 가치관과 연결되어 있어야 한다.
⑥ 동기유발적이어야 한다.
⑦ 지침적이어서 매일의 활동을 점검·지도할 수 있어야 한다.
⑧ 서비스 이용자들의 욕구와 연결되어 있어야 한다.

우리는 여기에서 목적, 목표를 분명히 세워야 하는 세 가지 이유를 생각해 볼 필요가 있다.

① 일반적 프로그램 기획과 조정을 원활히 하기 위함이다.
② 서비스 전달의 책임을 맡고 있는 실무자들에게 지침을 제공하기 위함이다.
③ 프로그램의 성패에 대한 평가의 초점을 규명하고 제시하기 위함이다.

4. 조직구성원 간의 상호관계

상호관계의 관찰대상으로는 기관장, 서비스 전달자와 이용자, 직원, 기관과 관련 있는 외부인사, 자원봉사요원, 지역사회주민 등이 포함된다. 조직의 인적요소에 대한 관심은 필연적으로 직원채용, 훈련과 개발, 이직과 퇴직, 직원들의 사기 등과 같은 조직의 '인간환경'에 대한 관심을 수반하다.

우리의 관찰을 의미 있게 할 수 있는 몇 가지 질문을 예로 들면 다음과 같다(김형식, 1997).

① 기관의 실무자들은 서비스 이용자들의 욕구에 어떻게 대응하는가?
② 욕구는 어떻게 정의되며, 이러한 과정에 서비스 이용자들의 참여도는 어떠한가?
③ 서비스 이용자들이 기관의 프로그램이나 정책개발의 결정과정에 참여할 수 있는 기회는 얼마나 주어지는가?
④ 이 기관은 서비스 이용자들의 욕구충족을 위한 자원과 기술을 확보하고 있는가?
⑤ 이 기관에 대한 지역사회의 인식은 호의적이고 지지적인가?

5. 경쟁적·보완적 서비스와의 관계

사회복지기관 이들은 경쟁적 관계에 있을 뿐만 아니라 서로 서비스 의뢰를 해야 되는 보완적 관계에 있는 것도 사실이다. 불필요한 서비스 중복, 경쟁은 지양되어야 하며 보다 효과적인 조정에 의한 보완적 관계를 개선시켜 나아가야 한다.

6. 조직의 후원

조직의 후원에는 두 가지 차원이 있다. 첫째는 이 조직이 수행하는 모든 사업을 인준하고 정당성을 부여하는 법적, 재정적 지원을 보장하는 상부조직이나 재단이다. 따라서 조직은 행정, 예산 측면에서 보건복지부 산하의 직속기관일 수도 있으며, 재단 · 사단법인의 기관일 수도 있다. 둘째는 사회복지관과 지역사회와의 관계이다. 사회복지기관과 지역사회와의 관계를 살펴보면 지역사회에서 프로그램을 운영하고 있는 기관의 도덕성, 문제해결능력, 책무성 또는 사회적 중요성을 인정받아 지역사회를 대행하여 일련의 프로그램을 운영하도록 위임받은 관계라고 규정할 수 있다. 특히 최근에는 재가복지 또는 탈 시설화, 사회통합 등의 서비스 목적에 따라 지역사회를 주축으로 해야 될 서비스가 많은데, 소위 혐오 또는 '님비(NIMBY)'현상으로 인한 고충도 지역사회와의 관계라는 맥락 속에서 이해할 수 있다(김형식 외, 2010).

제3절 사회복지조직의 원리

1. 사회복지조직의 일반적인 원리

사회복지서비스는 조직을 통하여 생산되어 클라이언트에게 전달된다. 즉, 사회복지의 이념과 정책을 사회복지서비스로 전환시키는 사회복지조직 원리를 이해하여야 보다 효율적이고 효과적인 서비스를 제공할 수 있을 것이다.

조직의 원리는 조직을 최적의 상태로 구조화시키면서 능률적으로 관리하기 위한 조직화 방법을 의미하며, 그 방법은 다음과 같은 몇 가지 원리로 분류할 수 있다(신복기 외, 2005; 장인협 외, 1993).

1) 계층제의 원리

계층제(hierarchy)의 원리란 조직구성원 간의 권한과 책임의 수준에 따라 상 · 하 등급 및 계층을 설정하여 거기에 적합한 권한과 책임을 배분하고 명령계통과 지휘, 복종관계의 체계를 확립하는 것을 의미한다. 일반적으로 대외관계, 정책결정,

장기계획 등의 업무를 수행하면 계층의 수준이 높고, 집행, 실시하는 구체적 업무를 수행하면 계층의 수준이 낮다.

이와 같은 계층제의 원리는 두 가지 측면, 먼저 긍정적인 측면은 명령의 통로가 형성되고 상·하 간의 의사소통이 이루어지는 의사전달의 통로가 되며, 직무와 책임이 명백하게 구분되는 권한위임의 통로가 되며, 조직목표의 설정과 업무배분의 통로가 될 뿐만 아니라 조직 내부의 갈등과 분쟁의 조정 및 해결수단으로 작용한다. 부정적 측면은 계층제가 심화, 확대되면 될수록 의사소통의 왜곡을 초래하고 변화하는 조직 외부환경에 신축성 있게 대응하는 것을 방해하며, 조직의 경직성과 구성원들의 융통성 있는 인간관계 형성과 창의성을 저해한다. 이 두 가지 측면을 적절하게 조화시켜야 하며 효과적인 계층제를 위해서는 조직환경에 대한 적응성과 신축성을 고려해야 한다.

2) 명령통일의 원리

조직의 어떤 구성원도 오직 한 사람의 직속상관으로부터 명령·감독을 받아야 한다. 명령통일(unity of command)은 책임소재를 명확히 하고, 의사소통의 혼란을 방지하고, 조직의 장으로 하여금 전체적인 조정을 가능케 하며, 보고의 체계를 명백히 해주는 장점과 구성원 한 사람만을 통해서 업무를 처리할 경우 업무의 비효율성과 전문성을 발휘할 수 없다는 단점도 있다.

3) 통솔범위의 원리

통솔범위(span of control)란 상관·감독자의 통솔대상자의 수·조직단위의 수가 한정되어야 한다는 의미이다. 즉, 한 사람의 감독자는 통솔가능한 일정한 수의 부하를 통솔해야 한다. 통솔의 범위는 감독하여야 할 직무의 성질, 감독자의 능력, 조직의 역사, 조직의 관리 상태 등에 따라 다르다.

4) 기능에 따른 전문성의 원리

기능별 전문성(functional specialization)에 따라 조직구성원에게 가능한 한 가지의 주된 업무를 부여해야 조직의 능률이 오른다. 따라서 조직의 규모가 점차 확대되고 업무처리의 전문성이 증가할수록 더욱 필요해지는 원리이다. 이 원리의 장점으로는 분업을 통해 업무의 능률성이 향상되고, 전문기술의 개발이 용이하고, 관리감독이 용이해지고, 업무와 기술이 단순화된다. 그러나 단점으로는 지나친 전문화는 개인 업무 수행에 대한 흥미상실과 조직 내의 조정을 어렵게 하고, 클라이언트의 혼란가중과 비용이 증대된다.

5) 조정의 원리

목표달성에 필요한 조직구성원들의 행동 통일을 유도하기 위한 것으로 분업에 따른 필연적 원리라 할 수 있다. 조정(coordination)방법에는 조직단위의 권한과 책임의 한계를 명확히 하거나 조정을 전담하는 기구설치 및 조직 내의 계층적 구조를 통하여 원활히 할 수 있는 조직에 의한 방법과 조직구성원들에게 동기부여 촉진, 귀속의식, 동료의식, 내부집단의식 고무와 같은 일체감을 통한 조정 등과 같은 리더십에 의한 방법이 있다.

분업화되고 전문화된 조직에서 조정에 실패할 경우 다음과 같은 문제가 생긴다.

① 분파주의가 발생한다.
② 조직의 효율성을 발휘할 수 없다.

6) 권한과 책임의 원리

권한과 책임(authority parallel with responsibility)은 권한 행사에는 반드시 책임이 수반되는 것을 의미한다. 책임 없는 권한은 조직의 목표를 표류시키고, 권한 없는 책임은 통솔을 불가능하게 한다.

7) 부문화의 원리

목적・과정・수혜자・지역 일치 등 편성기준 자체가 명확하게 구분되지 않고 각 기준이 경합할 때에 어떤 전문적 기준을 따라야 하는지 분명하지 않다는 것이다. 그리고 조직은 위에서서 언급한 네 가지 기준 중 어느 한 가지만으로는 편성되지 않는다는 지적도 제기된다.

부문화(classifying)를 위한 방법을 제시해 보면 다음과 같다(Weinbach, 1990).

① 수(數)를 기준으로 부문화하기: 같은 역할을 하는 사람들을 한 슈퍼바이저 아래에 소속시키는 방법이다.

② 시간을 기준으로 부문화하기: 업무시간을 2, 3교대로 하여 업무를 24시간 서비스 제공하는 방법이다.

③ 기능을 기준으로 부문화하기: 사업, 재무, 총무, 인사 등과 같은 주요한 기능에 따라 동질적 업무를 묶는 방법이다.

④ 지리적 영역을 기준으로 부문화하기: 지역을 중심으로 조직 구성, 자율적으로 운영, 책임질 수 있도록 하는 방법이다.

⑤ 서비스를 기준으로 부문화하기: 개별, 집단, 지역사회조직사업 등 사회사업적 서비스를 하는 방법이다.

⑥ 고객을 기준으로 부문화하기: 고객, 수혜자 집단별로 부서를 나누고 자율적으로 운영, 책임질 수 있도록 하는 방법이다.

⑦ 서비스 접근 통로를 기준으로 부문화하기: 클라이언트가 어떤 서비스에 접근할 수 있는 통로별로 하는 방법이다.

2. 집권화 원리와 분권화 원리

1) 집권화 원리

(1) 의의

조직 내의 의사결정 권한이 대규모의 집단에게 국한되어 있는 경우를 의미한다. 의사결정이나 지도감독 권한이 조직 내 상위계층에게 집중되어 있다.

(2) 장점

① 통일된 정책 수립과 집행이 용이하다.
② 통제와 지도감독이 수월하다.
③ 재원이 절감된다.
④ 의사결정과 갈등해소가 신속하다.

(3) 단점

① 관료적이고 권위주의적이 된다.
② 창의성과 자율성이 저해된다.
③ 획일화 된다.

(4) 집권화 요인

① 소규모의 시설 · 영세조직
② 위기의식 존재
③ 카리스마적 리더십 필요
④ 전문화 필요
⑤ 교통과 통신 발달
⑥ 사회복지 재정의 확대로 인한 규제 강화

2) 분권화 원리

조직 내의 의사결정 권한이 다양한 집단에 분산 또는 위임되어 있는 경우를 의미한다. 의사결정이나 지도감독 권한이 하위계층에 분산 또는 위임되어 있다.

① 자발적인 참여
② 책임감 증대
③ 협력적인 분위기
④ 지도감독과 통제 약화
⑤ 업무 중복

분권화 요인은 다음과 같다.

① 대규모의 오래되고 안정된 조직
② 불확실한 상황
③ 권한 위임을 통해 관리자 양성 필요
④ 신속한 업무처리 필요
⑤ 지역실정에 맞는 행정수행

토론해 보기

- 사회복지조직의 특성에 대해 여러분의 생각을 서로 토론해 봅시다.
- 사회복지조직의 원리에 대해 여러분의 생각을 서로 토론해 봅시다.

참고문헌

김형식(1997). 사회복지 프로그램 평가기법. 아시아미디어리서치.

김형식 외(2010). 사회복지행정론. 양서원.

나눔의 집(2008). 사회복지행정론. 나눔의 집.

민진(1996). 조직관리론. 대영문화사.

박차상(2001). 사회복지행정론. 대학출판사.

배은영 외(2010). 사회복지행정론. 공동체.

신복기 외(2005). 사회복지행정론. 양서원.

신복기 외(2011). 사회복지행정론. 공동체.

장인엽 역(1984). 사회복지조직론. 집문당.

장인협 외(1993). 아동청소년 복지론. 서울대학교출판부.

Blau, P. & W. R. Scott(1962). *Formal Organizations : A Comparative Approach*. Navato, Cal: Chandler Publishing.

Etzioni, A.(1964). *Modern Organizations*. Engwood Cliffs, NJ.: Prentice-Hall, Inc.

Hasenfeld, Y.(1983). *Human Service Organizations*. Englewood Cliffs, NJ.: Prentice-Hall. 성규탁 역(1985). 사회복지행정조직론. 박영사.

Gilbert Smith. Social Work and the sociology of Organization. London and Boston ; Routledge & Kegan Paul(1970). pp.61-62.

Weinbach, R. W.(1990). *The social worker as Manager : Theory and Practice*. New York: Longman.

11 사회복지서비스 전달체계

제1절 사회복지서비스 전달체계의 개념 및 구성요소

1. 사회복지서비스 전달체계의 개념

사회복지행정은 추상적 사회복지정책을 구체적 사회복지서비스로 전환하여 서비스가 필요한 사람(클라이언트 또는 소비자)에게 전달하는 과정에 관한 활동이라 할 수 있다(Skidmore, 1990).

그러므로 사회복지행정에 있어 전달체계란 급여 또는 서비스를 효율적으로 클라이언트에게 전달하기 위하여 어떠한 조직을 통해서 실천할 것인가의 전략을 선택하는 것이다(Gilbert & Specht, 1986). 따라서 사회복지서비스 전달체계(delivery system)란 사회복지서비스의 공급자와 클라이언트 간을 연결시키기 위한 조직적 장치(organizational arrangements)라고 할 수 있다(Gilbert & Specht, 1988). 즉, 사회복지서비스를 공급하는 자들 간의 조직적인 연계 및 공급자와 소비자 간의 조직적 연결체제인 것이다. 이와 같은 정의에 따른다면 모든 공적·사적 사회복지기관 및 시설들이 정부의 정책이나 법인의 정관, 민간의 방침에 따라 클라이언트를 향한 서비스의 성질과 내용을 결정짓고 시행하게 되는 과정에서 사회복지서비스 전달체계의 활동은 필수적인 것이다(남일재 외, 2011).

2. 사회복지 전달체계의 구성요소

길버트와 스펙트(Gilbert & Specht)는 사회복지 전달체계의 구성요소를 할당(allocation), 급여제공(provision), 전달(delivery), 재원(finance) 등으로 설명하고 있다(Gilbert & Specht, 1974).

첫째, 할당은 누가 급여를 받는 대상인가, 즉 사회복지급여를 누구에게 제공할 것인가, 소수의 사람들에게 국한시켜 제공할 것인가, 아니면 전 국민에게 제공할 것인가 등의 문제를 말한다.

둘째, 급여제공은 대상자들에게 무엇을 제공할 것인가, 즉 급여전달방식이 현금급여(cash benefit)인가, 현물급여(in-kind benefit)인가, 아니면 바우처(voucher)인가 등의 문제를 말한다.

셋째, 전달은 어떤 방식으로 전달한 것인가, 즉 사회복지서비스 전달에서 서비스공급주체와 수급받는 소비자 간의 조직적인 체계를 말한다. 공급하는 쪽에서는 권한을 가지고 있어야 하며, 공급업무를 수행하는 자의 자격(전문성)이 필요하고, 서비스전달조직의 유형들이 중요하게 된다. 반면에 수급자들에게는 접근용이성, 서비스 연속성 등이 중요하다.

넷째, 재원은 재원조달을 어떻게 할 것인가, 즉 서비스 전달에는 재원을 사용하게 되는데 이것을 어떻게 비용부담 또는 조달할 것인가를 말한다. 우리나라에서 사회보장제도의 비용은 사회보험인 경우는 사용자·피부양자 및 자영자가 부담하는 것을 원칙으로 하고, 일정 소득수준 이하의 국민에게는 비용의 전부 또는 일부는 국가 및 지방자치단체가 이를 부담하고, 부담능력이 있는 국민은 수익자 부담원칙을 규정하고 있다(이명남, 2010).

제2절 사회복지서비스 전달체계의 구분

사회복지서비스 전달체계는 관점에 따라 다양하게 구분될 수 있다. 본 장에서는 구조 · 기능적, 운영주체별, 서비스별 네트워크로 구분하여 살펴보고자 한다(이상구 외, 2011; 사회복지사 1급 시험연구회, 2011; 남일재 외, 2011).

1. 구조 · 기능적 구분

사회복지서비스를 공급하는 자들을 중심으로 해서, 그들 간에 구조와 기능이 어떻게 분화되어 있는지를 나타내는 것이다. 사회복지서비스들이 기획되어 최종적으로 서비스 수급자들에 이르기까지의 구조와 과정을 서비스 전달체계라고 본다면, 그 안에는 다수의 조직(정부, 기관, 시설, 단체, 개인 등)과 프로그램들이 각자의 분화된 기능들을 수행하고 있을 것이다.

전달체계는 크게 나누자면 집행체계와 간접적인 지원을 하는 행정체계로 구분할 수 있다.

① 집행체계: 서비스 수급자들과 직접 대면적인 상호작용의 관계를 통해 서비스를 직접적으로 전달하는 과정에 있는 것들을 묶어 집행체계라 한다. 사회복지서비스를 클라이언트에게 직접 전달하는 대부분의 일선 사회복지조직들은 서비스 전달체계 내에서 집행기능을 갖춘 집행체계에 속해 있다.

② 행정체계: 서비스를 기획하고, 지휘하고, 지원하고, 관리하는 행정기능들을 중심으로 묶여지는 조직과 프로그램들을 행정체계라 한다.

이와 같이 개별 조직이나 프로그램들을 각각의 역할과 기능들을 통해 파악하게 되면, 또한 서비스 전달체계의 책임성을 규명하는 데도 도움이 된다. 서비스 전달체계에서 책임성의 문제가 대두될 때 그것이 행정체계에 기인하는 것인지 아니면 집행체계의 미비 때문인지를 분리해서 고려해야 하기 때문이다. 만약 이와 같은 분리-분석이 실패하게 되면, 많은 경우에 행정체계의 미비로 인한 문제들이 집행체계의 문제로 떠넘겨지는 경향도 이로 인해 나타나게 되는 것이다.

2. 운영주체별 구분

전달체계의 운영주체에 따라 사적(민간) 전달체계와 공적 전달체계로 구분될 수 있다.

① 공적 전달체계: 정부(중앙 및 지방)나 공공기관이 직접 관리·운영하는 것
② 사적 전달체계: 민간(또는 민간단체)이 직접 관리·운영하는 것

그러나 민간이 위탁형태로 운영하고 있어도 공공기관의 일부 지원과 통제를 받기 때문에 운영주체의 엄격한 구분은 어렵다. 또한 어떤 주체가 더 효율적인가에 대한 비교도 각각의 장·단점이 있으므로 큰 의미가 없다. 공적 전달체계의 경우 재정적으로는 안정적이지만 관료적이고 경직되어 있으며 복잡한 체계를 가지고 있는 반면, 민간의 경우는 재정적 취약성을 극복하기 어렵지만 융통성이 있고 클라이언트에게 좀 더 가깝게 위치하고 있으며 창의적이고 유연하다는 장점이 있다.

이와 같이 공적 전달체계와 사적 전달체계를 비교하여 표로 나타내면 다음 〈표 11-1〉과 같다.

〈표 11-1〉 서비스 전달체계의 운영주체

분류	담당	적용	내용
공적 전달 체계	정부 · 공공기관	보건복지부⇒특별시 · 광역시 · 도⇒시 · 군 · 구⇒읍 · 면 · 동⇒대상자	• 재정은 안정적 • 관료적 · 복합적 • 외적 요인에 다소 둔감함
사적 전달 체계	사적 · 민간단체	복지재단, 자원봉사단체, 사회복지시설, 개인, 사회복지협의회 등	• 재정은 취약 • 융통성, 창의적, 유연한 체계 • 사회 변화와 요구에 민감함

출처: 오세영(2009).

3. 서비스별 네트워크에 의한 구분

서비스 전달체계는 서비스의 종류와 성격에 의해 분류될 수 있다(김영종, 2001). 서비스 전달체계를 서비스 네트워크(network)별로 구분하려는 분석 차원은 서비스 수급자들의 관점을 보다 직접적으로 명백히 지역사회적인 관점에서 반영할 수 있다. 서비스 네트워크별 구분은 지역사회 내에서 이루어지는 제반 서비스의 수요자와 공급자들 간 네트워크를 가상하는 것이다. 예를 들면, 하 지역사회의 서비스 네트워크를 다음과 같이 구성해 볼 수 있다.

① 아동복지서비스 네트워크: 사회복지공무원, 시, 구, 보육시설, 육아시설, 학교급식 프로그램, 가출청소년일시보호, 청소년쉼터, 국민기초생활보장, 아동상담소, 소년소녀가장세대지원 프로그램, 종합사회복지관, 비행청소년예방 프로그램, 청소년 캠프, 소년원, 그룹홈, 가정위탁보호 프로그램 등

② 노인복지서비스 네트워크: 사회복지공무원, 시, 구, 주간보호소, 노인주거복지시설, 노인의료복지시설, 노인여가복지시설, 재가노인복지시설, 장기요양기관, 노인연금 프로그램, 재가복지서비스센터, 종합사회복지관, 국민기초생활보장 프로그램, 치매 치료센터, 경로당, 무료급식 프로그램 등

③ 정신보건서비스 네트워크: 사회복지공무원, 시, 구, 정신질환자가족협회, 정

신병원, 종합병원, 요양시설, 낮병원, 그룹홈, 치매치료센터, 장애인종합복지관, 종합사회복지관, 장애인고용촉진공단 등

④ 국민기초생활보장서비스 네트워크: 사회복지공무원, 시, 구, 각종 보장심의위원회, 직업재활시설, 아동복지시설, 노인복지시설, 각종 생활시설 등과 같은 보장기관, 종합사회복지기관, 노동사무소, 직업훈련기관 등

⑤ 기타 네트워크: 장애인복지서비스, 교정서비스, 자활서비스 등

제3절 사회복지서비스 전달체계의 원칙

사회복지서비스 전달체계의 원칙에 대해 국내·외 학자들의 다양한 의견들이 〈표 11－2〉과 같이 제시되고 있지만 그 중에서 핵심적인 견해를 종합하면 다음과 같다(한국복지행정학회, 2011; 남일재 외, 2011).

1. 전문성의 원칙

전문성 원칙(professionalization)이란 사회복지서비스의 주요 핵심적인 업무는 반드시 전문가가 맡아야 한다. 여기서 전문가는 자격요건이 객관적으로 인정된 사람(국가 또는 전문 직업단체의 시험, 또는 기타 자격 심사에 의하여 자격증을 부여받은 사람)이며 자신의 전문적 업무에 대한 권위와 자율적 책임성을 지닌 사람을 말한다.

사회복지 분야의 종사자는 업무성격에 따라 전문가(professional), 준전문가(para-professional), 비전문가(non-professional)로 구분되지만 사회복지서비스의 효율성과 효과성을 달성하기 위해서는 전문성이 다소 낮은 업무는 준전문가가 담당하고, 비숙련 업무 및 일반적인 업무는 비전문가 또는 경우에 따라 자원봉사자가 담당하도록 해야 한다. 따라서 사회복지서비스의 효과성과 효율성을 위해서도 전문성

의 원칙은 반드시 지켜져야 한다.

2. 포괄성의 원칙

포괄성 원칙(inclusiveness)은 인간의 욕구와 문제는 다양할 뿐만 아니라 한 가지 문제는 다른 여러 가지의 문제와도 연관되어 있는 것이 일반적이기 때문에 다양한 욕구, 다양한 문제를 동시에 또는 순서적으로 해결하기 위하여 다양한 서비스를 필요로 한다. 서비스의 포괄성을 달성하기 위해서는 한 사람의 전문가가 여러 문제를 다루거나(일반화 접근방법, generalization approach), 아니면 각각 다른 전문가가 한 사람의 각각의 문제를 다룰 수도 있고(전문화 접근방법, specialistic approach), 일반화 접근방법은 전문성이 약해질 우려가 있고, 전문화 접근방법은 통합조정이 어려워질 우려가 있고, 집단 접근방법은 전문가들 간의 갈등이 있을 수 있다는 등의 단점이 있다. 복합적이고 다양한 문제를 가진 개인의 문제를 해결하는 데 있어서 한 전문가가 책임을 지고 계속적으로 필요한 서비스와 전문가를 찾아 연결시켜 주고 적절한 서비스를 받을 수 있도록 하는 사례관리방법(case management)도 있다.

3. 통합성의 원칙

통합성 원칙(unification)이란 클라이언트의 문제는 전달체계를 통하여 사회복지서비스를 받게 될 때, 복합적이고 다양한 문제해결에 필요한 각종의 서비스가 질서정연하고 체계적으로 제공되어 문제를 해결하고 욕구충족을 충분히 달성할 수 있는 것을 말한다. 서비스가 통합적으로 제공되기 위해서는 한 행정책임자에 의해 서비스들이 제공되고 지리적으로 서비스 제공 장소가 상호 근접되고 서비스 프로그램 간 또는 조직 간에 유기적인 연계와 협조체계가 갖추어야 한다.

4. 적절성의 원칙

적절성의 원칙(comprehensiveness)은 고객(클라이언트)의 욕구충족이나 문제해결의 목표를 달성하는데 있어 사회복지서비스의 양(quantity)과 질(quality)을 제공하는 기간이 충분하게 제공되어야 한다는 것이다. 따라서 적절성의 원칙은 재정적 형편을 고려하여 보면 목표를 제대로 수행하기가 어려운 경우가 많고 그 수준을 유지시켜 나아가는 데에도 현실적인 논란이 있을 수 있다. 한정된 자원으로 서비스 질을 강조하면 서비스 양은 낮은 수준에 머물고, 서비스 양을 강조하면 서비스 질의 적정선 유지가 어렵게 된다는 것이다.

5. 지속성의 원칙

지속성의 원칙(continuity)은 전달체계 내의 모든 기관과 프로그램들이 서로 간에 얼마나 밀접하게 근접해 있는지를 나타내는 것이다. 한 개인이 필요로 하는 다른 종류의 서비스와 질적으로 다른 서비스를 지역사회 내에서 계속적으로 받을 수 있도록 그러한 서비스들이 상호 연계되어야 한다. 예를 들면, 직업훈련 프로그램이 취업알선 프로그램 간에 연계되어 있지 않으면 서비스 전달체계의 비연속성이 발생한다는 것이다.

연속성의 원칙이 잘 적용되기 위해서는 같은 조직 내의 서비스 프로그램 간의 상호 협력이 잘 이루어져야 할 뿐만 아니라 지역사회 내의 사회복지서비스 조직 간에도 유기적인 연계가 잘 이루어져야 한다.

6. 접근성의 원칙

사회복지지서비스를 필요로 하는 사람들이 서비스를 활용하는 데 아무런 장애가 없어야 한다. 클라이언트가 서비스에 접근하는데 주요한 장애요인으로는 서비스에 대한 정보의 결여나 부족, 원거리 또는 교통의 불편 등으로 인한 지리적 장애, 자신의 문제 노출에 대한 두려움, 수치감 등 심리적 장애, 수급요건의 까다로움 등의 선정절차상의 장애, 금품이나 상담자 부족 등의 자원 부족 등이 있다(Gate, 1980).

7. 책임성의 원칙

책임성(accountability)의 원칙은 국가(사회)가 시민의 권리로 인정한 사회복지서비스를 전달하도록 위임받은 조직이므로 사회복지서비스의 전달에 책임을 져야 한다. 서비스가 클라이언트의 욕구에 적절히 대응하는지, 적합한지, 서비스가 효과적이고 효율적인지 등을 클라이언트나 서비스 공급자에 대하여 책임을 져야 한다.

8. 평등의 원칙

평등성 원칙(equity)에는 성별, 연령, 국가, 인종, 소득, 종교, 사회적 지위 등에 관계없이 모든 국민에게 복지서비스를 제공해야 한다는 절대적 평등(absolute equity)과 소득(수급권자의 경우)이나 연령(국민연금 가입 연령 등), 직업에 의한 제한(산재, 고용보험의 경우 근로자만 가입 등)이 있는 상대적 평등(comparative equity)이 있다.

현대사회는 급속한 사회 변화로 인하여 본인의 의지와 의사에 관계없이 가족에게 많은 문제가 발생하고 있는데 국가는 모든 사람들에게 사회복지서비스를 평등하게 제공해야 한다. 필요한 경우 예외적으로 상대적 평등이 적용될 수 있다. 사회복지 전달체계의 궁극적인 목표는 서비스를 효과적이고 효율적으로 전달하는 것이라 할 수 있다.

〈표 11-2〉 국내 · 외 사회복지서비스 전달체계의 다양한 의견

<table>
<tr><th>Gate
(1980)</th><th>Gilbert
Specht
(1986)</th><th colspan="2">서상목·최일섭
김상균(1988)</th><th>성규탁
(1992)</th><th>최성재
남기민
(1995)</th><th colspan="2">박경일(1997)</th></tr>
<tr><td rowspan="2">• 포괄성
• 접근 용이성
• 계속성
• 비단편성
• 책임성</td><td rowspan="2">• 통합성
• 계획성
• 접근 용이성
• 책임성</td><td>행정적인 측면</td><td>• 기능분담의 체계성
• 전문성에 따른 업무 분담
• 책임성
• 접근 용이성
• 통합조정
• 지역사회 참여
• 조사 및 연구</td><td rowspan="2">• 접근 가능성
• 지속성
• 적합성
• 포괄성
• 통합성
• 공평성
• 적절성 조사 연구</td><td rowspan="2">• 전문성
• 적절성
• 포괄성
• 지속성
• 통합성
• 평등성
• 책임성
• 접근 용이성</td><td>조직 구조적 측면</td><td>• 권리성
• 전문성
• 접근 용이성
• 기능 부담의 체계성
• 지역사회 참여
• 문화적 특수성</td></tr>
<tr><td>서비스 제공의 측면</td><td>• 평등성
• 재활 및 자활
• 목표
• 적절성
• 포괄성
• 지속성
• 가족중심</td><td>관리 운영적 측면</td><td>• 평등성
• 포괄성
• 책임성
• 재활 및 자활
• 목표
• 계획성
• 적절성
• 지속성
• 가족중심의 서비스 제공</td></tr>
</table>

출처: 한국복지행정학회(2011).

제4절 사회복지서비스 전달체계의 영역

1. 공적 사회복지 전달체계

1) 공적 사회복지서비스 전달체계의 현황

공적 사회복지 전달체계는 국가 또는 지방자치단체가 수립과 운영주제인 경우를 말한다. 각종 사회보험은 중앙정부 차원에서 전달되고 있고, 공공부조와 사회복지서비스 전달체계는 중앙 및 지방자치단체에서 분담하는 형태를 취하고 있다. 중앙정부 차원에서의 사회복지행정은 1948년 정부수립과 동시에 사회부가 발족되어 담당하였는데, 이는 1955년에 보건부와 사회부가 보건사회부로 개편되었고, 1994년 보건사회부를 보건복지부로 2008년에는 보건복지가족부로 개칭(30여회의 직제 개정)하여 오늘에 이르고 있다.

지방정부 차원에서의 공적 사회복지 전달체계를 보면 그 담당조직은 행정자치부의 지방조직인 특별시(광역시) · 도 단위의 사회복지과 · 가정복지과 · 여성복지과 등이 설치되어 있다. 그리고 행정안전부(구 행정자치부)의 지방 하위조직인 시 · 군 · 구 단위에는 사회복지과 혹은 가정복지과 산하에 사회복지계, 가정복지계, 부녀복지계, 청소년복지계 등이 설치되어 있다. 이 중 가정복지계가 보건복지가족부나 시 · 도의 가정복지국가에서 시달된 업무지침을 받아 사업을 시행한다. 그리고 필요한 업무는 다시 일선 조직인 읍 · 면 · 동 단위의 사회복지계나 소속 사회복지전담공무원으로 이어진다.

한편, 2006년 4월에 행정자치부에서 '지방자치단체 주민생활지원기능 강화계획을 발표하였는데, 그 핵심은 시 · 군 · 구의 국 조직은 행자부에서 제시한 대도시형, 중 · 소 도시형 및 일반구형 중 자체실정에 맞게 실시하도록 하였다. 읍 · 면 동사무소에서는 주민생활지원담당을 설치하거나 조직을 개편하여 사무조정을 한다는 것이다(박차상 외, 2011).

2) 공적 사회복지서비스 전달체계의 문제점

우리나라 사회복지서비스 전달체계의 문제점은 무엇보다도 조직구조상의 문제가 중요하므로, 조직구조를 중심으로 문제점을 살펴보면 다음과 같다(한동일 외, 2011).

첫째, 대부분의 사회복지서비스가 중앙정부에서 정책과 계획을 수립하고 하부기관은 그 지침에 따라 업무를 수행하는 상의하달식으로 전달되고 있다.

둘째, 사회복지서비스 업무가 행정안전부의 지방행정체계에 편입되어 수행되므로 사회복지서비스의 특성과 전문성을 살리지 못한다.

셋째, 사회복지 전문가인 사회복지공무원의 수가 부족하여 취약계층의 자립, 자활, 재활을 위한 상담 등의 전문적 대인서비스가 제대로 이루어지지 않으며 업무과중으로 소진현상이 일어난다.

넷째, 지도·감독하는 상급자가 사회복지 분야에 대한 이해가 부족한 일반 행정공무원이므로 전문적 지도·감독을 하기 어렵고, 동료 간의 전문적 사례연구회의 등을 통한 업무의 질 향상을 기대하기 어렵다.

다섯째, 사회복지서비스 관련 위원회가 거의 형식적으로 운영되거나 활동이 부진하다.

2. 사적 사회복지 전달체계

1) 사적 사회복지서비스 전달체계의 현황

사적 사회복지조직이란 영리를 목적으로 하지 않는 주민조직과 사회복지법인, 재단법인 및 사단법인, 종교단체, 법정단체 및 기타 특수법인, 등록단체나 그 법인 또는 단체가 사회복지사업을 목적으로 운영하는 시설과 기관을 말한다(신복기 외, 2005).

우리나라의 사적 사회복지조직은 공적 사회복지조직처럼 특별한 상의하달식의 전달체계를 구축하지 않고 있다. 단지 사적 사회복지조직은 행정 당국의 지도·감독을 받아 서비스를 전달하는 사회복지법인(사회복지기관 및 시설)과 행정 당국의 지도·감독을 받지 않고 독자적으로 운영되는 민간 사회단체나 기타 법인체 등에 의해 사회복지서비스가 전달되고 있다. 그러나 이들 법인체나 각종 단체들은 지역에 따라 지부가 설치되어 있거나, 시설 상호 간의 연락 조정 및 조사 건의를 위하여 협의체가 구성되어 있기도 하다(이상구 외, 2009).

사적 사회복지서비스 전달체계에 있어서 중요한 기능을 하는 것이 사회복지협의체이다. 사회복지협의체는 대체로 네 가지 유형으로 구분되어지며 구체적인 내용을 살펴보면 다음과 같다(서상목 외, 1989; 최성재 외, 2007).

첫째 유형은 사회복지기관협의회(Councils of Social Agencies)인데, 지역사회 내의 사회복지기관, 사회복지를 담당하는 위원회 및 부서를 가진 여타 단체의 협의체로서 지역사회 사회복지협의체의 대부분은 이런 형태이다. 우리나라에는 이와 같은 형태의 협의체는 거의 존재하지 않고 있다.

둘째 유형은 지역사회복지협의회(Councils of Social Welfare)인데 이는 전문적 혹은 비전문적 개인과 사회복지기관의 단체회원으로 구성된 협의체이다. 우리나라에서의 한국사회복지협의회(중앙) 및 시·도 사회복지협의회가 여기에 해당된다.

셋째 유형은 민관협의체로서 지역사회복지관, 민간 사회복지 관련 전문가, 사회복지 관련 공무원 등으로 구성된 협의체로서 지역사회의 사회복지사업에 관한 중요사항을 심의 및 건의하고 지역사회서비스를 연계·조정하는 기능을 한다. 2003년 사회복지사업법 개정에 의하여 처음으로 도입되어 설립된 지역사회복지협의체가 이에 해당된다.

넷째 유형은 직능별 협의체로 전문분야협회(specialized councils)를 말하는데, 사단법인 한국아동복지시설협의회를 비롯한 한국노인복지협의회, 한국장애인복지시설협회, 한국정신요양복지시설협회, 한국여성단체협의회 등이 여기에 해당된다.

위의 네 가지 형태의 사회복지협의체 중에 우리나라에서 가장 대표적인 것은 한국사회복지협의회와 지역사회복지협의체라고 할 수 있다. 그러나 사적 전달체계로서 한국사회복지협의회에 관해 많은 문제점이 지적되고 있는데, 그러한 문제점과 개선방안에 대해 구체적인 내용을 살펴보면 다음과 같다(김영종, 2005).

첫째, 우리나라 사회복지협의회의 회원구성 면에서 사회복지시설 및 기관의 장이 압도적인 다수를 차지하고 있어 사회복지협의회가 사회복지기관협의회의 성격을 띠고 있다는 것이다. 따라서 사회복지협의회에 일반 주민을 비롯한 이른바 비전문가의 참여가 적극적으로 이루어져야 한다는 것이다.

둘째, 지역 협의회 활성화 문제이다. 즉, 사회복지협의회는 지역사회 중심 조직이 되어야 함에도 불구하고 시·군·구 수준에서의 활동이 미약하다는 것이다. 이러한 문제점을 극복하기 위해서는 먼저 설립과 운영에 대한 법적 근거가 마련되어야 한다는 것이다.

셋째, 정부와의 관계에 있어서 과거 관변단체로서의 성격이 지금도 그 운영에 영향을 미치고 있다는 지적이다. 이런 문제를 해결하기 위해서는 협의회의 인적 구성을 민주화하는 한편 재정자립을 위한 방안이 모색되어야 한다는 것이다.

넷째, 사회복지협의회가 그 기능과 역할을 제대로 수행하고 있지 못하고 있다는 것이다. 연구조사, 기관 간 조정, 사회복지 홍보 등 간접서비스 활동은 질적 수준이 낮거나 미약하다. 그럼에도 불구하고 재정문제 등으로 인해 복지관 운영과 같은 직접 서비스 업무에 관심을 높이고 있는 실정이라는 것이다. 결국 사회복지협의회는 지역수준에 따라 기능과 역할의 재정립이 요구된다.

지역사회복지협의체는 2003년 6월 정기국회에서 「사회복지사업법」의 개정과 함께 「사회복지사업법」 제7조 제2항에 신설되도록 법 규정이 통과되었다. 지역사회복지협의체는 민·관 협의체로서 지방정부의 사회복지서비스 사업에 관한 중요사항을 심의·건의하고 지역의 사회복지서비스를 연계·조정하는 면에서 바람직한 협의체라 할 수 있다. 즉, 시·군·구에 두는 지역사회복지협의체의 핵심기능은 지역사회복지계획의 심의, 사회복지서비스의 연계·조정, 지역사회 자원개발 등으로 규정되어 있다.

그러나 지역사회복지협의체는 관이 관여하고 관이 협의체 위원장이 되는 경우가 많기 때문에 관의 영향력이 상대적으로 커져서 민간 측의 의견이 제대로 반영되지 못할 소지가 있는 것이 문제점이라 할 수 있다.

2) 사적 사회복지서비스 전달체계의 문제점

사적 사회복지서비스 전달체계의 문제점을 구체적인 내용을 살펴보면 다음과 같다(신복기 외, 2005).

첫째, 조직구조상의 문제점을 들 수 있다. 대부분의 사회복지기관이나 시설은 그 운영에 필요한 재정의 상당 부분을 정부의 보조에 크게 의존하고 있다. 그리고 그 운영에 있어서 지도·감독을 받아야 한다. 그 결과 민간부문의 장점인 자율성과 창의성이 크게 제약을 받고 있다. 또한 생활시설의 경우는 아직도 정부의 지원수준이 낮고 시설의 종별, 지역별 분포가 불균형이다. 이로 인해 생활시설의 재정상태 및 전문 인력 확보가 매우 어려운 실정이다. 그리고 시설의 사회화가 이루어지지 않고 있다는 점과 시설서비스와 지역사회의 서비스의 연계가 미비하다는 점도 중요한 문제로 지적되고 있다. 사회복지기관의 경우에도 사회복지사의 업무과중부담과 보수의 취약성, 재정의 취약성 등이 가장 큰 문제점으로 지적되고 있다. 이로 인해 사회복지사의 이직률이 높으며 이것은 곧 전문 인력의 부족 현상으로 나타나고 있다.

둘째, 관리운영상의 문제점을 들 수 있다. 사회복지조직의 협의기구들이 조정자로서의 역할과 기능이 미약하다는 것이다. 생활시설의회의 경우 생활시설이 재정적으로 정부보조금에 의존하고 있기 때문에 사회복지시설의 문제에 대하여 이슈화시키는 데는 한계가 있다. 생활시설은 대부분 만성적 재정난에 봉착되어 있으며, 특히 단순 수용보호 사업만으로는 클라이언트의 복지문제를 기대하기는 어려운 실정이다. 이용시설의 경우는 기관 간 협조의 조정체계가 구축되어 있지만 실질적 운영에 어려움이 있고, 서비스 간의 연계가 부족하다. 이러한 결과로 프로그램이 중복과 누락현상도 발생하고 있다.

셋째, 전달인력상의 문제점이다. 생활시설의 경우 대부분의 시설이 빈약한 운영비 때문에 적합한 전문 인력을 고용할 수 없는 실정이다. 취업공고를 내어도 근무여건의 열악성으로 인하여 전문 사회복지사가 취업을 기피하고 있다. 따라서 전문적 프로그램의 제공에 어려움을 겪고 있다. 또한 이용시설의 경우에도 생활시설의 경우보다는 낮지만 역시 서비스에 적합한 전문가의 수가 부족한 현상이다.

제5절 사회복지서비스 전달체계의 발전 방향

21세기는 모든 사람들이 자기가 거주하는 지역사회에서 건강하고 안전하게 살아가는 것이 요구되고 있다. 아동을 비롯하여 노인 및 장애인, 모든 주민들의 기본적인 인권이 보장됨과 더불어 인간성이 존중되고 정상화(normalization)의 이념이 정착된 사회가 되지 않으면 안 된다. 앞으로 현대사회에서 사회복지 증진의 일차적인 책임이 국가에 있지만, 클라이언트의 문제가 복잡성을 띠고 욕구가 다양해질수록 보다 전문적인 서비스의 중요성은 증대될 것이므로 민간부문의 역할과 기대는 더욱 커질 것이다. 따라서 21세기를 대비하여 다양화되고 있는 지역사회주민의 보건, 의료, 복지, 교육, 주거환경의 욕구를 충족하고, 나아가 주민의 삶의 질을 충실히 하기 위하여 다음과 같은 다섯 가지의 기본 방향과 원칙으로 사회복지서비스 전달체계 마련되어야 함을 시사한다(박경일, 1997; 이상구 외, 2009 재인용).

첫째, 수요자인 클라이언트 중심의 서비스 전달체계 구축, 즉 사회복지 전달체계의 기본 방향은 클라이언트에 대한 클라이언트를 위한 복지서비스의 제공이라는 관점에서 전달체계가 마련되고 나아가 서비스의 이용과정에 있어서 클라이언트의 참가나 자기결정권, 선택권이 주어지는 서비스 전달체계로 구축되어야 할 것이다.

둘째, 통합적 서비스의 전달체계 마련, 즉 포괄적이고 체계적인 서비스를 제공할 수 있는 일원화된 전달체계를 통하여 클라이언트에 대한 경제적 원조뿐만 아니라 보건의료서비스, 심리적 서비스, 재활서비스 등 다양한 서비스를 통합하여 제공하는 것이 사회복지서비스의 효과성과 효율성을 높일 수 있다.

셋째, 사회복지행정 전달인력의 전문화로 앞으로 클라이언트 욕구가 고도화되고 다양화됨에 따라 클라이언트의 복지욕구 파악이나 진단 그리고 욕구충족에 필요한 서비스의 종류 및 범위의 결정에는 과학적이고 전문적인 지식과 기술을 지닌 인력이 서비스를 제공할 수 있어야 할 것이다.

넷째, 사회복지행정 프로세스(process)의 정보화 시스템 구축으로 정보화는 데이터베이스의 구축과 같은 단순한 현상에 대한 시스템화뿐만 아니라 전달체계 전체의 접근용이성과 효율성을 갖추기 위하여 앞으로 정보관리체계(MIS)가 구축되어야 할 것이다.

다섯째, 가족 중심의 서비스 제공기관으로서 서비스 전달체계의 확립으로 앞으로 아동, 청소년, 노인, 장애인, 모자 등 대상별로 범주화된 행정조직보다는 가족을 단위로 한 통합적인 서비스가 제공될 수 있도록 기능별 조직으로 전달체계의 조직을 재구조화해 나가야 할 것이다.

토론해 보기

- 사회복지전달체계의 구분에 대해 여러분의 생각을 서로 토론해 봅시다.
- 사회복지전달체계의 원칙에 대해 여러분의 생각을 서로 토론해 봅시다.
- 사회복지서비스 전달체계의 발전방향에 대해 여러분의 생각을 서로 토론해 봅시다.

참고문헌

김영종(2005). 사회복지행정. 학지사.

남일재 외(2011). 사회복지행정론. 정민사.

박사창 외(2011). 사회복지행정론. 창지사.

서상목 외(1989). "사회복지전달체계의 개선과 전문인력 활용방안". 한국개발연구원.

신복기 외(2005). 사회복지행정론. 양서원.

오세영(2009). 사회복지행정론. 신정.

이명남(2010). 사회복지법제론. 창지사.

이상구 외(2009). 사회복지행정론. 학현사.

사회복지사 1급 시험연구회(2011). 1급사회복지사. 나눔의 집.

최성재 외(2007). 사회복지행정론. 나남.

한동일 외(2011). 사회복지행정론. 양서원.

한국복지행정학회(2011). 사회복지행정론. 양서원.

Skidmore, R. A.(1990). *Social Work Administration : Dynamic Management and Human Relationship*(2nd ed.). Englewood Cliffs, N.J.: Prentice-Hall.

Gate, B. L.(1980). *Social Program Administration the Implementation & Social Policy*. N.J.: Prentice-Hall.

Gilbert & Specht, H.(1974). *Dimensions of Social Welfare Policy*. Englewood Cliffs, New Jersey: Prentice-Hall.

Gilbert & Specht, H.(1986). *Dimensions of Social Welfare Policy*(2nd ed.). Englewood Cliffs, N.J.: Prentice-Hall.

PART

4

사회복지행정의 프로그램 관리

12 정 보 관 리

제1절 정보관리의 이해

1. 정보관리의 개념

정보란 「국가정보화기본법」에 의하면 특정 목적을 위하여 광(光) 또는 전자적 방식으로 처리되어 후보, 문자, 음성, 음향 및 영상 등으로 표현된 모든 종류의 자료 또는 지식을 말한다. 정보는 자료(data), 정보(information), 지식(knowledge)을 포괄하는데, 자료는 가공되지 않고 사실적인 혹은 특별한 의미가 없는 값이며, 정보는 특정 형태로 자료를 가공하여 사용자에게 의미가 있는 것, 그리고 지식은 경험, 가치, 전문가의 견해 등과 같이 규칙성과 일관성을 가진 가공된 정보를 일컫는다(강종수, 2011).

이러한 정보관리가 중요하게 인식되기 시작한 것은 세 가지 경향과 연계되어 있다. 첫째, 자료 구축, 정보저장과 인출, 정보의 경제성 추구 등이 사회의 여러 직업활동과 학문 분야의 관심사가 되었다는 것이고, 둘째는 컴퓨터 체계에 근거한 정보의 가치와 비용-편익관계가 새로운 관심 분야로 부상한 것이며, 셋째는 그 정보체계의 활용의 폭이 크게 확대된 것이다(Wilson, 2002).

사회복지조직도 정보관리의 필요성과 중요성을 인식하고 있지만 정보화 과정이 미흡하고 실질적으로도 다른 조직에 비하여 열악한 예산 때문에 정보화에 투자할 여력이 부족한 실정이다. 그러나 사회복지조직 운영 전반에 걸쳐 정보관리를 해야 한다는 인식은 하계는 물론 공공 사회복지행정조직 및 민간 사회복지행정조직 모두가 수용하고 있다.

사회복지조직의 정보관리는 사회복지행정가의 전문성 확보에 기여하게 될 뿐만 아니라 조직의 목적을 효과적·효율적으로 달성하는 데도 크게 기여할 것으로 보인다.

2. 사회복지행정에서의 정보화

정보통신 기술의 발달은 업무환경 등 많은 분야에서 획기적인 변화를 가져왔다. 직원들에게 보급되는 개인용 컴퓨터(PC)는 모든 업무를 전산화하여 처리할 수 있고, 방대한 자료를 쉽게 저장할 수 있으며, 인터넷을 통한 전자메일의 사용이나 온라인 모금 등 다방면에서 활용되고 있다. 이러한 변화는 전통적인 권위적·위계적 조직구조를 수평적이고 분권적인 구조로 변화시키고, 의사소통 및 의사결정 방식을 변화시켰으며, 인적자원관리와 회계업무 등을 간소화시키는 등의 변화를 가져왔다.

따라서 사회복지조직에서 정보관리는 조직업무와 조직구조, 의사소통, 조직운영에 변화를 추구함으로써 성과를 높일 목적으로 활용되고 있다. 정보는 지속적이고 효과적인 방식으로 관리되어야 하며, 이를 위해 정보체계를 적절히 활용해야 한다. 정보화시대에는 업무 절차나 흐름이 전산장비에 의존하여 대폭 간소화되어 왔고, 전산을 이용한 자동화에 더 많은 의존을 하게 되었다. 정보를 전산화하면 다음과 같은 장점이 있다(최성재 외, 2006).

- 조직의 운영과 관리에 관한 자료를 일괄적으로 처리할 수 있다.
- 자동화로 인한 업무의 효율성이 크게 증진된다.
- 자료를 정보로 만들고 정보를 체계적으로 만들 수 있다.

- 사회체계와 기술체계의 상호작용을 이용하는 것이다.
- 자료 분석능력을 획기적으로 높일 수 있다.
- 개인의 업무처리 능력이 향상된다.

이러한 사회복지행정의 정보화는 사회복지기관이 수행하는 각종 복지정책들의 효과성을 향상시킬 뿐만 아니라 행정의 능률성을 제고시키는 체계라고 할 수 있다.

3. 사회복지행정에서의 정보화 기능

사회복지행정의 정보화가 복지정책 형성과 사회복지행정에 미칠 수 있는 영향을 간략하게 살펴보면 다음과 같다.

첫째, 정확한 정보제공이다. 여기서 정확한 정보란 객관성이 확보된 과학적 정보를 의미한다. 이러한 정보는 사회문제를 해결하는데 가장 중요시되는 기능이며, 정보관리에서 우선시 되어야 할 기능인 것이다.

둘째, 적시에 적정한 정보를 제공할 수 있다. 예컨대, 프로그램 정보관리체계(Management Information System)란 프로그램 계획의 각 단계와 집행 및 평가과정에서 필요한 자료를 축적하고 정보를 제공해서 각급 단위의 의사결정을 돕도록 하는 시스템이다. 그러나 이와 같은 정보가 체계화되어 있지 않다면 정확한 정보를 얻기 위해 많은 시간을 소요할 것이고, 쏟아지는 정보들을 처리할 수 없어서 행정능률의 저하와 정책의 효과성이 저하될 것이다.

셋째, 정보통신 기술의 발달과 컴퓨터의 발달로 인하여 광역화, 네트워크가 확대되어 있기 때문에 행정기관 내부적인 면은 물론이고 외부기관 간의 정보교환이 활발하게 전개될 수 있다.

이러한 기능으로 인한 영향은 행정비용의 절감뿐만 아니라 인력구조 면이나 조직 내 권력관계, 의사결정관계의 변화를 수반한 행정조직 면에서의 파급효과는 물론 정책결정과정의 합리화, 대인서비스의 종합화를 가능하게 해줄 것이다(이상덕, 1987).

제2절 정보관리체계의 유형

1. 정보관리의 전산화 형태

대부분 조직에서 정보관리와 전산화는 더 이상 분리될 수 없는 개념들이 되어가고 있다. 사회복지행정도 예외는 아니며 이미 다른 관련 기관들, 지역사회, 전체 사회에서 조직적 업무들에 대한 전산화의 추세가 빠르게 확산되고 있으므로 사회복지행정도 역시 이에 영향을 받지 않을 수 없다. 정보관리행정의 목적을 위한 전산화가 기여하는 부분들을 열거하면 다음과 같다(박차상, 2001; 김인혁 외, 2011).

1) 자료의 거래 및 처리

기관에 입·출력되는 자료들을 거래관계별로 처리해 준다. 자료가 입력되고, 기록되고, 전달되고, 보고되고 하는 과정들을 일괄적으로 처리할 수 있게 한다. 전통적으로 한 조직 내에서의 자료의 거래와 처리가 주된 관심이었으나, 네트워크의 급속한 발달로 인해 조직들 간의 자료 거래와 컴퓨터의 활용이 급증하고 있다.

2) 자동화된 작업

전산화된 시스템은 수동작업들을 자동화된 직업환경으로 바꾸어 주며, 그로 인한 비용의 절감 효과를 유발하고, 서비스 인력과 자원들을 보다 직접적인 서비스에 충실하게 해준다.

3) 정보 시스템

조직 업무의 전산화가 주된 목적이다. MIS(경영정보 시스템, Management Information System)나 DDS(결정보조 시스템, Decision Support System) 등이 대표적인 활용방안들이다. MIS는 경영에 필요한 정보들을 자동적으로 제공하기 위한 시스템이고, DDS는 경영에 관한 결정-행동을 뒷받침하기 위한 자료의 분석능력을 제공하는 시스템이다.

4) 사회-기술 시스템

휴먼 서비스 조직들에서 컴퓨터의 행정적 활용은 일종의 복잡한 사회-기술체계를 의미한다. 사회-기술체계(sociotechnical system)란 사람, 컴퓨터 관련 하드웨어와 소프트웨어, 자동화된 데이터베이스, 조직적 절차들 등 이러한 것들이 미리 규정된 유행에 따라 상호작용하는 상태를 의미한다. 즉, '인간과 기술의 상호작용'인 것이다.

5) 자료 분석

통계학적, 수량화된 자료 분석이 전산기술 활용의 주된 역사를 이루었다. 컴퓨터(computer, 즉, 전산기)라는 명칭에서 암시하듯이, 컴퓨터는 빠른 속도로 계산을 해내는 능력으로 수량분석과 데이터베이스 분석처리 등에 주로 사용되어 왔다. SPSS(Statistical Packages for Social Science)나 SAS(Statistical Analysis System) 등과 같은 것들이 사회복지기관의 자료 분석들에 많이 쓰이는 대표적인 프로그램들이다. 최근 퍼스널컴퓨터의 급속한 기능향상으로 웬만한 분량의 대형 데이터들도 퍼스널컴퓨터 안에서 처리 분석되는 것이 가능해졌다. 얼마 전까지만 해도 이를 위해서는 메인프레임(mainframe, 다중이 사용하는 대형컴퓨터)을 활용해야만 하는 번거로움이 있었다.

6) 사적용도

데스크탑 컴퓨터(desktop computer)의 개념에 적절한 용도로서 최근 사용자들이 쓰기 간편한 윈도 환경과 다수의 사무용 프로그램들의 보급으로 인해 더욱 친숙한 개념으로 활용되고 있다. 스프레드시트(spreadsheet), 워드프로세서(word processor), 개인 자료 관리, 데스크탑 퍼블리싱(desktop publishing), 캘린더스케줄(calendar scheduler), 컴퓨터 그래픽, 프로젝트 관리, 멀티미디어 프레젠테이션, 자료 분석 등 그 용도는 매우 다양하다.

하지만 전산화로 인해 불편한 점은 여러 가지가 있지만 몇 가지를 살펴보면 다음과 같다(홍봉수 외, 2019).

첫째, 비밀보장의 어려움이 발생한다. 즉 컴퓨터의 전산화로 인하여 모든 정보가 공유되기 때문에 조직의 비밀보장이 어렵다.

둘째, 서비스의 지나친 일반화 혹은 잘못된 정보의 습득이다. 즉 기관에서 정보를 공유함에 있어서 잘못된 정보를 그대로 받아들이거나 혹은 기존의 정보를 바탕으로 하기 때문에 새로운 욕구나 요구가 무시될 수도 있다.

셋째, 정보의 소외현상이다. 즉 정확하고 적시에 적절한 정보를 얻기 위해서는 정보기술에서의 접근이 용이해야 하는데 컴퓨터를 잘 다루지 못하는 경우에는 정보로부터 소외될 수 있다. 더욱이 정보의 접근 가능성이 곧 기업이나 조직에서 자신의 위치가 될 수도 있기 때문에 이것이 곧 삶의 격차와 소외로 그리고 생활의 무능력함으로 나타날 수도 있다.

2. 사회복지조직의 정보시스템

사회복지조직의 정보시스템은 크게 클라이언트 정보시스템, 조직 정보시스템, 수행 정보시스템의 세 가지 하위체계로 나누어진다(Gate, 1980). 정보시스템에 대한 구체적인 내용을 살펴보면 다음과 같다(강종수, 2011; 이상구 외, 2009).

1) 클라이언트 정보시스템

클라이언트 정보체계(Client Information System: CIS)는 클라이언트, 클라이언트와 프로그램 간 상호작용 등에 관한 정보를 만들고 조직하고 보고하는 정보체계다. 주로 서비스와 프로그램을 이용하는 클라이언트의 과정에 초점을 맞춘다. 프로그램에 접촉하는 시점부터 종료에 이르는 과정을 정리하면 〈표 12-1〉과 같고, 각 단계에서 얻어진 정보들은 다른 단계 혹은 다른 기관에서도 사용될 수 있어야 한다.

〈표 12-1〉 **클라이언트 정보체계의 단계별 자료**

단계별 활동	자료 및 정보
이용자 확인	서비스의 잠재적 수요자 명단(다른 기관들의 의뢰, 비공식적 접촉, 혹은 다양한 아웃리치 활동을 통해 획득)
인테이크	개인이나 가족에 관한 신상 자료, 해결되어야 할 문제 등
자격 여부 결정	프로그램 수혜 자격 여부를 판단하는 데 필요한 정보(정부기관, 보험회사, 의뢰기관, 클라이언트 본인을 포함한 비용 지불자 정보 등)
진단·프로그램 계획	문제, 욕구, 계획 간의 관계에 관한 기록, 진단은 때로 구술형식으로 기술하지만 프로그램 계획은 구체적으로 기록
서비스 제공	언제, 누구에게, 어떤 서비스가 제공되는지 등에 관한 자료, 연결 서비스인 경우에는 그 과정에 대한 자료 포함
사례 모니터링	활동 계획과 실제로 제공된 서비스를 비교하는 자료, 만일 차질이 있으면 그 자료
사례 평가	사례 혹은 개인의 서비스 결과에 대한 정보
종료	사례 종료 시점과 이유에 관한 정보(자발적 중단, 목표의 성공적 달성 혹은 실패, 다른 지역으로의 이사 등을 포함)

출처: Gates(1980).

2) 조직 정보시스템

조직 정보시스템(Organization Information System: OIS)는 시설이나 운영 기획, 회계 인사, 비용 통제 등에 관한 정보체계를 말하며, 주로 관리자 혹은 외부의 자금 제공자가 필요로 한다. 조직 정보는 운영단위 혹은 개별 업무자가 생산한다. '누가, 언제, 어떤 서비스를 제공받았는지'가 주된 관심이라면, 조직 정보시스템은 '누가, 어디에, 얼마를 사용했는지'가 주된 관심사다. 조직 정보시스템의 전형적인 기능은 다음과 같다.

- 욕구 사정
- 예산
- 직원 및 임금 대장
- 통계 보고 및 예측
- 시설 및 운영에 관한 기획
- 조사 연구
- 회계 및 비용 통제

3) 수행 정보시스템

수행 정보시스템은 의사결정의 향상이나 프로그램의 생산성 및 효과성의 다양한 측면들을 평가하기 위해 요구되는 정보들을 다룬다. 이 시스템은 굳이 새로운 정보시스템을 운영하지 않더라도 기존 클라이언트 정보시스템과 조직 정보시스템의 합성에 의해서 가능하다. 물론 이러한 합성은 두 시스템이 자료들을 호환하거나 공유할 수 있는 통합성을 갖고 있는가에 의해서 좌우된다.

정보의 합성을 고려한다면, 정보시스템들은 모듈화(modules)[1)]하는 것이 필요하다. 보고 내용과 형식들에 대한 상부로부터의 요구가 종종 변화하고 새로운 프로그램과 서비스가 계속해서 더해지거나 감해지는 현실에서 클라이언트 정보와 조직 정보시스템은 모듈화되는 것이 바람직하다.

1) 모듈화란 정보의 단위들을 쉽게 분리하거나 결합될 수 있도록 만든다는 것이며 각기 다른 정보시스템에서 생성된 정보단위들이 새로운 정보의 산출을 위해 손쉽게 합성될 수 있게 한다.

모듈화된 클라이언트와 조직에 관한 정보들을 합성하면 수행정보들은 손쉽게 산출될 수 있다. 수행에 관한 정보는 크게 기획을 위한 정보와 평가를 위한 정보로 나누어 볼 수 있다.

- 기획정보: 미래의 계획을 수립하기 위해 필요한 자료로서 장기간에 걸친 데이터의 축적이 필요하다. 계획기간 동안 욕구를 가진 인구와 서비스 예상 인구를 예측하는 데 필요한 정보가 주된 관심의 대상이 된다. 이것을 위해서는 다양한 원천들로부터의 방대한 자료의 획득이 필요하다. 예를 들면, 지역사회 포럼, 지역사회 서베이, 서비스 이용자 기록 등이 있다. 이러한 각각의 정보들은 독립적으로 만들어지지만, 서로가 호환성이 있다면 통합되어 사용될 수 있다. 자원과 비용에 관한 기획정보도 유사한 중요성을 갖는다. 케이스 부담률에 대한 예상, 서비스의 질 향상을 위한 새로운 방법의 도입에 따르는 비용 추산, 인력과 시설비용, 서비스와 물품구입비 등은 기획에 필요한 중요한 비용관련 정보들이다.
- 평가정보: 서비스 성과와 비용에 관한 정보들을 포함한다. 많은 서비스 이용자들은 복수의 문제와 욕구들을 소유할 가능성이 높으며, 이들은 각기 여러 기관의 서비스들을 사용하는 것이 보통이다. 따라서 서비스의 효과성 평가를 위해서는 그 기관이 제공한 서비스에 대한 것이 보통이다. 따라서 서비스의 효과성 평가를 위해서는 그 기관이 제공한 서비스에 대한 정보만이 아니라 클라이언트의 다른 기관들과의 다양한 서비스 경력에 관한 정보들도 요구된다. 이를 위해서는 각기 다른 기관이나 프로그램과의 정보시스템의 호환성 내지는 통합성이 요구될 것이다. 정보의 공유로 인한 클라이언트의 프라이버시 침해에 대한 논란이 있지만 최소한 서비스 이용자의 서비스 활용 경력 또는 조직이나 프로그램들 간에 공유 가능하게 되는 것이 바람직하다.

4) 의사결정지원 4시스템

의사결정지원체계는 효과성과 의사결정의 특성을 탐구하는 것에 초점을 두고 있다. DSS(Decision Support System)는 전문가가 복잡한 의사결정을 보다 쉽게 할 수 있도록 지원하기 위해 고안된 것이다. 사용자가 자료를 검색하고, 관리하고, 의사결정에 관한 정보를 얻는 데 도움을 준다. DDS는 사용자의 경험과 판단의 대리인이 아니라 단지 데이터이고 모델일 뿐이다. 즉, DDS가 의사결정을 하는 것은 아니고 전문가가 직접 의사결정을 한다. 의사결정 과정에서 전문가는 DSS를 활용하는 것이다. DSS가 활용되는 한 예로는 미국의 미네소타에 있는 Ramsey County에서의 GAIN(General Assistance Intake)을 들 수 있다.

이 시스템은 접수 일정을 자동으로 결정하며, 처음 접수할 때 온라인으로 제공되는 기록을 통하여 클라이언트에 대한 자료를 확보하고, 적절한 담당자에게 자료를 전송시키고 클라이언트에 대한 통계를 작성한다. DSS의 다양한 예로는 캐나다 온타리오 주에서 활용하고 있는 '임상도구 및 정보관리를 위한 아동복지척도(The Child Well-being as a Clinical Tool Management Information System)'이다. 이 시스템은 아동에 대한 정확한 서비스 계획수립을 돕기 위해 의사결정지원형 구조화된 사정도구이다(한국복지행정학회, 2011).

5) 지식기반 시스템

지식기반 시스템 KBS(Knowledge-based System)는 지식 베이스를 사용하기 위한 프로그램이다. 전문가 시스템은 전문 지식을 적용하여 특정 문제의 해결점을 찾는 프로그램으로, 의료 진단과 같은 특수한 목적을 위해 사용되는 지식 베이스 시스템의 고도 도메인 형식의 시스템이다.

제3절 정보관리체계의 설계

정보관리체계는 정보관리체계의 수요자를 중심으로 설계되어야 한다. 실제로 정보관리에 참여하는 사람이 정보체계를 통해서 도움을 받을 수 있도록 설계되어야 한다. 이러한 관점에서 스코치(Schoech)는 정보체계의 설계과정을 8단계로 제시하고 있다(Schoech, 1995).

1) 제1단계: 준비 정도와 실행가능성 평가

정보체계를 개발하고자 할 때 반드시 정보화 사업계획을 모든 직원에게 전달하고 정보화 사업에 대한 취지나 개발과정이 공개되어야 한다. 또한 정보화 사업에 필요한 자금이나 직원의 역량 등 현재 사회복지조직의 정보화에 필요한 역량에 대해 정확하게 사정한 뒤에 정보체계 개발을 위한 별도의 위원회를 구성해야 한다. 위원회에는 사회복지기관의 기관장을 비롯하여 사업부서별 팀장, IT 전문가와 정보체계의 관리자 등은 물론 그리고 실무를 진행할 간사 등이 포함되어야 한다. 위원회가 결성되면 위원회는 조직의 정보화사업 준비 정도와 실행가능성에 대한 보고서를 준비하여 배부한다. 그리고 조직구성원의 의견을 수렴하여 이 계획을 계속 시도할 것인지를 결정한다.

2) 제2단계: 기존 정보체계에 대한 분석

정보체계 개발을 추진하기로 결정한 후에는 기존의 정보시스템의 문제점을 사정해야 한다. 현재 사용하고 있는 정보체계의 문제점과 개선이 필요한 사항에 대해 의견을 제시함으로써 실용적 정보관리체계를 구축하는 데 기여해야 한다. 다른 기관의 정보관리체계를 비교·평가하는 작업 또한 필요하다. 기존 정보관리체계에 대한 분석이 끝나면 보고서를 작성하여 배부하고 이러한 정보화 사업을 계속 진행시킬 것인지 종결할 것인지를 결정한다.

3) 제3단계: 정보관리체계의 전체적 설계

기존 정보시스템을 분석하여 정보화 사업을 진행하기로 결정되면 정보시스템의 범위, 대상, 목표 등을 최종적으로 결정하고 정보관리에 대한 전체적 설계에 들어간다. 전체적 설계에는 자료 빈도, 크기, 안전도, 호환성, 수명 등이 포함된다. 그리고 정보관리설계에 필요한 경비, 시간, 전문기술인력 등의 자원을 투여하여 설계된 안에 따라 전산작업에 착수한다. 전산 프로그램의 장·단점 그리고 대안적 설계가 세부적으로 제시된 보고서를 작성하여 전 직원에게 배부하고 정보화 사업을 계속 진행시킬 것인지 종결할 것인지를 결정한다.

4) 제4단계: 세부설계와 개발

전체 설계에 대한 지지를 얻고 나면 세부설계를 시행한다. 세부설계 단계에서는 자료를 어떻게 가공, 저장할 것인지를 정확히 이해해야 한다. 설계자는 조직 내에서 어떤 부서의 어떤 직무단위로 정보를 세분화해야 할지를 판단해야 한다. 그리고 정보의 내용에 따라서 정보의 관리책임자나 사용자를 결정해야 한다. 또한 어떤 정보가 전산화되어야 하는지, 어떤 것은 지속적으로 수작업으로 관리해야 하는지를 결정해야 한다(황성철 외, 2010). 그리고 이러한 자료를 토대로 적절한 소프트웨어와 하드웨어를 선택해야 한다.

5) 제5단계: 정보관리체계의 검증과 준비

세부설계의 개발이 완료되면 정보체계의 총괄적 관리자, 정보관리체계의 사용자 등을 결정한다. 그리고 새로운 시스템의 도입에 필요한 여러 가지 실행기준을 정하고 시험계획을 수립한다. 프로그래밍의 형식, 조작과정이나 관리지침, 산출결과 등에 대해 시험해 본다. 이와 같은 과정을 거쳐 새로운 정보체계를 도입하면 직원의 훈련비용과 전산관리 비용이 책정되어야 한다. 한번 정보관리체계를 설치했다 하더라도 소프트웨어와 하드웨어를 유지하고 업데이트하는 데 적지 않은 비용이 지출된다는 점을 고려해야 한다. 그리고 새로운 정보체계를 적극적으로 활용하여 사회복지조직의 성과를 거두기 위해서는 직원훈련이 필수적이다. 성공적 정보체계 발전을 위해서는 전체 재원의 10%는 하드웨어에 지출하고, 40%는 소프트웨어에, 나머지 50%는 정보관리체계를 개발하고 실행하는 직원의 교육훈련에 지출해야 한다.

6) 제6단계: 전환

시험적용과 교육훈련이 종결되면 새로운 정보체계가 실행되는 단계로 진입하는데, 사회복지조직의 특성이나 상황에 따라 기존의 시스템을 종료하고 새로운 시스템을 사용하기도 하고, 어떤 경우에는 새로 개발된 정보체계와 기존의 정보체계를 비교하면서 두 가지 시스템을 동시에 작동시키기도 한다. 새로 개발된 정보체계가 더욱 효과적이고 효율적이라는 것이 확인되면 기존의 정보체계를 폐기하고 새로운 관리체계를 사용한다.

7) 제7단계: 사정

정보화 사업의 목적은 정보체계를 통해 비용을 감소하고, 클라이언트에게 질 높은 서비스를 제공하는데 목적을 두고 있으므로 새로운 정보체계에 대한 목적이나 수행성과를 비교 · 분석해야 한다. 예를 들어 새로운 정보관리체계가 클라이언트에 대한 서비스를 개선시켰는지를 평가해야 한다. 그리고 업무성과 향상, 효율성 증진, 비용절감 등의 기준을 적용한 평가분석도 실시해야 한다. 이러한 과정을 거쳐 생산되는 산출물을 정책결정과정에서 사용할 것인지도 결정해야 한다.

8) 제8단계: 운영, 유지, 수정

새로이 개발된 정보체계가 의도했던 바와 같이 운영되기 위해서는 적정한 관리 유지와 발생할 수 있는 보완요소에 대한 준비가 되어야 한다. 이를 위해 다음과 같이 고려사항이 있을 수 있다.

첫째, 정보체계에 대한 전담직원이 별도로 확보되어야 한다. 조직규모에 따라 전담직원의 수도 달라질 수 있을 것이다. 정보체계 담당직원은 책임감을 가지고 지속적으로 정보체계를 모니터링하고 관리 유지하는 역할을 담당한다. 이 직원은 정보체계가 기획했던 대로 사용되도록 지원하고, 사용목적에 따라 필요한 정보가 활용될 수 있도록 한다. 정보체계운영상의 IT 기술적 문제가 발생되는 경우 정보체계개발업체와 협력하여 문제해결을 위해 노력해야 할 것이다.

둘째, 전체 직원은 일상 업무에 정보체계를 이용하여 데이터를 저장하고 사용하며, 관리자는 고유사업수행과 정보체계 활용을 모니터링 하여 필요한 경우 업무조정을 해야 한다. 또한 정보체계를 활용하여 보고서를 작성하도록 장려하고 실제업무에 사용해야 할 것이다.

셋째, 직원교육을 위한 예비예산을 확보하도록 한다. 신입직원과 직원이 교체되었을 때의 정보교육비용을 준비해야 한다.

넷째, 직원회의 때 정보체계를 사용하는 직원의 태도 및 감정을 모니터링하고, 직원들이 업무수행과정에서 정보체계를 활용하는 것이 조직의 사업목적을 달성하기 위해서도 가치 있는 것임을 강조한다.

다섯째, 관리자는 직원들이 정보체계를 통해 수집된 자료를 발표하고 공개적으로 활용하도록 유도한다. 직원들의 자료수집활동상황을 파악하여 직원들의 정보체계 활용이 사업수행과 서비스 제공에 있어서 얼마나 도움을 주고 있는지를 확인시켜 준다(황성철 외, 2010).

제4절 정보관리체계의 개선방안

정보관리체계가 앞으로 나아가기 위해서는 공공접근성의 보장, 지식정보 활용의 강화, 지식정보체계 구축, 지식정보운동의 활성화 등이 개선되어야 할 것이다. 구체적인 내용을 살펴보면 다음과 같다(박용순 외, 2011).

1. 공공접근성의 보장

공공접근성의 보장을 통해 정보의 보편적인 서비스를 확보하는 것이 중요하다. 정보통신기반은 지역사회와 경제여건 등의 차별 없이 보편적으로 서비스가 제공되어야 한다. 아직도 정보공유서비스를 자유롭게 이용하는 계층이 있는가 하면 기본적인 정보통신서비스조차도 활용하지 못하는 계층이 있다. 이에 정부는 기본적인 정보통신서비스의 이용에 있어 연령, 지역, 소득 등의 여건과는 무관하게 모든 국민들에게 보편적인 서비스가 시행되도록 조치해야 한다. 그리고 정보네트워크는 이용자가 기술적인 절차와 내용을 제대로 알지 못한다고 해도 이용자들이 쉽게 접근하고 이용할 수 있도록 설계되어야 한다. 따라서 사회복지기관에서 정보의 전산망은 국민의 삶의 질 향상에 기여하고 업무의 정보화와 정보의 생활화 구현을 가능케 한다. 특히 사회복지조직에서 정보전산망의 구축은 클라이언트의 질적 서비스 제공과 복지사회를 이룩하는데 시대적 요청이 되고 있다.

2. 지식정보 활용의 강화

지식정보 활용은 정보사회에 대한 개인의 적응능력과 조직운영에 중요한 기능을 하게 된다. 즉, 컴퓨터나 다기능전화, 정보처리 및 정보통신기기 등을 사용하는 능력, 산재한 정보 중에서 자신이 필요로 하는 정보를 활용하는 능력을 의미한다. 지식정보 활용의 능력이 낮은 경우 정보시스템에 접근하는데 두려움을 느끼게 되며, 결국에는 정보격차가 벌어질 수밖에 없다. 따라서 사회복지기관에서 지식정보 활용의 강화를 위해서는 우선 적극적인 정보교육이 이루어져야 한다. 정보이용교육의 지원체계도 갖추어져야 한다. 그리고 정보교육자원을 통합적으로 운영하고, 지역별 지식정보 활용의 센터를 운영하는 것도 하나의 방법이 될 수 있다. 특히 초·중·고교의 정규교육과정에 정보교육을 양적으로 확충하고 질적으로 심화시키는 체계적인 교육이 필요하다.

3. 지식정보체계의 구축

국가인적자원정책의 총괄조정기능 강화, 산학연 협력과 파트너십의 도입, 평생학습, 국가 및 지역혁신체제 구축은 평생학습사회의 구현을 위한 초석이 된다. 현존 공교육의 하향평균화와 부실에 따라 사교육비에 크게 의존해야 하는 학교교육은 빈곤의 세습을 조장하는 측면이 없지 않다. 그리고 성인직업능력개발은 비정규직이나 중소영세사업장 근로자에 비해 정규직과 대기업근로자에게 상대적으로 수혜가 돌아가고 있다. 이러한 능력개발의 역진성 문제는 지식격차의 중요한 요인으로 작용하고 있다. 특히 사회통합을 위해서는 빈곤과 취약계층에 실질적으로 더 많은 학습기회가 제공되는 지식정보체계가 구축되어야 한다. 따라서 사회복지차원 지식정보공유의 기본 권리를 보장해야 한다. 즉, 지식정보를 통한 학습의 기본권의 확보와 생산적 정보 활용이 정립되어야 한다. 그리고 취약계층에 대한 지식정보기회의 보장으로 사회적 적응을 유도해야 한다.

4. 지식정보운동의 활성화

정보사회에서 민간운동의 활성화는 사회통합을 유지시키는데 중요한 역할이 될 수 있다. 즉, 소외된 노인과 장애인, 정보공유의 약자들에게 컴퓨터를 가르치는 교육공동체나 소외지역에 컴퓨터 보급운동 등 정보운동이 전개되어야 한다. 그리고 정치·사회 분야의 현존문제를 논의하기 위한 정보운동단체들의 활동이 요청되고 있다. 또한 민간의 정보화와 정보기술에 대한 공평한 접근권리를 보장하기 위한 노력이 더욱 증대되어야 한다. 따라서 사회복지조직에서 지식정보운동은 조직구성원의 업무능력의 향상과 클라이언트의 서비스 제공에 유익함을 줄 수 있다. 그리고 기관의 정보인프라 구축과 운영과정의 투명한 공개, 이용자들의 정책참여가 보장될 수도 있다.

토론해 보기

- 사회복지전달체계의 구분에 대해 여러분의 생각을 서로 토론해 봅시다.
- 사회복지전달체계의 원칙에 대해 여러분의 생각을 서로 토론해 봅시다.
- 사회복지서비스 전달체계의 발전방향에 대해 여러분의 생각을 서로 토론해 봅시다.

참고문헌

강종수(2011). 사회복지행정의 이해. 학지사.
박용순 외(2011). 사회복지행정론. 창지사.
박차상(2001). 사회복지행정론. 대학출판사.
이상구 외(2009). 사회복지행정론. 학현사.
이상덕(1987). 지방행정발전과 행정전산망의 추진방향. 정보통신정책연구원. pp.44-52.
최성재 외(2006). 사회복지행정론. 나남.
한국복지행정학회(2011). 사회복지행정론. 양서원.
홍봉수 외(2019). 사회복지행정론. 공동체.
황성철 외(2010). 사회복지행정론. 학현사.
Gate, B. L.(1980). *Social Program Administration : The Implentation of Social Policy.*

Englewood Cliffs, NJ: Prentice-Hall.

Schoech(1995). Information System. In R. Edwards(Ed.), *Encyclopedia of Social Work* (19th ed.). Washington, DC: NASW Press.

Wilson, T. D.(2002). Information Management. Edited by Feather J. & Sturges P., *International Encyclopedia of Information and Library Science*(2nd ed.). London: Routledge.

13 사회복지행정의 프로그램 평가

제1절 평가에 대한 전반적인 이해

1. 평가의 개념 및 유형

평가는 미국에서 테이스(Theis) 여사가 양연기관에서 서비스를 받은 아동에 대한 서비스의 효과를 분석하는 조사를 1992년에 실시한 것이 사회복지 분야에 있어서의 최초의 평가이다. 그 이후 활발히 이루어지기 시작한 시기는 1960년대 말 또는 1970년대에 들어서면서부터라고 할 수 있다.

평가는 효과성, 효율성, 적절성 등이 측정되는 과정이며, 분명한 목적을 가지고 시작한다. 평가는 사회복지행정에서의 기본적인 기능이며, 행정과정에서 필요한 기준의 설정, 성과에 대한 평가, 목표달성을 위한 변화 유도, 책무성의 개발과 같은 관리의 일반적인 기능의 한 유형에 해당한다.

평가란 한 기관의 전체 또는 선별된 프로그램의 효율, 효과 및 적절성을 철저하게 그리고 비평적으로 검토하는 과정이며, 평가의 구체적인 내용을 살펴보면 다음과 같다(김형식 외, 2001).

① 평가란 하나의 프로그램이 거쳐야 하는 각 발달과정에서 성취하게 되는 결과를 자원투입, 효과, 효율, 책무성, 이용자의 만족도 등을 기준으로 하여 체

계적인 자료를 수집하고 분석하는 모든 행위를 포함한다.

② 평가란 프로그램 전반에 걸친 결정을 하기 위한 총괄적인 정보 수집 과정이다.

③ 평가란 프로그램의 가치, 장점, 단점, 등에 대한 체계적인 분석적인 연구이다.

④ 평가는 프로그램의 가치, 질, 중요성, 타당성, 업무 수행에 관한 효과, 효율 및 책무성을 체계적으로 분석하는 데 필요한 것이라고 보다 구체적으로 평가의 개념을 정리하고 있다.

평가는 크게 두 가지의 유형으로 구분될 수 있다. 총괄(summative)평가와 형성(formative)평가이다.

〈표 13-1〉 평가의 유형

구분	총괄평가	형성평가
평가 시점	일정 기간이 지난 후 혹은 완료된 시점에서 이루어짐	정책이나 프로그램이 시행 중인 경우
평가 목적	프로그램의 성패를 판정하여 지속 중단의 총괄적 의사결정을 하는 데 있음	프로그램의 개선 혹은 향상

출처: 신복기 외(2011).

2. 평가 필요성과 목적

1) 평가의 필요성

① 재원을 제공하는 공・사 기관, 전문가 집단, 클라이언트, 일반 대중의 평가에 대한 요구가 제기되므로 평가가 필요하다.

② 프로그램의 필요성과 효과성을 입증하기 위해 평가가 필요하다.

③ 기관의 목표 성취도를 확인하기 위해 필요하다.

④ 서비스 향상을 위해 필요하다.

2) 평가의 목적

평가의 목적은 평가자의 의도 및 절차에 따라 평가대상에게 다양하게 제시될 수 있기 때문에 평가의 목적을 제시한다는 것은 많은 어려움이 있다. 따라서 평가는 분명한 목적을 가지고 시작하고, 프로그램의 결과에 대한 실증적 자료를 제공함으로써 프로그램의 현재 또는 미래의 방향에 대한 현명한 결정을 내리도록 하는 것이 주목적이다.

평가결과의 활용성을 강조하는 관점에서 사리(Sarri, 1978)는 평가목적을 다음과 같이 제시하고 있다.

〈표 13-2〉 사리(Sarri, 1978)가 제시한 평가목적

사리가 제시한 평가목적
① 사회복지조직의 업무 수행을 체계적인 방법으로 추적하며, 추적의 핵심은 표적 집단의 욕구충족을 위한 서비스, 정책 또는 서비스 전달절차의 준수 여부, 업무 수행의 질과 양이다.
② 체계적인 방법으로 업무 수행의 효과성 및 효율성을 추적한다.
③ 사회복지기관에 관한 일반적인 법칙을 발견하기 위한 응용 연구
④ 사회복지기관의 업무 수행 또는 표적 집단에 관한 문제를 규명하기 위해 논리적이고 공정한 체계적인 연구
⑤ 합리적인 방법으로 자원 할당을 하기 위한 수단
⑥ 사회개혁 또는 사회혁신을 제도화시키기 위한 정치활동
⑦ 과학적 이론 또는 연구결과를 활용하여 개혁 또는 개입적 복지 프로그램의 시도를 시범할 수 있는 테크닉
⑧ 일반적인 문제해결의 첫 단계-오리엔테이션, 평가와 규제
⑨ 다음 네 가지 목표와 관련된 체계화된 과정, 즉 예상했던 행동의 변화가 표적 집단에서 발견되었는가의 측정, 변화를 가능케 했던 요인의 규명, 변화에 소요된 비용의 산출, 다른 프로그램과 표적 집단에 적용할 수 있는 일반화된 가능성 검토

출처: 김형식(1997).

성규탁(1993)은 평가의 목적을 다음과 같이 세 가지로 나누어 제시하고 있다.

① 프로그램 운영계획이나 운영과정에 필요한 정보를 확보하여 이 과정이 바람직하게 추진되도록 노력하는 것으로서, 프로그램 과정상의 피드백을 위함이다.
② 프로그램 담당자가 프로그램 과정에서 행하는 활동에 대하여 사회적 책임을 지게 하는 것으로서, 책임성을 이행하기 위함이다.
③ 보조적인 목적으로서 프로그램 속에 내재된 변수들 간의 인과관계를 검증하여 이론 형성에 기여하기 위함이다.

3. 평가의 종류

1) 기관 평가와 개인 평가

① 기관 평가: 기관 평가는 복지기관의 프로그램과 서비스 전달상황을 확인하는 평가이다.
② 개인 평가: 개인 평가는 자신이 준비한 목표 달성에 관하여 자기 평가(self-evaluation), 동료 평가(peer-evaluation), 행정가에 의한 평가 등으로 이루어진다.

2) 효과성 평가/ 효율성 평가/ 공정성 평가

① 효과성 평가: 효과성(effectiveness)이란 목표달성의 정도이며, 프로그램이 성과가 있었는지에 관한 정보를 얻기 위한 평가이다. 효과성을 기준으로 한 평가를 하려면 사업의 목표가 확인되고 목표가 구체적으로 설정되었을 때만이 가능하다.
② 효율성 평가: 효율성은 금전과 시간 및 인력과 비용적 측면에서 가장 적절한 대안을 평가하는 것이다.
③ 공정성 평가: 공정성은 프로그램의 효과와 비용이 사회집단 간 또는 지역

간에 공평하게 배분되었는지를 평가하는 것이다.

4. 사회복지기관의 평가

1) 기관의 평가배경 및 원칙

사회복지기관의 평가배경은 사회적 환경의 변화와 함께 정부는 1998년 '사회복지사업법'을 개정하여 사회복지기관평가를 법제화하였다. 즉, '사회복지사업법' 제43조 및 '사회복지사업법 시행규칙' 제27조에 근거하여 전체 사회복지기관을 대상으로 3년마다 1회 이상의 평가를 실시하고 있다.

이러한 평가는 사회복지기관 운영개선을 통하여 기관 운영의 합리화와 투명성, 서비스의 질 개선을 유도하고 있다(부산복지개발원, 2009).

이에 따라 한국보건사회연구원(2001)은 사회복지기관을 대상으로 실시된 평가의 전체 과정을 통하여 평가기준, 평가지표 개발, 평가의 시행, 평가의 결과에 대한 조치 등에서 기본원칙을 다음과 같이 제시하였다.

① 사회복지서비스의 질 향상의 원칙

서비스 질 중시의 환경변화에 따라 전 직원의 참여와 지속적인 개선에 의해 서비스의 질을 중시하는 다양한 기법과 실천들이 적용되어야 한다.

② 평가절차의 투명성 원칙

평가기준과 평가과정을 사전에 공개하여 평가지표에 대한 이해를 명료하게 이해시킴으로써 평가절차의 투명성을 확보해야 한다.

③ 평가참여의 원칙

사회복지시설평가가 기존의 감사와는 달리 시설이 참여하여 평가하며, 평가를 통하여 긍정적 발전의 기회를 삼고자 하는 평가의 목적이 포함된 것이다.

④ 기본선 확보의 원칙

사회복지기관이 전체적으로 적절하고 보편적 원칙에 따라 적정 수준 이상을 유지할 수 있도록 유도하는 것을 기본목표로 하는 것이다.

⑤ 이용자 중심의 원칙

사회복지시설은 기존의 서비스 제공자 중심의 시설에서 이용자 중심의 서비스 제공이 이루어질 수 있도록 한다.

⑥ 지역사회 관계의 원칙

사회복지시설이 지역사회 안에서 지역주민에 의해 융화될 수 있도록 하는 것이다. 사회복지시설이 자원제공자인 지역사회와의 원활한 상호작용을 유도하는 방향으로 이루어지도록 하는 것이다.

2) 사회복지기관의 평가유형

(1) 효율성 평가

① 과업분석: 작업자가 그의 시간을 어떻게 보내는가를 알기 위하여 그가 수행하는 과업을 평가하는 것이다.

② 시간-비용분석: 서비스와 과업에 투입된 시간과 비용을 비교하는 것이다.

(2) 효과성 평가

① 지역조사(community survey): 기관의 서비스가 지역사회에 어떻게 전달되는가를 평가하는 것이다.

② 기관의 자체조사(agency self-study): 이미 설정된 기준을 사용하여 기관 자체를 평가하는 것이다.

(3) 서비스 프로그램의 효과성 평가

① 프로그램 영향평가(program impact evaluation): 공동의 목표를 달성하기 위한 둘 이상의 프로그램들이 서로 좋은 효과를 미치고 있는가를 평가한다. 이때 적절한 비교집단을 사용하면 좋다.

② 전략평가(program strategy evaluation): 프로그램 전략평가는 다음이 환경변수, 투입변수, 과정변수, 산출변수 등을 기초로 작성된다.

(4) 사회복지시설 평가

① 1997년 사회복지사업법의 개정에 의거 보건복지가족부장관이 정하는 바에 따라 사회복지시설을 정기적으로 평가할 수 있게 되었다.

② 1998년 「사회복지사업법 시행규칙」 개정에 의거 보건복지가족부장관 및 시·도지사는 3년마다 1회 이상 시설에 대한 평가를 실시하게 되었다.

③ 시설평가는 사회복지시설의 발전에 크게 기여하고 있다.

따라서 사회복지시설 평가의 기대효과는 다음과 같다.

〈표 13-3〉 사회복지시설평가의 기대효과

사회복지시설평가의 기대효과
① 사회복지시설 운영의 질적 향상 및 시설운영의 관리체계 마련
② 사회복지시설 운영을 위한 객관적 기준 마련 제시
③ 사회복지시설 운영자의 의식 개선
④ 사회복지시설 운영의 투명성 제고
⑤ 사회복지시설과의 비교를 통한 시설 운영 개선 근거 마련

출처: 신복기 외(2011).

5. 평가의 기법

1) 모니터링 기법

모니터링 기법은 프로그램 운영을 직접 검토하기 위해 사용되는 절차이다.

(1) 회계감사

프로그램의 책임성을 수립하기 위하여 프로그램의 지출, 자원할당, 수혜과정에 관한 일관성, 신뢰성, 정확성을 검토하는 평가기법으로서 일반회계와 사회회계가 있다.

① 일반회계: 프로그램 재정의 안정성, 회계자료의 정확성, 운영절차의 준수 등을 확인한다.
② 사회회계: 통계자, 사회조사자 등에 의해 이루어지는 회계이다.

(2) 행정감사

프로그램 정책과 실천의 적합성, 책임과 기능의 구분에 따른 직무의 적절성을 평가하며, 효율적 절차라는 맥락에서 조직의 활동형태를 평가하며, 행정절차에 관한 전문가, 경영자문 등에 의해 수행된다.

(3) 시간-행동 조사

프로그램 활동과 관련하여 사용된 시간을 기술하는 방법으로 직원에 의한 서면상의 보고, 직원에 대한 관찰 혹은 면접을 포함한다.

2) 사회조사 기법

프로그램에 관한 지식을 개발, 수정, 확장시키기 위해 사용되는 절차이다.

(1) 실험조사

프로그램 목표와 프로그램 실행 간의 인과성 유무를 확인하기 위한 방법이다. 설문지, 행동 관찰, 자기보고, 면접 등의 방법을 사용하여 정보를 수집한다.

(2) 개관(survey)

프로그램을 작성하는데 있어서 필요한 사실들을 수집하는 것을 목적으로 한다. 필요한 사실들에는 태도, 의견, 행동변화 등에 대한 서술이 있다.

(3) 사례연구(case study)

참여관찰, 비공식적 면접, 소시오메트리, 문서자료의 내용분석 등의 기법을 사용한다.

3) 비용분석 기법

비용분석 기법은 프로그램 비용과 관련하여 프로그램의 상대적인 가치를 평가하기 위해 사용되는 절차이다.

(1) 비용회계

프로그램 산출(입양 아동수, 면접횟수 등 측정가능 한 프로그램 활동)에 대한 프로그램의 비용을 관련시키기 위한 방법이다.

(2) 비용-편익 분석

여러 가지 대안적 프로그램과 전략 등을 비용의 측면에서 보다 효과적인 것을 판단하는 방법이다.

(3) 비용-결과 분석

비용-편익 분석의 변형된 한 형태로서, 프로그램에 투입된 비용과 결과를 연관시키는 방법이다.

제2절 평가상의 기준 및 문제와 개선방안

1. 평가의 기준

1) 사업평가

평가의 기준이란 평가를 위한 척도를 의미하며, 프로그램의 성공 여부를 판단하기 위해서 프로그램의 어느 측면을 평가의 대상으로 해야 할 것인가에 대한 기준을 말한다(신복기 외, 2008).

평가의 기준에 대한 여러 학자들의 분류방법은 다음과 같다.

〈표 13-4〉 **평가기준에 대한 학자들의 분류**

Suchman	Tripodi	Bennett & Weisinger	York	Patti	Sanber	Paui
노력성 성과 적절성 효과성 효율성 과정	노력성 효과성 효율성 예상치 못한 결과	노력성 효과성 효율성 서비스의 질	노력성 효과성 효율성 영향 서비스 질 과정 공평성	노력성 효과성 효율성	노력성 효과성 효율성 적합성	노력성 효과성 과정

출처: 신복기 외(2008).

평가기준은 여러 학자들에 따라 다양하게 나타내고 있으나, 공통적으로 나타내는 기준은 노력성, 효과성, 효율성, 서비스 질 등으로 볼 수 있다.

(1) 노력성(effort)

기관이 얼마나 많은 활동을 하며, 서비스를 다양하게 제공하느냐에 따라 생산량으로 평가, 분석하는 것이다.

노력성을 측정하기 위한 자료들은 다음과 같이 수집되어야 한다(김영종, 2009).

① 클라이언트: 수, 나이, 성별, 소득수준, 가족구성 등
② 표적인구의 서비스 활용 정도: 적용범위, 비율(%) 등
③ 클라이언트에 대한 서비스 경험: 서비스 접촉의 수와 빈도, 서비스 요청과 최초 접촉 사이에 걸린 시간, 중도탈락 케이스의 수 등
④ 서비스 담당자들의 활동: 사례 부담률, 제공된 서비스 단위들, 서비스 유형, 서비스 방법, 시간 등
⑤ 서비스 담당자들의 업무수행의 질: 적절한 개입기법의 활용, 구체적 계획에 의거해 서비스가 진행되는지, 행정규칙이나 보고의 의무들을 준수하는지 등
⑥ 지출과 자원 활용: 예산 항목의 지출, 물품사용, 공간과 시설의 적합성 등
⑦ 서비스 비용: 서비스 단위당 발생한 실질적 비용

(2) 효과성(effectiveness)

프로그램이나 서비스가 원하는 목표를 달성했는지를 평가하며, 노력성 기준이 무엇을 투입해서, 어떤 활동결과가 산출되었는지를 밝히는데 목적이 있다. 효과성 기준은 목표 자체가 성취되었는지, 성취된 목표가 다른 이유가 아닌 프로그램 개입 때문이었는지를 확인하려는 것이다. 효과성 기준의 평가를 위해 수집되어야 할 자료들은 성과를 측정하는 방법에 따라 차이가 있다(김영종, 2009).

① 직접자료: 클라이언트를 대상으로 목표했던 변화 정도를 직접 측정(예: 아동의 학업성적 향상, 자존감 향상 등)
② 간접자료: 변화 정도를 직접 측정하지 않고, 성과를 유추할 수 있는 간접지표를 통해 측정(예: 클라이언트의 서비스 만족도, 프로그램 참여도 등)

(3) 효율성(efficiency)

투입(비용, 노력, 시간 등)에 대한 산출(목표 달성 정도)의 비율에 대한 평가로서 자원의 효율적인 사용에 관한 정보를 제공해 준다. 효율성의 측정 방법은 ① 비용/노력으로서 서비스 단위당 투입된 비용을 계산, ② 비용/효과분석, ③ 비용/편익(이익) 분석이 있다(신복기 외, 2008: 462).

효율성 기준을 활용한 평가를 위해서는 노력과 결과를 나타내는 자료들을 분석해서 다음과 같다(김영종, 2009).

① 같은 비용 관련 자료들로 환산해야 한다. 프로그램 산출물의 단위당 비용(예: 1명의 아동을 1시간 돌보는 데 드는 비용)
② 특정 프로그램 목표들을 성취하는 데 부과된 비용
③ 동일한 결과를 산출할 수 있는 다른 프로그램에 드는 비용(대안비용)
④ 서비스 전달에 따른 비용과 편익의 화폐 가치 환산

(4) 서비스 질(quality of service evaluation)

서비스 질을 평가할 때 사용하는 전형적인 지표는 업무자들의 전문교육과 경험의 수준을 사용한다. 즉, 서비스 내용이나 클라이언트의 직접적인 변화보다는 서비스 제공자가 적절한 자격을 갖추고 있는지 혹은 서비스 제공형식이 전문기준에 맞는지를 판단하는 것이다.

2) 행정평가

(1) 트레커(Trecker)의 평가기준

① 목표
- 행정가는 도전적인 목표를 설정하고, 이러한 목표를 지향하는 사람들을 격려하고 있는가?
- 행정가는 행정의 신념으로서 민주적 가치에 뿌리를 두고 있는가?

– 행정가는 기관의 목적 달성을 위해 모든 자원을 활용할 수 있도록 재정관리를 잘하고 있는가?

② 인선과 업무할당

– 행정가는 유능한 인재를 고용하고 포섭하며 그들에게 의무와 책임을 알려주고 있는가?

– 행정가는 책임과 권한을 위임하고 위임한 사람들의 능력을 신뢰하는가?

– 행정가는 문제해결을 위해 기술적 전문가들을 잘 활용하고 있는가?

③ 활동조직과 계획

– 행정가는 업무에 자신감을 갖고 신속하게 처리하고 있는가?

– 행정가는 업무계획을 사려 깊게 잘 수립하고 있는가?

– 행정가는 직원들의 행동을 예상할 수 있는가?

– 행정가는 주어진 시간 안에 우선순위에 맞게 업무를 처리하고 있는가?

– 행정가는 돌발적인 위기와 불가피한 압력에 잘 대처하는가?

– 행정가는 예견되는 사태를 사전에 잘 예방하고 있는가?

④ 관계

– 행정가는 지역사회 및 타 지역 기관들과 생산적인 작업관계를 형성하고 있는가?

– 행정가는 이사, 직원, 회원, 지역사회와 좋은 관계를 유지하고 있는가?

⑤ 지역사회

– 행정가는 지역사회, 국가, 세계에 걸친 변화 요인들을 이해하고 있는가?

– 행정가는 제공하는 서비스와 프로그램을 지역사회에 잘 홍보하고 있는가?

⑥ 지도력

– 행정가는 직원들의 사기를 높이며 근무의욕을 높이는 지도력을 발휘하고 있

는가?

- 행정가는 직원 개개인의 성장에 지속적인 관심을 갖고 있는가?
- 행정가는 밝고 적극적이며 직원들에게 긍정적인 영향을 미치고 있는가?

⑦ 의사전달과 조정

- 행정가는 조직 내의 의사소통을 원활하게 함으로써 직원들의 사기를 높이고 있는가?
- 행정가는 직원들에게 필요한 지식을 알려주고 있는가?
- 행정가는 조직의 통일성을 위하여 인간적인 노력과 배려를 하고 있는가?

⑧ 성장

- 행정가는 직원들이 만족을 느낄 수 있도록 노력하고 있는가?
- 행정가는 조정과 평가를 통해 업무수행이 잘 이루어지도록 돕고 있는가?
- 행정가는 미래에 대한 비전을 가지고 조직 내의 변화를 촉진하고 있는가?
- 행정가는 자기발전을 위하여 회의나 세미나 등에 열심히 참여하는가?

(2) POSDCoRBE에 의한 평가기준

기관이나 프로그램의 행정과정인 계획, 조직, 인사, 지시, 조정, 보고, 예산의 각 단계별로 평가를 시행한다.

① 계획(Planning)

- 계획의 적합성을 평가한다.
- 목적의 적합성 여부를 평가하고 장기적 목표달성을 위한 진도를 측정한다.

② 조직(Organizing)

- 조직구조와 운영방식의 효과성을 평가한다.
- 권위와 책임이 분명한가를 평가한다.

③ 인사(Staffing)

－인재를 효과적으로 활용하고 훈련하는가를 평가한다.

－측정가능한 수행기준을 정하여 직원의 기능을 평가한다.

④ 지시(Directing)

－책임과 권한이 효과적으로 위임되어 있는가를 평가한다.

－갈등적인 목표 하에서 대안적인 해결방안을 내리고 있는가를 평가한다.

⑤ 조정(Coordinating)

－직원들 간의 의사소통과 정보교류가 활발하게 이루어지고 있는가를 평가한다.

－의사소통 체계들(위원회, 직원회, 기관회의)의 기준이 명확한가를 평가한다.

⑥ 보고(Reporting)

기록의 유지, 정기적인 점검, 조사 등이 잘 이루어지고 있는가를 평가한다.

－기록유지: 클라이언트의 기록에 의거하여 직원의 서비스 전달이 잘 이루어지고 있는가를 평가한다.

－정기적인 점검: 기관활동이 어떻게 이루어지고 있는가를 평가한다.

－조사

- 기관의 서비스가 잘 이루어지고 있는가를 평가한다.
- 현재의 서비스가 필요한지 혹은 불필요하여 새로운 서비스로 대체되어야 하는가를 평가한다.

⑦ 예산(Budgeting)

－재정자원이 효율적으로 할당되어 있는가를 평가한다.

－예산의 관점에서 조직의 구조를 사정한다.

⑧ 결과(Evaluating)

2. 평가상의 문제

1) 문제

사회복지시설평가는 예산부족, 평가 인력의 문제 등 평가과정상의 시행착오 속에서도 어느 정도의 성과를 가져왔다. 사회복지기관의 투명성, 책임성 향상에 노력을 보였고, 전문성 향상을 통한 사회복지기관의 질 개선에도 변화를 가져왔다. 이와 같은 향상에도 불구하고 사회복지기관평가제도는 많은 문제점을 나타냈는데, 중요한 몇 가지를 살펴보면 다음과 같다(김인혁 외, 2011).

① 사회복지기관의 고유성이 반영되지 못했다는 점
② 평가의 객관성, 신뢰성 문제
③ 평가 이후 기관운영에 대한 지원방안 등 사후관리 지원체계가 미비
④ 평가지표가 미리 제시되어야 한다.

평가에 대한 어려움을 제시하면 다음과 같다(박차상, 2007).

① 행정의 목표와 기준이 불특성을 지니고 있고 대상이 다원적이기 때문에 객관적 평가에 어려움이 있다.
② 어떠한 원인행정 행위에 의하여 결과행정, 성과가 발생하였는지 규명하는데 어려움이 있다.
③ 평가를 위한 자료와 정보를 수집하기에 한계가 있다.
④ 행정의 성과를 계량화하는 데 한계가 있다.
⑤ 평가를 하는 데는 많은 시간적 제약이 따르기 때문에 한정된 시간 안에 평가를 해야 하는 경우에 부실한 평가를 할 수밖에 없다.

2) 개선방안

장 · 단기적인 목적달성과 성공적인 정착을 위해 다음과 같은 방안이 마련되어야 한다(김인혁 외, 2011).

① 사회복지기관 종류 내에서 시설상황에 따른 지표의 일부 세분화가 필요하다. 규모, 위치 등을 고려해 지표의 차이 혹은 배점에서 가중치의 차이를 두어 기관의 고유한 특성을 살릴 수 있을 것이다.
② 지역별 평가기구의 상설화를 통해 지역성을 반영한 지표가 개발되어야 할 것이다.
③ 평가지표 수 및 현장 평가 팀을 최대한 축소해야 한다.
④ 사회복지기관평가인증제도가 도입되어야 한다.

제3절 프로그램 평가 목적 및 관계

1. 프로그램 평가 목적

프로그램 평가의 목적으로서 다음과 같이 세 가지를 제시하고 있다(성규탁, 1993).

① 프로그램 운영계획이나 운영과정에 필요한 정보를 확보하여 이 과정이 바람직하게 추진되도록 노력하는 것으로서 프로그램 과정상의 환류기능이라고 볼 수 있다.
② 프로그램 담당자가 프로그램 과정에서 행하는 활동에 대하여 사회적 책임을 지게 하는 것으로서 책임성 이행 기능으로 볼 수 있다.
③ 보조적 목적으로서 프로그램 속에 내재된 변수 간의 인과관계를 검증하여 이론형성에 기여하는 기능이 있다.

2. 프로그램, 평가와의 관계

프로그램은 평가가 가능하도록 체계적으로 구성되어야 할 필요가 있다는 점에서 서로 불가분의 관계에 있다. 그럼에도 불구하고 프로그램의 평가와의 관계가 소홀히 취급되는 경향이 있다. 트리포디(Tripodi, 1983)는 프로그램 초기단계, 접촉단계, 수행단계에서 효과성, 효율성, 노력이라는 기준을 적용할 수 있는 문항을 제시하고 있는데, 이것은 프로그램의 개발단계에서부터 평가의 목적과 척도가 결합되어 있음을 시사한다.

프로그램은 어떤 사회문제나 욕구조사를 통해 밝혀진 문제들을 해결하기 위해 체계적으로 제시되는 조직화된 서비스이다. 이러한 서비스를 제공하기 위해 실시되는 문제에 대한 분석 및 욕구조사에는 평가의 원리와 기준들이 적용되기 때문에 프로그램 계획에서부터 결과에 이르는 일련의 진행과정이 곧 평가의 과정이라고 볼 수 있다(김형식 외, 2010).

토론해 보기

- 에 대해 여러분의 생각을 서로 토론해 봅시다.
- 에 대해 여러분의 생각을 서로 토론해 봅시다.
- 에 대해 여러분의 생각을 서로 토론해 봅시다.

참고문헌

김인혁 외(2011). 사회복지행정론. 양서원.
김영종(2009). 사회복지행정. 학지사.
김형식(1997). 사회복지 프로그램 평가기법. 아시아미디어리서치.
김형식 외(2001). 사회복지행정론. 동인.

김형식 외(2010). 사회복지행정론. 양서원
부산복지개발원(2009). 부산복지포럼2호.
박차상(2007). 사회복지행정론. 양서원.
신복기 외(2008). 사회복지행정론. 공동체.
신복기 외(2011). 사회복지행정론. 공동체.
성규탁(1989). 사회복지행정론. 법문사.
성규탁(1993). 사회복지행정론. 법문사.
한국보건사회연구원(2001). 보건복지 지식정보화 비전수립 연구.
Sarri, R. & Y. Hasenfeid(1978). *The Management of Human Service*. New York: Columbia University Press.

찾아보기

인 명

내 용

저/자/약/력

■ 서보준

대구가톨릭대학교 대학원 졸업(사회복지학 석사)
대구한의대학교 대학원 졸업(사회복지학 박사)
전, 구미대학교 보건복지과 전임교수
현, 한국국제대학교 사회복지학과 조교수

〈저서〉 사회복지정책론, 평생교육론, 사회복지실천론, 아동권리와 복지 외 다수

■ 김우호

대구가톨릭대학교 대학원 졸업(사회복지학 박사)
현, 성덕대학교 아동보육복지과 교수

〈저서〉 사회복지실천론, 사회복지조사론 외 다수

■ 이정미

대구가톨릭대학교 대학원(이학박사)
현, 성운대학교 미래휴먼사회복지학부 사회복지심리상담전공 교수

〈저서〉 사회복지법제론, 아동상담론 외 다수

■ 전영록

대구대학교 사회복지학과 졸업(문학사)
대구대학교 사회복지대학원 졸업(철학박사)
전, 제주시지역사회보장협의체 공동위원장
현, 제주관광대학교 사회복지과 교수

〈저서〉 사회복지학개론, 사회복지실천기술론, 인간행동과 사회환경 외 다수

■ 최병태

대구가톨릭대학교 대학원(사회복지학 석사)
영남대학교 대학원 박사과정 수료
대구대학교 대학원 박사과정 수료
현, 수성대학교 보건복지경영과 교수

〈저서〉 노인복지론, 사회복지조사론, 인간행동과 사회환경 외 다수

[개정판]

사회복지행정론

1판 1쇄 발행 — 2017년 7월 31일
2판 1쇄 발행 — 2021년 1월 5일

저 자 - 서보준 김우호 이정미 전영록 최병태
발 행 인 - 강철원
발 행 처 - 양성원
주 소 - 경기도 파주시 검산로 173번길 29-20
전 화 - 031-946-3863(代)
팩 스 - 031-946-3864
이 메 일 - tnwpub@naver.com
홈페이지 - tnwpub.co.kr
출판등록 - 2015년 8월 31일 제 2015-000211 호

ISBN 979-11-6126-330-4

정가 18,000원